两位经济学家的世纪论战

The Battle Over the Free Market

[美] 尼古拉斯·韦普肖特（Nicholas Wapshott） 著 郭金兴 译

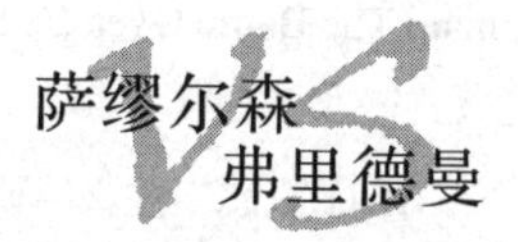

萨缪尔森 VS 弗里德曼

SAMUELSON FRIEDMAN

机械工业出版社
CHINA MACHINE PRESS

图书在版编目（CIP）数据

两位经济学家的世纪论战 /（美）尼古拉斯·韦普肖特（Nicholas Wapshott）著；郭金兴译 . —北京：机械工业出版社，2022.9

书名原文：Samuelson Friedman: The Battle Over the Free Market

ISBN 978-7-111-68777-1

I. ①两…　II. ①尼… ②郭…　III. ①凯恩斯主义－研究 ②货币主义－研究　IV. ① F091.348 ② F091.353

中国国家版本馆 CIP 数据核字（2023）第 035669 号

机械工业出版社（北京市百万庄大街 22 号　邮政编码：100037）

策划编辑：杨熙越　　　责任编辑：杨熙越

责任校对：龚思文　陈　越　　　责任印制：郜　敏

三河市国英印务有限公司印刷

2023 年 6 月第 1 版第 1 次印刷

170mm × 230mm · 20.75 印张 · 271 千字

标准书号：ISBN 978-7-111-68777-1

定价：79.00 元

电话服务	网络服务
客服电话：010-88361066	机　工　官　网：www.cmpbook.com
010-88379833	机　工　官　博：weibo.com/cmp1952
010-68326294	金　书　网：www.golden-book.com
封底无防伪标均为盗版	机工教育服务网：www.cmpedu.com

献给路易丝

Samuelson 作者简介 Friedman

尼古拉斯·韦普肖特（生于1952年1月13日）是一位优秀的记者和作家，他是路透社的专栏作家和在线内容媒体创作者与私人客户顾问，主编《泰晤士报》周六版。他曾为玛格丽特·撒切尔和卡罗尔·里德等写过传记。

Samuelson 目　录 Friedman

⊖ 本书参考文献请访问机工新阅读网站（www.cmpreading.com），搜索本书书名。

第一章

舞台已就

《新闻周刊》换了老板和编辑，他们热切期盼能挑起一场争论，于是他们决定了由保罗·萨缪尔森来挑战米尔顿·弗里德曼。

随着滞胀危害日深，凯恩斯主义面临考验。

喜欢离群索居的文森特·阿斯特[1]执掌纽约房地产家族企业的美国分部，他在英国堂兄威廉·阿斯特[2]位于克莱维顿的乡下庄园[3]居住时偶感风寒，此后一直未能痊愈。宏伟而阴暗的建筑承载着诸多历史的回忆。正是在这些20世纪30年代奢华的周末派对上，威廉的双亲，沃尔多夫[4]和南希[5]举办“克莱维顿盛会”，政府高官、新闻编辑与贵族名流等社会精英聚集一堂。在30年代，这些人更倾向于对阿道夫·希特勒采取绥靖政策。[6]

时年66岁的文森特·阿斯特此时正携比自己小十岁的第三任妻子布鲁克访问自己的英国堂兄们，他充满爱意地称呼她为“甜心”。她与纽约天主教大主教一起参加了教皇约翰二十三世的加冕礼，然后在伦敦与丈夫会合。在他们短暂的英国之行结束后，文森特感冒未愈就和布鲁克登上了驶往曼哈顿的“合众国号”豪华邮轮。

海上之旅似乎激发了文森特的想象力。他在25岁时继承了父亲在阿斯特家族的财富，他的父亲约翰·雅各布·阿斯特四世[7]死于泰坦尼克号皇家邮轮的处女航。约翰·阿斯特在这艘“永不沉没”的邮轮开始沉入大海之时泰然自若，面临巨大的灾难依然保持优雅，这令时人津津乐道。有报道说，这位身材高挑、相貌英俊、沉着镇静的百万富翁护送自己有孕在身的妻子登上救生艇之前，曾走向船上的狗舍，将所有的宠物狗放生，包括他自己的一只名叫凯蒂的艾尔谷犬。据说在鸡尾酒酒吧静待自己的命运降临时，阿斯特曾半开玩笑地说，“给我来点冰，不过这听着有点讽刺”。这则传闻可能并不是真的，但是这个故事使公众对文森特的父亲印象深刻，即安静地接受提前到来的死亡，没有一丝抱怨。

结束对英国的访问，回到美国后，文森特和布鲁克去了阿斯特家族在芬克利夫墓园的墓地，它坐落于纽约城以北大约160公里的哈德逊河畔。他在附近的波基普西市找寻正在放映的一部英国新电影。这部电影的名字是《冰海沉船》[8]，再次讲述了泰坦尼克号沉船的故事。他想了解一下电影制作人如何表现他父亲不事张扬的英雄事迹。他还想知道这部电影如何讲述凯蒂被解救这件事。终其一生，父亲之死始终萦绕在他的心中。一次走在通向剧院包厢的楼梯上，文森特感觉胸部绞痛，后来经过诊断，表明这是一次轻微的心脏病症状。

回到曼哈顿以后，文森特的病情恶化了。1959年2月3日晚上，他与布鲁克本来计划参加一场晚宴。由于感觉身体不适，他让妻子自己前去赴宴。当她晚上回到家时，发现丈夫躺在床上，呼吸困难。布鲁克·阿斯特给文森特的私人医生康妮·盖恩打了电话。医生断定他的病情已经稳定，无须送去医院。大约在午夜时分，文森特离开了人世，床边的两位妇人愁苦不已。这一悲剧性的事件产生了深远的影响，而且受到影响的不止布鲁克·阿斯特。她经历了重重变故，又活了五十年。文森特的离世是一系列偶然事件的第一幕，这些事件出人意料地搭建了一个舞台。在这个舞台上，经济思想史上一场最重要、最激烈的决斗即将上演。

文森特·阿斯特给布鲁克留下了1.34亿美元的巨额财富，按照2020年的价格计算，约合12亿美元，其中第一笔价值200万美元的遗产不附带任何条件。剩下的财产中，有一半用于投资，为布鲁克提供了一大笔收入；剩下的一半用于文森特·阿斯特基金会。这家成立于1948年的基金会致力于“缓解人间的悲苦”，完全由布鲁克掌管，并且基金会产生的收入将按照她的意愿进行分配。她郑重地承担起在基金会的职责，并乐于扮演女慈善家的角色。她喜欢说的一句话就是，“金钱就像肥料，应当播撒四方”。阿斯特基金会拥有大量声名显赫的财产，包括位于曼哈顿第五大道上的瑞吉酒店和《新闻周刊》杂志。

在听取建议之后，寡居的阿斯特夫人认为自己无意成为一名豪华酒店的管理者或者一位新闻巨子，于是她将瑞吉酒店和《新闻周刊》挂牌出售。这份杂志创刊于1933年，由亨利·卢斯名下取向保守的《时代》杂志的一些前雇员创办，风格更偏自由主义。然而，至50年代后期，这份杂志失去了自己的活力。时任《新闻周刊》华盛顿分部总裁的本·布拉德利[9]回忆，此时这份杂志由马尔科姆·缪尔父子经营，两人分别担任杂志的主编和执行编辑。这份杂志已经沦为一份呆板的商务周报，成了“由其生意伙伴组成的商会的附属品”“没有任何理想主义的光辉”。“它既没有汇聚顶尖的人才，也缺乏《时代》杂志的激情，更不像亨利·卢斯那样胆大妄为。”记者大卫·哈伯斯塔姆[10]写道。

当布鲁克·阿斯特决定卖掉这份杂志时，缪尔父子相信，作为文森特值得托付的朋友，他们将会首先得到出售刊物的报价，于是他们开始筹集资金。诺顿·西蒙[11]是生产罐装番茄和水果的亨特食品公司的董事长兼首席执行官，据传他也对这笔交易感兴趣。然而，布拉德利另有计划。他与《新闻周刊》的编辑主任奥斯本·艾略特[12]开始寻找更令人满意的选择。他们找到了一个可能的买家，即《华盛顿邮报》的发行人菲尔·格雷厄姆[13]。

格雷厄姆精力充沛，富有魅力，与《华盛顿邮报》老板的女儿凯瑟琳·迈耶结为连理。他一直在想法找点事儿干，以摆脱顽固的抑郁症的困扰。格雷厄姆热情地回应了布拉德利和艾略特的初步意向，他告诉他们，"为什么你们不过来？现在就来！"自从从岳父手中接手《华盛顿邮报》以后，他一直盼着能够拥有一份自己可以做主并随意改造的产业。《新闻周刊》似乎恰好满足这一要求。它在新闻业界声名素著，正好可以与《华盛顿邮报》携起手来，成为风头正劲的《时代》杂志的潜在对手。这当然需要天赋、想象力和勤奋的工作，而格雷厄姆感觉自己正好具备这些品质。于是他在 1961 年 3 月 9 日提出了一份报价，当时一场暴风雪席卷纽约城。菲尔·格雷厄姆和凯瑟琳·格雷厄姆夫妇在其位于曼哈顿的卡莱尔酒店公寓等待来自阿斯特基金董事会的消息。性格开朗的布鲁克·阿斯特一开始就愿意出售给格雷厄姆，并说服董事会其他成员接受了这一报价。由此，《新闻周刊》以 1500 万美元的总价易手了，按 2020 年的美元计价，约合 1.29 亿美元。

杂志的编辑风格立刻发生了改变。正如布拉德利所讲的那样，"一夜之间杂志就摒弃了原来倾向于商会、商业和共和党的态度，表明了自己的新立场。与《时代》相比，它的风格更具青春活力，冷嘲热讽也更少一些，更加公道，说教更少，也更有趣"[14]。在新任主编奥斯本·艾略特的领导下，《新闻周刊》逐渐变成了一份更具自由主义风格并更具娱乐性的新闻周刊，以面向一般的读者群体。为了与偏右翼的《时代》区别开来，艾略特更换了撰稿人，用他的话讲，这些人“观点四平八稳，取向保守”。这一转变迎合了20世纪60年代进步主义的风潮。艾略特期待《新闻周刊》的评论专栏能够针对热点问题展开争论，由此吸引公众的注意力，并改变杂志的风格。在1963年8月格雷厄姆自杀离世之后，艾略特继续推进《新闻周刊》内容的转变。

艾略特在1962年10月引进了美国新闻业的巨人沃尔特·李普曼[15]，他是一名久经历练的记者，然后又在1965年早些时候引进了埃米特·休斯[16]，他之前是德怀特·艾森豪威尔总统的撰稿人，但后来与其旧主反目。之后，艾略特决定换掉杂志商业专栏的撰稿人亨利·黑兹利特[17]，代之以耶鲁大学的经济学教授亨利·沃利克[18]，后者曾是艾森豪威尔经济顾问委员会的成员之一。黑兹利特是一名老派的保守主义者，反对联邦政府干预经济，而自第二次世界大战（简称“二战”）结束和英国经济学家约翰·梅纳德·凯恩斯[19]的革命性思想被广泛接受以来，两个政党都拥护这一做法，以将失业降至最低水平。艾略特认为黑兹利特的观点已是“老古董”，于是着手寻找一名有声望的经济学家，以便能够反映林登·约翰逊[20]政府的凯恩斯主义思想。

显然，约翰·肯尼斯·加尔布雷斯[21]是位不错的候选人。他是出生于加拿大的哈佛大学经济学教授，通过撰写包括《富裕社会》[22]在内的一系列畅销书，他已成为美国最为知名的左翼公共知识分子和最有声望的经济学家。加尔布雷斯的雄心壮志在于让自己进步主义的思想付诸实践，于是他为富兰克林·罗斯福、哈里·杜鲁门和约翰·肯尼迪[23]等民主党总统工作。他又高又瘦，说话慢条斯理，态度温和，彰显了他的贵族派头。艾略特相信这样的明星人物是值得追逐的目标，这将发出一个清晰的信号，即《新闻周刊》有了新方向。加尔布雷斯不仅与政界和经济学界有着良好的关系，他还是遇刺身亡的肯尼迪的密友，还与这位已故总统的社交圈保持密切联系，包括菲尔·格雷厄姆和凯瑟琳·格雷厄姆夫妇，他们在乔治城的家中举办盛大派对，并使之成为传说中[24]的最富魅力的沙龙。

但是加尔布雷斯不感兴趣。人们从来不会低估自己的价值，他也从不将自己仅仅视为一名新闻杂志的专栏作家，也不愿让自己疲于应对每周的交稿。加尔布雷斯告诉艾略特自己习惯于写书，不愿意受《新闻周刊》专栏所允许的几千字的束缚。不过，加尔布雷斯婉拒邀约，实际上另有隐情。

1961 年，肯尼迪总统请加尔布雷斯为自己新的经济顾问委员会寻找一位主席，这项使命的言外之意是拒绝其担任这一职位，而加尔布雷斯本来预计这一职位非自己莫属。肯尼迪明确表示他更倾向于麻省理工学院的经济学教授保罗·萨缪尔森[25]，后者在 1960 年总统竞选期间帮助肯尼迪更好地理解了当时所面临的经济选择。但是萨缪尔森无意带着自己年幼的孩子由波士顿迁往华盛顿，于是他拒绝了这次邀请。萨缪尔森发现年轻的总统总是犹豫不决。他回忆道，“人们对约翰·肯尼迪的印象全错了。大家认为他属于勇往直前、决策果断的类型，而实际上他做事谨小慎微、如履薄冰”。[26]

肯尼迪要求自己的高级助手和撰稿人小阿瑟·施莱辛格[27]打探一下加尔布雷斯是否还有意担任这一职位，但是此时加尔布雷斯另有打算。施莱辛格回忆道，当加尔布雷斯最终拒绝时，当选总统并未感到任何难过。加尔布雷斯担心其他人的建议将会超过自己对肯尼迪政府的影响。正如他自己所讲的，“我不希望每天都围绕着‘坚毅桌’，与大致相同的一些人针对相同的问题展开相同的讨论，而且其中一些人还是我不愿意见到的”。[28]

尽管未能请动加尔布雷斯加入自己的团队，肯尼迪仍然邀请他勾勒出新政府经济政策的主要原则，并在 1961 年 1 月自己的就职典礼上予以公布。加尔布雷斯列出了新政府应当致力于实现的目标，范围更为广泛，包括扩大公民权；增加对教育与健康的支出；尝试解决普遍存在的贫困问题；外交政策更注重道德因素，停止对外国独裁者的支持；对更为贫困的国家提供更多的经济和技术援助。但是，当肯尼迪作为总统第一次向全国发表演讲时，加尔布雷斯发现新任总统的谨慎天性占据了上风。这位经济学家提出的很多更为激进的建议并没有出现在演讲稿中。

两年之后，肯尼迪遇刺，权力转移至肯尼迪的副总统林登·约翰逊，这使得加尔布雷斯与民主党的领导层疏远了。加尔布雷斯不是约翰逊的人，也没有被邀请加入新政府，于是他继续著书演讲。不久，他发现自己与约翰逊在越南战争问题上意见不一。正如加尔布雷斯的传记作者所讲，他“从一名政府高层的知情人变成了政府之外的一名激烈的批评者”。[29]

《新闻周刊》本来可以为加尔布雷斯提供一个完美的平台，以反对约翰逊的冒进政策，但结果并未如此。加尔布雷斯拒绝了艾略特的邀请，于是后者转向了萨缪尔森。与加尔布雷斯一样，萨缪尔森作为一名经济学家在学术界之外也广为人知，他在1948年撰写了广受欢迎的权威性的凯恩斯主义教科书，并简单明了地将其命名为《经济学》。但是萨缪尔森告诉艾略特他不感兴趣。“您要知道，由于那本教科书，我衣食无忧，不太需要钱。”他对艾略特讲道。艾略特反驳说，尽管他相信《新闻周刊》所能提供的一年几千美元的额外薪酬对萨缪尔森的生活不会有什么改变，但《新闻周刊》专栏将使萨缪尔森作为美国最为著名的理论经济学家的声望更为显赫。艾略特回忆，当他指出《新闻周刊》每周的读者高达1400万人时，“萨缪尔森竖起了耳朵，然后接受了邀请”。根据协议，每篇专栏的报酬为400美元，大约相当于2020年的3450美元。然而，当专栏在9月份开始刊登时，酬金升至750美元，相当于2020年的5800美元，这意味着一年17篇专栏文章的报酬高达98 600美元。萨缪尔森被告知，他可以完全按自己的意愿来撰写专栏，如果他愿意的话，甚至专栏的标题都可以自己来定。

艾略特的计划是找三位经济学家轮流在专栏上对新闻进行评论。他回忆道，“我有一位自由主义经济学家（萨缪尔森），一位中间派（沃利克），还有一位略微呆板的右翼学者（黑兹利特）”。艾略特感觉《新闻周刊》还需要一名年轻的保守主义经济学家来代替已被放弃的黑兹利特。艾略特还有另外一个好玩的念头，即只找两位经济学家来写专栏，萨缪尔森和另外一位，左派右派各有一人，于是他试探了一下萨缪尔森[30]是否愿意隔一周写一篇专栏。萨缪尔森的回复是，他忙于修改《经济学》，无暇他顾，但是他同意每三周可以写一篇。

自1936年凯恩斯革命性的著作《就业、利息和货币通论》(简称《通论》)出版以来，保守主义经济学一直处于守势，保守主义经济学家也是如此。至60年代中期，由于成功地结束了大萧条，凯恩斯主义革命在美国经济管理领域声势日盛，在美国几乎所有的重要大学中，一批又一批的凯恩斯主义者代替了保守主义经济学家的教职。找到一名善于表达的年轻经济学家，并且反对萨缪尔森的观点，并非易事。但是，在作为保守主义经济学堡垒的芝加哥大学，有一位富有活力的教授吸引了艾略特的眼光，这就是米尔顿·弗里德曼[31]。令艾略特绝望的是，当他在1966年夏天试探弗里德曼的想法时，得到的回答也是“太忙了，没有时间为《新闻周刊》写专栏”。艾略特非常失望。但是他并不知道，弗里德曼令人敬畏的太太罗丝正在说服丈夫接受《新闻周刊》的邀请。

“尽管他也认为这件事值得去做，但是我丈夫极不情愿接受这项任务，”罗丝回忆道，“他认为自己很难找到足够的话题，能够在一篇专栏文章这么短的篇幅内讨论清楚……他感觉这太耗费时间，会干扰他自己的研究，而研究和教学才是他的主要任务。”[32]罗丝·弗里德曼懂得为一份声名显赫的新闻杂志撰写专栏有助于提升弗里德曼的形象，于是她劝说自己的丈夫，真正伟大的经济学家会找出时间来传播自己的思想。

她告诉弗里德曼，通常而言，研究和思想的传播是由两类不同的人来完成的。但并非总是如此。“比如，约翰·梅纳德·凯恩斯就两件事都做。”她这样劝说他。而且，就像凯恩斯一样，弗里德曼的雄心壮志远不止理论经济学。“比如，解释政治自由与自由市场之间的关系，或者说明政府日益广泛地干预我们的生活可能会产生何种后果，这类工作现在做得并不好，”罗丝回忆说，“我感觉我丈夫拥有特殊的才能和知识，这使他特别适合完成这类任务。”[33]

弗里德曼列了一个自己想要讨论的问题的清单，并写了两三篇专栏文章作为试验，看看自己是否能满足《新闻周刊》要求的文章长度和行文风格。他将这些试验性的文章寄给了自己的好友芝加哥经济学家乔治·斯蒂格勒[34]。他同意罗丝的观点，认为弗里德曼才思如泉涌，因此敦促他接受《新闻周刊》的邀请。但弗里德曼还是下不了决心，于是他打电话给自己的朋友萨缪尔森，在芝加哥读研究生时弗里德曼就认识他了。弗里德曼回忆，经过长谈以后，萨缪尔森“强烈建议我接受邀请”。[35]通过鼓励弗里德曼给《新闻周刊》撰写专栏，萨缪尔森暗示在所有的保守主义经济学家中，弗里德曼是最为合适的对手。

对于艾略特而言，促成萨缪尔森和弗里德曼一起撰写专栏是在新闻界搞了一次创新，这件事甚至上了《纽约时报》。[36]艾略特“极具创意”地将风格迥异的经济学家撮合在一起，这在来年赢得了诸多赞许，从而使他获得了该年度财经新闻界的最高荣誉杰拉尔德·勒布奖。

自1931年弗里德里希·哈耶克[37]第一次在知名的学术期刊上挑战约翰·梅纳德·凯恩斯并引发一场决斗以后，一场最能言善辩的经济学大家之间最为持久的舌战即将登场，而舞台已经搭好。无论是艾略特还是萨缪尔森或者弗里德曼都没有预料到，在接下来的十八年间，两人轮流发表了一系列专栏文章。在此期间，凯恩斯主义在学术界的霸权受到了根本性的挑战。[38]

萨缪尔森和弗里德曼发表的一系列专栏文章数量惊人，随着时间推移，他们对经济学当前的状况和未来的发展持续展开争论，这些文章对于公众了解经济学所做的贡献，至今无人能够超越。

如果不是由于萨缪尔森和弗里德曼的宽容大度和谦虚有礼，这场对战本不会持续如此长的时间。两人虽然在意识形态方面互为敌手，但私交甚笃。他们思考和写作的方式有很大的差异，这反映了他们迥然不同的观点。萨缪尔森的行文风格显露出自己的个性。作为在本领域颇有建树且自信满满的公认领袖，他撰写的稿子体现了他的这些特点，他回应挑战时总是表现得宽宏大量，有时也稍显高人一等。相反，弗里德曼有点像街头斗士，所设计的招式都是为了得分，以尽量说服永远持怀疑态度的对手。弗里德曼的意图是政治性的，目的在于通过说理和赢得支持以改变正在发生的事件的走向。萨缪尔森倾向于长期和宽广的视角，不太愿意纠缠于以往的每个争论。

弗里德曼将《新闻周刊》这次尝试的成功归功于两人之间的私人友谊和相互尊重。“尽管保罗和我对于公共政策问题经常有针锋相对的看法，但私下里我们是很好的朋友，尊重彼此的才能和对经济学的贡献。”[39]弗里德曼写道。萨缪尔森在写给弗里德曼的一封信中称赞了对方：“我希望我俩可以这样说，尽管我们对很多事情有不同意见，但是我们理解两人为何在逻辑和经验方面存在分歧，而且我们自始至终对对方心存善意、友情和尊重。”[40]

第二章

芝大重生

尽管出生于印第安纳州加里市的萨缪尔森出身低微，但他早早表现出来的数学天赋使其有机会得到芝加哥学派倡导自由市场的经济学家的教导。

保罗·萨缪尔森和米尔顿·弗里德曼有诸多相似之处。两人都是犹太人，都娶了自己的大学同事为妻，都在芝加哥大学获得了自己的第一个学位，并且一起上过研究生课程。两人还有一些私人关系。在芝加哥，教授萨缪尔森经济学的是亚伦·戴雷科特，而后者是弗里德曼妻子罗丝的哥哥。萨缪尔森曾开玩笑说，“在依然在世的人中间，戴雷科特是唯一一位可以讲‘我那激进的妹夫米尔顿·弗里德曼’的人”。[1]但是，尽管在家庭背景和个人生活经历方面非常相似，这在很大程度上会决定他们的观念和优点，但是两人依然有很大差异。

1915年5月15日，保罗·萨缪尔森出生于印第安纳州的加里市。该市位于密歇根湖的最南端，用他的话讲，“由铁路运来的阿巴拉契亚山的煤炭在这里遇上了由船舶运来的明尼苏达的铁矿石”，[2]然后在加里工厂这家世界上规模最大的钢铁厂里被加工处理。萨缪尔森的父亲弗兰克与他的母亲埃拉·利普顿，也是弗兰克的嫡表亲[3]，“从位于立陶宛和东普鲁士之间的波兰的一个小地方”移民到美国。[4]弗兰克·萨缪尔森是一位用研钵和研杵制药的药剂师，他的顾客主要是第一代从波兰、捷克斯洛伐克、克罗地亚以及其他东欧地区移民而来的钢铁工人。弗兰克·萨缪尔森在与顾客交谈时使用“Slavish”，这是一种将其顾客的很多母语中共同的词汇拼凑在一起所形成的混合语言。

甚至在美国加入第一次世界大战导致对武器和战备物资的需求飙升之前，加里就是一座蓬勃兴起的城市。弗兰克·萨缪尔森抓住了经济繁荣的契机。弗兰克和埃拉一共有三个孩子，保罗·萨缪尔森是第二个。他回忆说，“这让我们发家致富。我没有受过贫困之苦。在我的生命中，我从来不知道饥饿的滋味”。[5]而且，加里的繁荣与政府息息相关。萨缪尔森觉得“在加里长大成人对于以后成为一名经济学家助益良多。没有成为一名商人，而是成了一名经济学家，这是因为我经历过一战时政府开支剧增所带来的繁荣”。[6]

在萨缪尔森17个月大时，他被送到临近加里市波特县的一家拥有600多亩㊀土地的农场，与养父母一起居住。尽管他猜测自己的父母是为了让他摆脱加里市糟糕的空气质量，但是这次变故还是困扰了他的一生。为他所找的这对农民夫妇，他称呼他们“山姆叔叔”和“芙蕾达阿姨”。这对夫妇尽管与他并没有任何血缘关系，但是在其五岁之前，一直将他视如己出。萨缪尔森说，“作为与我没有血缘关系的人，他们照顾我的饮食起居，爱我如子，这些都弥足珍贵”。[7]在迈入暮年之时，他被问起为何在他年龄如此小时就被抛弃，

㊀ 1公顷=15亩。

他只能猜测。“我想可能是因为我母亲是一位思想超前的女权主义者，她不喜欢自己的生活就是围绕锅台转，也可能我那时很难喂养。但是作为一个只有17个月大的婴儿，我能知道什么呢？”[8]他似乎对父母并不怨恨，由山姆和芙蕾达养大好像也没有给他留下永久性的心理创伤。相反，作为孤儿的简短经历似乎让萨缪尔森学到了很多东西。在农场的生活有些简陋。“我了解如果家里没有什么电器，屋里没有中央空调，室内也没有卫生设施，生活会是什么样子。这意味着你不得不使用室外厕所和尿壶，”他回忆道，“尽管距离瓦尔帕莱索只有8公里，去那里购物还是要给马戴上马具，套上马车，并花费大半天的时间。”[9]

童年时的萨缪尔森极为聪明，尽管在农场里明显缺乏知识启蒙，但他很快就懂得从图书馆借来大量书籍，然后如饥似渴地阅读。[10]他去了当地由纳税人资助的学校，这些学校要求很严格，但他证明自己的聪明才智足够跳级。萨缪尔森总共上过8所学校，包括在佛罗里达求学的经历，他父母曾在那里短暂居住过。1923年，萨缪尔森夫妇将保罗要了回来，并回到了芝加哥。在这里，他进入海德公园高中学习。对于经济如何运行，萨缪尔森开始展现出初步的兴趣。股票市场在整个20世纪20年代持续繁荣，这使得美国普通民众也想从中挣钱。他开始持续关注股票市场，并借助报纸上有关股票的报道，帮助自己的高中几何老师挑选股票。可惜，萨缪尔森挑选的股票是否挣了钱，我们就不得而知了。

在16岁时，萨缪尔森展现出超过同龄人的数学能力，他提前被芝加哥大学录取。在芝加哥大学第一天上的第一堂课，就让他找到了自己喜欢的主题，而终其一生，这一主题都让他着迷。他喜欢说的一句话就是，“1932年1月2日，当我第一次步入芝加哥大学的课堂时，我感觉自己如同重生”。经济学完美地契合了他的聪明才智，他从未考虑过学习其他的科目或者从事另一份职业。“这份幸运令人难以置信，虽然我还只是一名青春少年，就误打误撞地遇到了吸引我全部兴趣的科目，而且我还特别擅长于此。”他回忆说。

在芝加哥大学，萨缪尔森一开始学到的经济思想包括英国经济学家罗伯特・马尔萨斯[11]的理论。“该理论认为人们总是倾向于生育如此多的子女，由于受制于边际收益递减规律，人口的快速增长会导致工资保持在最低水平。我发现这很有意思，但是太过简单了。因此，我认为肯定有些含义我没有理解[12]。”萨缪尔森回忆说。

萨缪尔森的第一位经济学老师是亚伦・戴雷科特[13]，他“极为偏向保守主义，而且不守成规，对我产生了很大的吸引力”。萨缪尔森专注于学习经济学，并接受了芝加哥学派[14]很多重要人物的教导，如弗兰克・奈特[15]、雅各布・维纳[16]、亨利・西蒙斯[17]、保罗・道格拉斯[18]。每个人都说，教导萨缪尔森是一件乐事。在当时的一份报告中，维纳称赞萨缪尔森是“一名清醒、细心、极有能力的学生，掌握大量的数学工具，热情、独立、富有独创性。那些头脑敏锐并且智力超过其他同学的年轻人通常表现出好斗和傲慢的个性，但萨缪尔森不是这样”。[19] 1935年，萨缪尔森只用三年就毕业了，并且获得了学士学位。接下来的一年，他又完成了硕士学业。

萨缪尔森最早对经济学的贡献是一种用于分析经济周期的诊断工具，被称为“乘数－加速数模型”，后来以“汉森－萨缪尔森模型”闻名于世。[20]这一模型力图解释在某一特定的周期中市场经济运行的规律，比如从繁荣到衰退等。他观察到外部因素对经济的影响，如外国投资等，并且考察了这些外部因素如何影响经济周期的起起伏伏。他的结论是，无论是凯恩斯的乘数原理还是克拉克的加速数原理，都不足以解释经济的周期波动，于是他提出了自己的解释。

1935 年，萨缪尔森获得了社会科学研究委员会的培训奖学金。这是一笔新成立的奖学金，报酬丰厚，被授予全美最优秀的八名即将毕业的研究生。他的生活发生了出乎意料的改变。这一奖项的唯一要求是萨缪尔森需要离开芝加哥大学。用他的话说，这一附加条件意味着“贿赂他离开芝加哥”[21]。“感谢上帝，我接受了这笔贿赂，因为我认为如果继续待在那里将是一个严重的错误。”[22] 萨缪尔森说。

对萨缪尔森而言，离开芝加哥是正确的，他有时感觉芝加哥学派的经济学有些脱离现实。在 20 世纪 30 年代，大萧条肆虐，数以百万计的失业人员乞求能够获得一份工作，而芝加哥大学的教职人员却固守原有理论，坚持认为对于人间疾苦，政府无能为力。“快乐的生活已经不是优先考虑的事了，在大部分时间，周围几乎所有的店铺都关门了，”他回忆道，“如果你生活在芝加哥的某个中产阶级社区，每天都有孩子和大人来到门口，说‘我们快饿死了，能给我们一个土豆吗？’。谈起这些事就会勾起我悲伤的回忆。”[23] 他所学的理论与周围发生的人间灾难格格不入。“对我而言，我在课堂上学到的东西无法合理地解释当时的现实，在印第安纳州北部和伊利诺伊州，我周围的银行几乎都破产了，我哥哥为了上大学而攒的钱几乎损失得一干二净”。[24] 而且，“我的家庭并不富裕，如果我工作了的话，他们本来可以使用我挣得的收入，但是当时去找工作是毫无意义的”。[25] 对于现实生活中的经济学，在他最早的记忆中还有另一件事，这就是在 1919 ～ 1921 年的经济衰退中雇主从墨西哥引进工人以打击罢工。与之前的约翰·梅纳德·凯恩斯一样，对于他亲眼所见的大规模失业所造成的灾难，萨缪尔森感到震惊。在如此严重的惨剧面前，他发现芝加哥学派坚称对此无能为力，这就像鳄鱼的眼泪一样。[26]

被迫离开芝加哥后，萨缪尔森认为继续自己学业的最佳去处是纽约的哥伦比亚大学或者马萨诸塞州剑桥镇的哈佛大学。“毫无例外，我在芝加哥的导师都说应该去哥伦比亚，”他回忆说，“我从来不是一个对长辈和上级的建议言听计从的人，由于某种失误，我选择了哈佛。”[27]

在哈佛大学，萨缪尔森的老师们是一群逃离了纳粹残暴统治的杰出的德国和奥地利知识分子，包括瓦西里·列昂惕夫[28]、约瑟夫·熊彼特[29]、戈特弗里德·哈伯勒[30]、阿尔文·汉森[31]。汉森最早将凯恩斯1936年的经典著作《通论》引介给美国经济学家，并进行了很好的诠释，影响极为广泛，他因此被称为“美国的凯恩斯”。萨缪尔森所获奖项的期限意味着他无法完成博士学位的学习，于是他躲进哈佛图书馆，撰写了一系列数理经济学领域奠基性的论文。“在我25岁时，我发表的论文数量超过了我的年龄。”[32]他回忆说。

1936年，萨缪尔森着手准备学位论文，哈佛大学最终在1941年授予他博士学位。他在博士论文《分析经济学的基础》中提出的思想极为难懂，以至于他在口试答辩中回答了熊彼特和列昂惕夫这两位导师的严厉询问之后，熊彼特扭头问自己的同事：“哎，瓦西里，我们过关了吗？”[33]后来，萨缪尔森将其博士论文编入了自己出版的第一部著作《经济分析基础》（1947年），很快这本书就成了描述在经济学中如何使用数学方法的经典文献。1938年7月，萨缪尔森迎娶了自己的同事，即来自中西部地区的玛丽恩·克劳福德。她是哈佛大学的一名经济学专业的研究生，也是熊彼特的助手和列昂惕夫的女弟子。

萨缪尔森已经展现了自己非凡的才华，因此他可能预期在自己学业结束后，哈佛经济学系将会确保给他一席教职。然而，在1940年秋天，哈佛经济学系似乎非常勉强地给他提供了一个级别较低的讲师职位，他不情愿地接受了。但是有些事情使他几乎立即改变了想法。1937年夏天，萨缪尔森还只是哈佛学会的初级成员，他就开始给麻省理工学院的大学生上课，一上就是三年。在麻省理工，他引起了经济学助理教授哈罗德·弗里曼的注意。弗里曼负责为麻省理工推荐教职人员的人选。在那个时代，麻省理工的声望无法与哈佛相提并论，它最为知名的是其工程课程。麻省理工的经济学系声誉一般，还无法提供研究生课程。

就在萨缪尔森接受了哈佛的职位之后几个小时，弗里曼就为他提供了一个助理教授的职位，并许诺他可以从零开始建设一个博士生项目，只要他立即开始上课就行。萨缪尔森告诉哈佛大学，他还在考虑麻省理工提供的一个职位，他等着哈佛的回复。但是，过了12个小时之后，哈佛似乎没有提出新的条件，于是萨缪尔森接受了麻省理工的职位。后来的结果表明，他的选择是其一生的转折点。“没有待在芝加哥，我真的要感谢达尔文或者冥冥之中的命运之神。”他说。[34]有人相信萨缪尔森之所以放弃了哈佛而选择麻省理工，是由于哈佛的经济学教授哈罗德·希钦斯·伯班克[35]对萨缪尔森的观点不屑一顾。他对将数学应用于经济学抱有敌意，也是一位反犹太主义者，这对萨缪尔森而言非常不幸。其他人则认为萨缪尔森傲慢自负，思想独立，并且批评他拒绝了哈佛伸出的不甚热情的橄榄枝。

萨缪尔森自己认为这两种观点都有点道理。他回忆说：

在以前的学术圈中，反犹太主义无处不在，无论在美国还是在国外，都是如此。所以，作为盎格鲁－撒克逊新教徒的妻子和我当然都明白，如果我在哈佛，这是需要考虑的因素之一。但是到了20世纪40年代，时代改变了。可能我个性中有太多威廉·退尔那样的傲慢，这让我难以认同那些不太重视在教职上的表现的圈内人。[36]

在决定选择麻省理工而不是哈佛时，萨缪尔森还咨询了自己在哈佛的统计与数理经济学导师埃德温·比德韦尔·威尔逊[37]的意见。“他写信告诉我，当他在1907年接受了担任麻省理工物理系主任的邀请并离开了耶鲁时，人们都认为他疯了。但是，这是他曾经走出的最妙的一步棋，”萨缪尔森回忆说，“他的观点对我影响很大。”[38]

1940年，萨缪尔森作为经济学助理教授加入了麻省理工。二战已经于1939年9月爆发，富兰克林·罗斯福促使美国加入同盟国一方并直接参战，似乎只是时间问题。只有25岁的萨缪尔森考虑参军入伍，但是他深受高血压之苦，知道他的身体状况将使自己自动失去穿上军服的资格。因此，他志愿从事与战争有关的特殊的科技工作，这一职务可以让他继续在麻省理工教学。

自1944年以后，在麻省理工辐射实验室的一间小木棚里，萨缪尔森将自己高超的数学技能用于与战争有关的工作。这一实验室创建于1940年9月，又被称为“雷达实验室”(Rad Lab)。1941年，新成立的科学研究与开发办公室赋予这一实验室一项任务，即开发一种能够使战斗机侦测到敌机的雷达系统，还有一种防空炮兵连使用的以雷达为基础的自动火力瞄准系统，以及一种军用飞机使用的远程无线电导航系统。

1945年战争的结束给萨缪尔森带来了新的挑战。麻省理工经济学系主任拉尔夫·弗里曼要他做一个项目。“保罗，我们有一个要求，让每位学生都要选修两个完整学期的经济学入门课程。但是他们都不喜欢这些课，”弗里曼说，“你能用几个月的时间少教点课，然后写一本他们都能喜欢的有意思的教材吗？……教材不用太长，只是必须有趣。”萨缪尔森几乎没有想就答应了。“我说，当然，何乐而不为呢？”[39]三年之后，萨缪尔森的劳动成果出版了，这是一本名为《经济学：入门分析》(以下简称《经济学》)的教材。这本教材引发了经济学教学的革命，使全世界一代又一代的经济学家将凯恩斯主义作为宏观经济学主流的分析方法。正如萨缪尔森所回忆的那样，“我知道它会畅销。但是我不知道的是，它会畅销50年并形成了一种新模式”。[40]

萨缪尔森的《经济学》第1版毫无保留地转向了凯恩斯主义，在当时的情形下，这样做不免有些挑衅意味。在其引用的所有伟大的经济学家中，只有凯恩斯这位多才多艺的天才拥有简要的传记，使其形象在读者心中鲜活起来。凯恩斯《通论》的主要原则得到了全面的介绍，包括卡恩的乘数，即政府往经济中每多注入1英镑，收到这1英镑的人会再次将其花掉，后续获得这笔收入的人也会一次又一次地再把钱花出去，因此最终的结果是经济中不是多了1英镑，而是几英镑。除此之外，还有消费倾向、节俭的悖论和逆周期的财政政策。这本教科书还描述并解释了确定总需求的公式，即GDP=C+I+G，其中C是消费支出，I是投资，G是政府支出。此外，第一次被写入教科书的还有凯恩斯的收入–支出交叉图，用图形的形式描述了总需求和总供给相交的情形。在这本教科书前3版的封面上画的正是这幅图。萨缪尔森极大地改变了理解经济学的传统方式，将宏观经济学放在了微观经济学的前面。

萨缪尔森的教科书中表达的是纯正的凯恩斯主义思想，这使他第一次成为政治目标。凯恩斯创新性的思想受到了质疑，因为这些思想敦促政府增加开支以促进就业。加拿大经济学家洛里·塔希斯[41]是凯恩斯的学生，并成为斯坦福的一名教师，他于1947年出版的《经济学原理》一书是第一本倡导凯恩斯主义的美国教材。尽管斯坦福大学顶住了将塔希斯开除的呼声，其他学校就没有这么勇敢了，它们屈服于要求抵制这本教材的压力。

当时，小威廉·巴克利[42]的《耶鲁的上帝与人》刚刚出版，在这部耸人听闻的著作中，他长篇大论，猛烈抨击了自由主义教育机构中的“无神论”

思想，暗示将凯恩斯主义思想推荐给学生就是某种悄无声息的反美行动。最终，麻省理工治理委员会中某些忧心忡忡的成员对他进行了严格的审查。由于麻省理工校长、物理学家卡尔·泰勒·康普顿[43]的私下干预，萨缪尔森才免于落得与塔希斯相同的可怕遭遇。校长写信给已经准备下手的治理委员会的成员，威胁说如果他们中有任何人开始干涉麻省理工任何一名教职工表达的自由，他就将被辞退。于是这次猎巫行动中止了。

随着萨缪尔森在麻省理工的事业蒸蒸日上。1947年，美国经济学会提名他为40岁以下最杰出的经济学家，认为他“对经济学思想和知识的主要部分做出了最为卓越的贡献”，这主要得益于《经济分析基础》。

1948年，萨缪尔森出版了《经济学》。这本教材立即成了最为畅销的著作，差不多每三年修订一次，他也成了他的同事们略带羡慕的消遣对象。他的朋友乔治·斯蒂格勒有一次这样介绍他，“已经功成名就的萨缪尔森，现在开始追求财富了。”[44]由于获得了大量的版税，萨缪尔森发现自己已经攒够了钱，能够通过抵押贷款买一套属于自己的房子了。对于这位已步入中年的教授而言，教科书不仅是一台印钞机。“如果我能够写一本全国最畅销的教科书，那么谁来为国家制定法律就无关紧要了。”[45]他后来评论说。

1951年，萨缪尔森第一次展现了他将新旧经济学综合在一起的天赋。在论文《现代财政政策的原理与规则：一种新古典的方法》中，他详细说明了政府政策如何通过应对经济周期的起伏涨落，以实现失业的最小化。他说，新政期间公共工程项目的成效被高估了，而减税作为刺激经济的手段则被低估了。驯服经济周期的关键是财政政策，即将公共支出与税收的改变混合使用。他没有提到货币和美联储在维持适当的货币供给中的作用。1951年的萨缪尔森认为货币不重要。后来，他将这一时期的经济学称为“T型福特车一样的凯恩斯主义”[46]，货币并不起作用。他将货币理论置于一旁，这一理论假定经济中的货币供给与通货膨胀直接相关。这是他与米尔顿·弗里德曼这样的货币主义者最为关键的分歧之处。

在1955年版的《经济学》中，萨缪尔森引入了一个更为宏大的理论框架，即“新古典综合”，由此，他将凯恩斯主义的思想与自由主义经济学融合在一起。后者是凯恩斯之前的经济学所使用的方法，即以自由市场的力量为主导，随着时间的推移将会实现合理的均衡状态。他写道：

在最近这些年，90%的美国经济学家都不再归属于“凯恩斯主义”或“反凯恩斯主义”，而是努力实现某种综合，即将更传统的经济学和现代收入决定理论中有价值的部分综合在一起。其结果或许可以称为新古典经济学，几乎所有人都会接受这一内容广泛的理论框架，除了各占5%的极左翼和极右翼作者。[47]

萨缪尔森此时非常乐观。他宣布凯恩斯主义和保守主义经济学家之间的分歧已经结束了，并希望将会真的如此。但是凯恩斯主义者和拥护市场的经济学家之间的鸿沟太深了，而且这是一种源自内心深处的分歧。

由于萨缪尔森拥有使经济学变得通俗易懂的声望以及他的居处临近波士顿，肯尼迪将其招募为自己的经济顾问，并使其参与了这位魅力四射的马萨诸塞州参议员1960年的总统竞选。在他们第一次会面时，萨缪尔森并没有去努力迎合对方。在此之前，他已经为两位民主党的重要人物提供过经济建议，一位是伊利诺伊州州长阿德莱·斯蒂文森[48]，1959年他正在考虑是否第三次参加总统竞选，另一位则是埃弗里尔·哈里曼[49]。

萨缪尔森对肯尼迪直言不讳。“我不会投票给你，”他说，“我将会投票给阿德莱·斯蒂文森。”肯尼迪则说，“我不想要你的投票。那只是一张投票而已。我想的是挺进白宫，如果你认为对于这个国家你有些好主意，那么现在就是你的机会”。[50]萨缪尔森仍有所保留。“我觉得他的父亲老乔·肯尼迪是个混蛋、绥靖主义者和偏执狂。”他说。所以，他怀疑这个可怜的富家子弟是真的想竞选总统，还是部分地为了实现他父亲想让四个儿子中至少有一个成为总统的梦想。他还对肯尼迪的工作态度抱有疑心。尽管萨缪尔森曾经为肯尼迪所在的参议院委员会就经济事务接受过咨询，但他从未见过这位年轻的参议员出席过会议。

然而萨缪尔森还是同意帮助肯尼迪，原因之一就是他对肯尼迪可能获得的政策建议颇不以为然。他回忆了自己当时的想法，“这个国家太重要了，可不能按照像约翰·肯尼斯·加尔布雷斯这样的经济学家所提供的建议那样去做。”尽管萨缪尔森一开始怀有疑虑，两人的关系还是很好。“我们风格相似，一拍即合，”[51]正像萨缪尔森回忆的那样，“尽管我从未叫过他杰克。”[52]他对肯尼迪装模作样的不拘小节感到震惊。萨缪尔森回忆说，在喝过一杯血红玛丽鸡尾酒后，“再吃菲力牛排就没有什么难的了”[53]。相反，“我们吃的是法兰克福香肠和豆子”[54]。

萨缪尔森很快就摸清了肯尼迪的特点，他是“一个非常聪明的听众”，喜欢在自己的概括中加入一点戏剧性成分。“我懂得每个向国王提建议的人都要耍点小花招，因为如果你不说些夸张的话，就无法引起他的兴趣。”[55]萨缪尔森回忆说。

虽然肯尼迪曾在哈佛大学学过一年经济学，但是萨缪尔森还是着手重新教了他一次。1960年竞选之后不久，在肯尼迪家族位于马萨诸塞州的海恩尼斯港庄园中，萨缪尔森在一块外露的岩石上给新任总统简短地上了第一课，这真是有点梦幻色彩。然后，在《萨缪尔森就美国经济状况给当选总统肯尼迪的报告》中，他评估了美国经济所处的状况以及下一步的应对之策，并于1961年1月5日寄给了肯尼迪。

肯尼迪从艾森豪威尔那里接手时，美国的失业率居高不下，处于大约5%的水平，企业和工厂的生产能力有大量闲置。由美联储确定的美元价格处于高位，这意味着美国出口的商品较为昂贵。如何解决这些问题？萨缪尔森告诉肯尼迪，在20世纪30年代面临相似的境遇时，凯恩斯建议削减税收，以将现金注入衰弱的经济中，从而提高总需求。在他于大萧条时期写就的开创性著作中，凯恩斯为希望扭转经济低迷状况的政府开出了几副药方，其中最主要的就是由公共支出资助的公共工程，如果需要的话，政府可以借款。但是在1933年的《通往繁荣之路》中，凯恩斯还曾经建议过通过减税来提高总需求。这正是萨缪尔森在1951年的论文《现代财政政策的原理与规则：一种新古典的方法》中所采用的方案。

肯尼迪在竞选时秉承的是审慎的经济政策，令他感到震惊的是，萨缪尔森建议“如果失业率上升到7.5%这么严重的水平”“每个收入阶层的税负都应削减3或4个百分点”。新任总统被吓了一跳。“我在刚结束的竞选中提出的政纲是财政责任和预算平衡，现在你告诉我执政后的第一件事就是减税？”他说。萨缪尔森反复讲，总额100亿美元的减税是小打小闹，他甚至想让肯尼迪采取更激进的政策。“我认为我们一上台就应该让美元贬值，并将其归咎于艾森豪威尔，”[56]萨缪尔森说，“但是这样做并不现实。结果，我们花费了十年时间用于捍卫本来就守不住的东西，在肯尼迪去世之后又经过了相当长的时间，直到大坝崩溃为止。”[57]

不可避免地，有人会试探萨缪尔森能否以全职身份加入肯尼迪政府。但是他不愿意让自己去趟政府这摊浑水，也不愿住在华盛顿这个排外的地方。

当萨缪尔森正式被邀请担任肯尼迪经济咨询委员会的主席时，他拒绝了。他不愿意自己的个人生活受到可能的干扰，也不愿意放弃自己在麻省理工已经形成的效率很高的工作节奏。定期修改他的经济学教科书，完成自己的教师职责，以大约每年一篇的速度撰写学术论文，对他而言这就足够了。萨缪尔森的侄子劳伦斯·萨默斯[58]回忆说，“保罗待在华盛顿从未超过连续三个晚上，他为此感到自豪”。[59]

萨缪尔森作为一名年轻父亲的责任也让他留在了剑桥镇。当被问到他和玛丽恩有几个孩子时，萨缪尔森回答道，“我们先有了一个孩子，然后有了一对双胞胎，然后又有了三胞胎，后来就不敢再要了。”[60]他们一共有6个孩子，包括三胞胎男孩。在某段令人抓狂的时期，萨缪尔森曾经一周要给洗衣店送去350片尿布。

由于肯尼迪担任总统的时间极短，萨缪尔森的决定被证明是非常明智的。[61]总统的经济顾问只是一个临时性的角色，很多人只做了很短的一段时间。萨缪尔森很可能会被意外继承肯尼迪总统职位的林登·约翰逊辞退，那么他就不得不匆匆忙忙地回到剑桥镇。麻省理工感谢他的忠诚，并于1966年将其提升为学院教授以作奖赏。

奥斯本·艾略特邀请他定期为《新闻周刊》撰写文章，这有点出乎萨缪尔森的意料。他的工作和其他的职责已经使其不堪重负，但是他很清楚，为一般的读者撰写经济学专栏将使他在全世界范围内拥有巨大的影响力。这份邀请对他有极强的诱惑力。与弗里德曼轮流写专栏，也让萨缪尔森乐在其中。但是，无论是他还是弗里德曼都没有想到，这一专栏引发了一场关于经济学未来的争论，并且这场争论持续了将近20年。

第三章

天堂坠落

弗里德曼出生在新泽西州的一个贫困家庭，在芝加哥学习经济学使他有了立足之地，在这里，他遇到了自己一生的对手，与其成为好友，并向其发起了第一次挑战。

与萨缪尔森一样，米尔顿·弗里德曼的父母也是来自中欧的犹太移民。萨缪尔森的父母来自波兰位于东普鲁士和立陶宛之间的某个小地方，弗里德曼的父母则来自喀尔巴阡山罗塞尼亚的伯里格沙兹，当时这个地方属于匈牙利的一部分。由于两次世界大战重新划分了国界线，它曾短暂地归属于捷克斯洛伐克，现在这个地方成为乌克兰的贝雷霍夫镇。

耶诺·索尔·弗里德曼与妻子沙劳·埃塞尔（本姓朗道）于20世纪初抵达纽约市，当时两人都只有十几岁。耶诺一开始与纽约布鲁克林的犹太移民住在一起，他缺少一技之长，只能给别人当日工，此后他一直靠做各种手工活为生。

1912年7月31日，米尔顿·弗里德曼出生在布鲁克林，是耶诺和沙劳四个孩子中最小的一个，也是他们的第二个儿子。当他1岁大时，全家搬到了新泽西的拉威市。这是一座只有三条街的小城，距离曼哈顿大约3.2公里，在史坦顿岛西边8公里处。在这里，沙劳开了一家卖“干货”的小店，卖些主要的食物，如烘干的豆子、面粉、全麦和燕麦片等。弗里德曼回忆说，“全家收入很少，而且极不稳定。财务危机经常出现。然而吃的总是够的，家庭气氛温馨和谐，互助友爱”。[1]

一场悲剧使这个家庭遭遇了重创。就在1928年早熟的弗里德曼从拉威高中毕业之前，耶诺过世了，而此时的弗里德曼还不到16岁。在耶诺过世后，沙劳承担起养活全家的重担，但是米尔顿被明确告知，父亲过世并不会让他中断学业。“我上大学被认为是理所当然的，”弗里德曼回忆说，“尽管我还是要自己去挣学费。”在一个钱总是很紧张的家庭长大，这对他产生了永久性的影响。甚至在他已经功成名就，获得了诺贝尔奖，并成为一名百万富翁之后，他还经常要求由采访他的记者来付电话费。

弗里德曼获得了一项去新泽西州罗格斯大学学习数学的奖学金，当时它还是一所私立学校。在那里，他通过为她母亲当服务员、在一家零售店打工以及参与各种稀奇古怪的创业活动，包括挨个宿舍向新生们推销绿色的罗格斯大学领带，获得了一笔为数不多的生活补贴。选择数学对弗里德曼而言是自然而然的事，他最早的雄心壮志是在保险公司当一名精算师。“我参加了精算师考试，因为那是我所知道的能够靠数学来养活自己的唯一方式，”[2]弗里德曼回忆说，“只是在进入大学之后，当我在数学课以外开始学习经济学课程时，我才发现其实还有别的选择。”

1932年弗里德曼从罗格斯大学毕业，此时大萧条已经开始，美国经济已经深深陷入衰退之中。全国性的经济悲剧使经济学这门学科成了学生和热衷政治的人讨论的热门话题。人们激烈地争论谁应该为1929年的股市崩溃负责，这次暴跌有多严重以及何以如此，如果可能的话，富兰克林·罗斯福新当选的民主党政府有什么能做的。在这场辩论中，好斗的弗里德曼崭露头角。这激发了他对经济学的热情，并放弃了当一名精算师的理想。正如他所解释的那样："如果你是一名19岁的大四学生，对你来说哪种事情更为重要，是计算出人寿保险应该设定的正确价格，还是努力去理解是什么让这个世界变得一团糟？"[3]

毕业以后，弗里德曼面临选择。布朗大学给他提供了一项学习数学的奖学金，芝加哥大学则提供了学习经济学的奖学金。他选择了芝加哥，而不是普罗维登斯。在他上课的第一天，由于循规蹈矩的管理人员严格按照姓名的字母顺序来安排在教室中的座位，弗里德曼发现自己挨着罗丝·戴雷科特，她哥哥亚伦·戴雷科特[4]是一名律师，也是一位芝加哥的经济学教授。弗里德曼回忆道，"那年最重要的事就是遇到了一位害羞、内向、可爱又极为聪明的经济学专业的同学罗丝·戴雷科特。六年后我们结婚了"。[5]罗丝不仅成为一名忠诚的妻子和弗里德曼的两个孩子珍妮特和大卫[6]的母亲，还一直是他的合作者、共同作者、忠实的评论者和最为积极的拥护者。

大约在这一时期，另外一次会面也被证明意义非凡。1932年秋天，在芝加哥大学刚完工的社会科学研究大楼，弗里德曼第一次遇到保罗·萨缪尔森。后者虽然比他小三岁，但是由于更为早熟，比弗里德曼早一年来到芝加哥。给弗里德曼上课的戴雷科特使他认识到，萨缪尔森明显是一个天才。两人的竞争似乎一开始就非常激烈，而且竞争并不局限在智力方面。罗丝·弗里德曼对弗里德曼和萨缪尔森在享有的生活机遇方面的差异暗怀不满，甚至在这对夫妇已经90岁高龄时，仍会抱怨萨缪尔森所享受的"特权"。

萨缪尔森在芝加哥学习时得到的是全额奖学金，而弗里德曼获得的是用于支付学费的津贴，他还要靠姐姐提供的300美元的借款来付房租和生活费。萨缪尔森从来不需要在校园里打工来补贴生活费，而且每个暑假都会去密歇根湖的沙滩度假，弗里德曼则需要做两份兼职工作，午餐时间在校园内的一家餐厅当服务员，而周六全天要在一家鞋店打工[7]。萨缪尔森被弗里德曼夫妇的抱怨激怒了，他反驳说，他在大学时也想去打工，但因为已经获得了一项奖学金，能够支付他绝大部分开支，所以没有去。他认为与需要这些工作的朋友们去竞争这些岗位是不对的。“我想暑假时去打工以支付我的教育费用”，很多年后他回忆说，但是“我有的朋友向800家公司提出了申请，然而除非你认识某些人，否则你就会一无所获”[8]。

1933年，弗里德曼只用了一年时间就获得了芝加哥大学的经济学硕士学位，接下来在哥伦比亚大学度过了一年，依靠一项奖学金在哈罗德·霍特林[9]的指导下学习统计和数理经济学。他还受教于韦斯利·米切尔[10]和约翰·克拉克[11]。但是他感觉只有在芝加哥大学才最轻松自在，在那里有一群经济学家与他一样，对当时所讲授的经济学持怀疑态度。芝加哥学派的诸位教授与弗里德曼一样，发自本能地怀疑政府对经济的干预，更倾向基于规则的而不是自由裁量的政府行动。这些人包括乔治·斯蒂格勒、亨利·西蒙斯、劳埃德·明特斯[12]、弗兰克·奈特、艾伦·瓦利斯[13]和雅各布·维纳。他们也怀疑政治家在制定经济政策时的动机，这一学派倾向于通过明确地界定在出现特定的经济状况时政府所采取的具体举措，来限制政府的行动。在结束了哥伦比亚大学的学习后，弗里德曼回到了芝加哥工作，作为经济学家亨利·舒尔茨[14]的研究助手，他每年获得1600美元的报酬，以2020年美元计，约合30 100美元。舒尔茨是计量经济学这一新学科的奠基人之一，这门学科测度各种经济变量，比如个人收入与消费的关系，当时他即将完成《需求理论与测度》这部著作。

正是在 1934 年，弗里德曼第一次也是唯一一次与约翰·梅纳德·凯恩斯打交道，后者是当时世界上最著名的经济学家。在为舒尔茨著作的草稿检查错误时，弗里德曼发现自己与传奇人物阿瑟·庇古[15]的意见不同。庇古是英国剑桥大学的经济学杰出教授。弗里德曼不同意他有关需求弹性的观点，这是指随着价格的改变，对某种商品的需求发生改变的程度。此时还是一名研究生的弗里德曼极为自信，当时他由于得了重感冒而卧病在床。他相信庇古的推理有误，并记录了下来。没有丝毫的犹豫，弗里德曼写了一篇论文，尖锐地批评了庇古的结论，并将其寄给了凯恩斯，期待能够发表。除了各种其他职责以外，凯恩斯还是皇家经济学《经济杂志》的主编。他将弗里德曼的论文拿给庇古看，庇古说弗里德曼的推理站不住脚，于是凯恩斯决定不发表。

遭遇凯恩斯退稿的挫折后，弗里德曼将这篇论文寄给了弗兰克·陶西格[16]，他是哈佛大学经济学系《经济学季刊》的主编。经过哈佛大学经济学家瓦西里·列昂惕夫的推荐，论文发表于 1935 年 11 月。庇古寄给列昂惕夫一篇对弗里德曼的回应，于是弗里德曼得到一次机会，对庇古的反驳进行回复。对于一名年轻的经济学家而言，得到庇古这样一位世界知名的杰出经济学家的回复，这使得芝加哥的经济学家开始关注弗里德曼超群的能力，还有他特别敏感的个性。与庇古的交锋将极好争辩的弗里德曼引入了学术界异常激烈的争论之中，他始终对此甘之如饴。

由于未能在芝加哥大学找到一个永久性的职位，1935 年夏天弗里德曼追随当时年轻经济学家们的潮流，申请了由罗斯福政府提供的评估和实施新政政策的工作，这些职位待遇优渥。他被位于华盛顿的全国资源委员会接受，去研究美国人如何使用他们的收入。这些研究成果最后被弗里德曼放入自己

1957年出版的《消费函数理论》一书中。1937年秋天，弗里德曼换了一份工作，去了纽约的国家经济研究局，在那里他被任命为西蒙·库兹涅茨[17]的助手。库兹涅茨研究美国专业人员的收入，以便为美国政府首次提供准确的对国民总收入的评估[18]。

弗里德曼的任务之一是完成一项库兹涅茨正在从事的有关职业资格的研究，特别是医师与牙医的薪酬差异。尽管牙医需要多学三年的时间，但医师的收费比牙医高出三分之一。弗里德曼明白，很多犹太医师移民过来是为了逃避纳粹。他们到了美国以后，发现由于美国医疗协会对居住状况的要求，很难找到工作。这一条件表面上是为了保持医师的水准，实际上是为了限制交易。在他的调查完成之后，弗里德曼向库兹涅茨报告了这一令人震惊的发现，美国医疗协会发放的医师许可证既伤害了医师的利益，也伤害了病人的利益。

弗里德曼的论文如此具有争议，以至于在国家经济研究局理事会成员的坚持之下，这项研究始终未能发表。萨缪尔森知道这件事后，他毫不留情地批评了弗里德曼在其结论中表现出来的糟糕的判断力。"只有弗里德曼才会得出这样的结论，而且是以非常严肃的态度，即每个人都有能力去做外科手术。"[19]他回忆说。

数年之后，弗里德曼回顾了他为罗斯福新政工作的这段时期。他发现，罗斯福在20世纪30年代对经济进行了大量杂乱无章的干预，其中有很多是值得称赞的。借由这些花样繁多、互不相同的方法，政府努力使遭遇重创的经济减少失业，恢复需求。"我们在芝加哥读研究生的第一年，眼见着身边一家又一家银行倒闭了，"他写道，"就像我们在芝加哥大学的老师和同学一样，实际上全国的大多数人也是如此，我们认为新政采取的措施是应对当时严峻形势的正确方法。不过我要赶紧加上一句，在我们研究的案例中并非如此，这是指国家复兴管理局和农业调整管理局所采取的固定价格和工资的措施。但是，能够创建工作岗位的工程兴办署、公共工程管理局和民间资源保护队肯定是有用的。”[20]

由于经济受损严重，很多企业破产，找不到合适的工作，因此为政府工作或者为监管政府工程项目而设立的独立机构工作，对于弗里德曼夫妇就是较好的选择。弗里德曼后来总结说，尽管罗斯福总统通过试错的方式来干预市场，很多时候都是毫无意义的，但是他很难否认新政给他和罗丝带来了切实的好处。他回忆说：

令人感到讽刺的是，对于我们个人而言，新政救了我们一命……如果没有新政，很难说罗丝和我是否还能从事经济学家这份职业。学术岗位非常稀少。学术界反犹太主义盛行……我们的职业生涯才刚刚开始，尽管年纪轻轻，天生乐观，大萧条对我们一生的思想观念和行为习惯还是产生了深刻的影响。[21]

直到1940年在威斯康星大学麦迪逊分校做了一年的访问教授，弗里德曼才第一次获得一个学术岗位。“反犹太主义让我只得到了一年的任期。”[22]他回忆道。罗斯福逐渐使美国民众做好了与德国和日本做斗争的准备，威斯康星居住着大量德裔美国人，他们的感受有所不同。弗里德曼没有怎么掩饰自己的观点，他认为美国应该援助陷入重围的英国。它是欧洲硕果仅存的民主国家，正在努力与轴心国的暴政抗争。弗里德曼写了一份有关该校统计学教学的报告，对负责这一科目教学的教职员工不乏贬损，然后他发现自己夹在了威斯康星经济学教职工相互对立的派系之间。他作为助理教授的任命遭到了强烈的反对，然后被驳回了。在反对弗里德曼的人中，领头的是沃尔特·莫顿[23]，按照罗丝·弗里德曼的说法，“他被认为是一名反犹太主义者，并强烈地拥护德国”。但是莫顿否认了这种说法。

与萨缪尔森在哈佛大学遭遇了反犹太主义，然后跨过查尔斯河转投麻省理工一样，弗里德曼决定不理会威斯康星大学麦迪逊分校的羞辱，另谋高就。他很快找到了一个吸引自己的研究项目，哥伦比亚大学经济学教授卡尔·舒普[24]和露丝·麦克[25]邀请他在那个夏天去佛蒙特的诺维奇加入他们，代表卡耐基基金会和公共管理研究所工作。他的任务是探究在一个战时经济中，如何征税才能不让企业把增加的成本转嫁给消费者，并且不让工人要求更高的工资，因为这会导致一般价格水平的上升。当名为《征税以阻止通胀》的报告完成时，位于华盛顿的美国财政部税收研究局为他提供了一份工作[26]。接下来，弗里德曼花了两年的时间寻找战时征税的方法。针对这一难题，英国的凯恩斯[27]和哈耶克也在进行激烈的争论。

弗里德曼提出的一个问题是，为了限制价格的上涨，应该收多少税。他向国会建议增加870亿美元的税收，并且认为“这是成功阻止通货膨胀的最少的税收数量”。此时，他发现自己采用的推理方法与凯恩斯在伦敦提出的逻辑是一样的。“这一结论最令人震惊之处在于，它完全属于凯恩斯主义，”弗里德曼回忆说，“我完全忘记了那时的我是一个彻头彻尾的凯恩斯主义者。”[28]

数年之后，弗里德曼与他唯一的一项对战时经济的重要贡献拉开了距离。他的贡献是发明了工资税代扣代缴。通过在源头上将税收从美国人的工资中扣留出来，就没有办法不缴所得税。他回忆说：

那时我并没有意识到，我正在帮助政府开发一种机器，使之对个人自由造成过大、过多、过重的侵害，我本来应该严厉地遣责这种事。然而，这正是我当时所从事的工作。多年以来，罗丝反复责备我，对于当前政府规模过大的问题，我也负有一定的责任，而我们俩都如此强烈地反对这一点。这只是开玩笑而已，因为无论我有没有参与，代扣代缴制度都会实行。我承认，我最大的错误在于使这件事变得更有效率，而如果没有我的话，本来不会如此[29]。

弗里德曼还参与了另外一件更为明显的与战争的艺术有关的工作。

假设你有一枚防空导弹。在生产导弹时，你可以控制当导弹爆炸时分散成多少碎片。你是应该让它产生很多小碎片，以便有更大的概率击中目标，但对被击中的目标伤害较小，还是应该产生几片大的碎片，一旦击中目标的话就会摧毁你所瞄准的飞机，但是击中的概率会更小？[30]

1943年，受艾伦·瓦利斯的邀请，弗里德曼返回了纽约市，加入了哥伦比亚大学的统计研究小组。直至战争结束，弗里德曼都在这里工作。

在战争结束以后的1946年，弗里德曼与库兹涅茨一起工作。他作为共同作者，与库兹涅茨一起撰写了《独立专业人员从业的收入》，并作为他的博士论文提交给哥伦比亚大学。1946年，随着维纳离开芝加哥去了普林斯顿，芝加哥大学经济学系为弗里德曼提供了一个教职，于是他返回了他的精神故土。与意气相投的同事一起，他成为一个重要群体不可或缺的一部分。这群人将芝加哥大学建成了以市场为根本的经济学的大本营，他们对哈佛大学领导的凯恩斯主义正统经济学深表怀疑，而后者当时已经完全统治了经济学界。

但是，与萨缪尔森轻而易举就取得的无人能敌的成就相比，弗里德曼回到芝加哥就相形见绌了。被称为“计量经济学之父”的雅各布·马尔沙克[31]劝说芝加哥大学的校长罗伯特·哈钦斯[32]，如果芝大能同时招揽弗里德曼和萨缪尔森，就可以将英国的剑桥、哈佛大学和斯德哥尔摩这些经济学研究的重镇远远抛在后面。那时芝大已经追逐萨缪尔森很长时间了。芝大提供给他一个正教授职位和比当时他拿到的多得多的薪水，随着谈判的进行，薪酬还一直在涨。萨缪尔森犹豫不决，他先是拒绝了这一职位，然后又接受了，最后再次拒绝。

萨缪尔森之所以不愿意去芝加哥，部分原因在于他信奉凯恩斯的理论，在芝加哥大学他可能会遇到经济学系那些保守主义者的敌视。在幕后，反对任命萨缪尔森的意见也日渐增多。失望的马尔沙克写信给哈钦斯说，“宏观经济学毕竟是所有经济政策的基础，除非政府什么事情也不做。既然宏观经济学被认为是一种凯恩斯主义的异端邪说，我在系里就很难为他的候选资格讲话”。[33] 于 9 月 1 日加入经济学系的弗里德曼也加入了反对的行列，他写信给斯蒂格勒，认为萨缪尔森回到芝加哥的希望“非常渺茫”。“凯恩斯主义者拥有选票，也有利用这些选票的工具。”他写道。“弗兰克 · 奈特态度激烈，表示他将不会再参加系里的活动”。[34] 最后，萨缪尔森决定留在麻省理工，这让弗里德曼如释重负。但是这段插曲表明，两人之间已经存在的个人对抗本质上有重要的政治原因。

大概正是在这一时期，弗里德曼与来自国民经济研究局的同事安娜 · 施瓦茨 [35] 合作，开始研究货币在美国经济史中扮演的角色。弗里德曼终生都对这一问题感兴趣，而他们共同研究的成果为此奠定了重要的基础。最终的成果名为《美国货币史（1867 ～ 1960）》（简称《美国货币史》），出版于 1960 年。与有关大萧条成因的传统观点不同，这部著作认为原因不在于凯恩斯所暗示的股市泡沫或经济过热，而是由于美联储未能提供足够的货币，以使经济保持运转。传统观点认为，联邦政府正确地提高了借贷的成本，从而终结了狂热的股票投机活动，并导致了 1929 年的股市崩溃，而弗里德曼则通过搜集货币数据，得出了不同的结论，即如果美联储更早地降低利率，很多破产的企业本来可以获得贷款并存活下来。

弗里德曼在美国的名声越来越大，但是欧洲对他了解得不多。此时，弗里德里希·哈耶克意外地发出了一份邀请，但是邀请的人并不是弗里德曼，而是他的妻兄戴雷科特。1944 年 9 月，哈耶克的著作《通往奴役之路》由芝加哥大学出版社出版，戴雷科特为此提供了帮助。在此之前，没有任何一家美国主流的出版社愿意出版这本书。[36] 现在，哈耶克邀请戴雷科特和其他一些人参加一次议事会议。会议安排在瑞士某座山峰上的一家有些过时的酒店里举行。实际上，这次高峰会议的目的是应对集体主义浪潮，讨论如何在知识界重振自由市场的雄风。

哈耶克具有很强的使命感。他相信，政府部门通过在公共工程方面的政府支出，影响市场发出的信号并直接管理经济。经济学的凯恩斯革命鼓励这种行为并使其合法化了。政府进行大规模的建设会使国家掌控经济。哈耶克擅长研究宏大的主题。1931 年，他迁到了伦敦，试图通过私下的努力使凯恩斯改弦易辙。西欧国家在战争时期有必要采取计划经济。在这种情况下，哈耶克领导了一支由异端分子、标新立异者、保守主义者和自由主义知识分子混杂而成的军队，旨在挽救自由市场经济学的命运。他号召这些由冷门人物和乌合之众组成的杂牌军拿起武器，邀请他们用一周的时间来讨论如何制止这股来势汹汹的国家主义浪潮。

在瑞士度过一星期，而且所有费用都由一群瑞士银行家支付，这主意听起来不错，对戴雷科特和他的同伴而言，这是一个打一周扑克牌的好机会。于是他邀请妹夫弗里德曼以及斯蒂格勒同行，暗示这次会议表面上是“一次挽救自由主义的……瑞士之旅”[37]。这是一个很好的借口，可以躲开各自的妻子去打十天的桥牌[38]。斯蒂格勒让弗里德曼“培训一下亚伦的桥牌技巧，然后再找找第四位自由主义者，并教教他打桥牌”[39]。

1947年4月，这次瑞士之行他们住在临近沃韦的瑞士小镇朝圣山的杜帕克酒店。在这里，弗里德曼发现了在美国之外的另一个世界，有一些与他能够产生共鸣的思想家，其中很多人将会成为他的天然盟友和忠实信徒。他回忆说：

在这里，我只是一个年轻幼稚的、没有见过世面的美国人，遇到了来自世界各地的人，他们与我们一样，都信奉相同的自由主义原则；他们在自己的国家也都受到过各种攻击。在他们中，有些学者已经获得了国际声誉，其他人也必将如此。相互结为好友，丰富了我们的人生经历。我们一起参与创建了一家协会。在继承和发展自由主义思想方面，这家协会发挥了重要的作用。[40]

哈耶克在芝加哥为其著作《通往奴役之路》做巡回宣传时，弗里德曼曾经与他匆匆见过一面。在瑞士，他更加深入地了解了哈耶克，及其在早期反凯恩斯主义运动中所拥有的重要地位。也正是在这次会议上，弗里德曼遇到了脾气暴躁的路德维希·冯·米塞斯[41]，奥地利经济学的一位伟人。他好斗的天性和独立的思想使其遭到了纳粹傀儡政权的大肆攻击。米塞斯在瑞士度过了一段无聊的时光，1940年之前则在纽约以洗盘子为生。然后在拥护自由市场思想的威廉·沃尔克·丰德基金[42]的帮助下，他在纽约大学获得了一个教授职位。“米塞斯是一个思想很强硬的人，对于任何意见分歧都相当不耐烦。”弗里德曼回忆说。由于他最喜欢无拘无束的思想辩论，弗里德曼很开心地注意到“我们会议的特点就是激烈的争论”[43]。

朝圣山并非一个与同伴打桥牌的地方。在这里，弗里德曼找到了怀有相同的坚定信念的一群人，这是一些热情洋溢、热衷争辩的学者。“这个地方美得令人难以置信，”他写信给罗丝，“我们一天开三次会……这真的很累人，但是也让人兴奋不已。”[44]他们还讨论政治学和哲学。弗里德曼从未将自己的思想局限于经济学，针对不同议题的广泛讨论使他受益匪浅。这些议题包括：为了维持一个自由的社会，宗教和道德应扮演何种角色；工会垄断力量的作用；政府是否应当通过征收所得税，努力使社会变得更为平等。

尽管接下来的十次朝圣山年会弗里德曼都没有参加过，在第一次集会时他所见识过的这些思想的广度，仍给予他极大的启发。在弗里德曼一生中经历过的很多次转折点中，朝圣山意义重大[45]。虽然对于奥地利学派的价值，弗里德曼和哈耶克的意见有分歧，但是最后弗里德曼成了哈耶克明显的思想继承者，这主要不是指哈耶克的经济学思想，而是其逆转进步主义的凯恩斯主义共识和使政府部门收缩的雄心壮志。

1950年，哈耶克申请加入芝加哥大学经济学系，这时弗里德曼和哈耶克在经济学方面的分歧变得明显起来。哈耶克以为他所秉持的奥地利学派的思想与芝加哥学派的保守主义思想是天然契合的。但是，奥地利经济学的逻辑与芝加哥学派的差异，就像芝加哥学派与凯恩斯主义一样大。

受冯·米塞斯教导的启发，哈耶克相信经济应当完全不受政府的干预，除了通过轻微的管制以让市场更有效率地运行。他认为，对于经济运行，没有人了解足够多的知识和信息，从而能够使政府的介入不成为草率的干预。弗里德曼以及芝加哥学派的很多人都赞同由自由市场发挥作用的优点，但是他们主要关注如何使经济运行最有效率，比如对价格机制和增长动力的研究。

令哈耶克尴尬的是，芝加哥经济学系的教授们拒绝了他的申请，他被迫接受社会思想委员会的一个职位，而这个系的规模较小。弗里德曼回忆说，“芝加哥学派的经济学家们不想要他，他们不赞同他的经济学理论……如果他们要在全世界范围内找一位经济学家加入他们的教工队伍，按照他们的方案，哈耶克这位《价格与生产》的作者不会是他们要选的对象”。[46]

很快弗里德曼就亲身体会到凯恩斯主义者与参加朝圣山会议的坚定的保守主义者之间挥之不去的敌意。经济学界左派与右派的分裂，始于1931年凯恩斯和哈耶克那场激烈的决斗。这一分裂使得双方之间的关系永久性地恶化了，并使得彼此相互羞辱，而这些学者原本都是彬彬有礼的。凯恩斯和哈耶克的冲突在20世纪30年代达到高潮时，剑桥经济学教授庇古抱怨说，自从凯恩斯和哈耶克发生论辩以来，剑桥知识分子之间的讨论退化成了“决斗的方式”，争论双方都是一副你死我活的架势。他问道：“在我们内心深处，真的对这种态度或者对我们某些争论所采取的方式感到完全满意吗？”[47]然后，事情过去了20年，经济学界的政治分裂仍然毒害至深。

在1954～1955学年，弗里德曼得到富布莱特访问学者奖学金的资助，深入虎穴，去英国剑桥大学冈维尔与凯斯学院做了一个学期的研究。对弗里德曼而言，访问剑桥大学这一凯恩斯主义思想的全球之都在某种程度上是一种非常勇敢的行为，因为在凯恩斯主义者看来，像他这样的“古典经济学家”已是被扫入故纸堆的老古董了。

就像一位观察者所讲的那样，对于凯恩斯主义者来说，“自由市场的拥护者似乎正处在地狱第八层，也就是专门为预言家、占卜者和术士准备的地方，他们受到的惩罚是头被拧转向后，只能倒着走路”[48]。自由市场经济学家对凯恩斯主义者也持完全相同的轻蔑态度。

《通论》这部革命性的著作在1936年出版前的准备阶段，剑桥大学国王学院一些气势盛大的研究助手围绕着凯恩斯形成了一个堡垒，在凯恩斯于1946年不幸早逝之后，他们激烈地捍卫被其奉为正宗的凯恩斯主义思想。这帮被戏称为“剑桥马戏团”的学生和指导教师深受凯恩斯信任，并曾经与被他们视为英雄的凯恩斯自由地讨论经济学。通过一系列详尽的研讨，他们在

《通论》完善的过程中发挥了作用。自从凯恩斯过世以后，其中很多人的立场变得比凯恩斯更为左倾。与其他很多人一样，他们拥护公共所有权、高税收和集体供给制，赞同某些国家实行的计划经济，令人敬畏的琼·罗宾逊[49]就是如此。

剑桥马戏团在国内没有受到攻击，但是思想过时[50]、语调辛辣的美国经济学家秉持传统观念，经常嘲笑他们。和蔼可亲的弗里德曼与凯恩斯的这些门徒相处融洽，他被邀请坐上学院的贵宾席，参加傍晚的雪利酒会，其乐融融。在马戏团成员中，弗里德曼认识了理查德·卡恩[51]，后者用数学证明了凯恩斯“乘数效应”的思想，即经济中的新支出将会导致财富支出的倍增，还有马戏团成员奥斯汀·罗宾逊[52]的妻子琼·罗宾逊，以及哈耶克的翻译与早期合作者，后来转向凯恩斯主义的尼古拉斯·卡尔多[53]。弗里德曼还遇到了凯恩斯的加拿大弟子和传记作者哈里·约翰逊[54]，以及丹尼斯·罗伯特森[55]，后者是剑桥最著名的反对凯恩斯及其思想的经济学家，他与弗里德曼一样，相信货币理论的重要性。

但是，尽管弗里德曼能够从容应对诸多文化差异，罗丝·弗里德曼却对凯恩斯主义者与剑桥其他拥护自由放任的经济学家之间巨大的鸿沟感到震惊。她回忆说，“最困扰我们的是，两群人相互之间展现的仇恨和敌意，他们之间几乎完全缺乏思想交流”。美国经济学家之间也有类似的充满敌意的分歧。“对于当时美国绝大多数校园里的政治和经济观念而言，我们习惯于做少数派，”她解释说，“然而，我们从来没有遇到过任何一所美国大学像剑桥这样，分歧如此之深，而且如此情绪化。”[56]

剑桥马戏团并没有因为弗里德曼过于自信的态度而惊慌失措，他们乐于让其参与各种公共活动。琼·罗宾逊不仅特意做了一次讲座，直接挑战弗里德曼最喜欢的一个议题，即将货币从凯恩斯在布雷顿森林体系中所设计的束身衣[57]中解放出来，她还邀请弗里德曼作为嘉宾参会。在演讲中，罗宾逊为凯恩斯的决定做了很好的辩护，即需要将货币相互之间的价格绑在一起。在二战之前，各国政府固定了它们货币的价格，从而也将它们出口和进口的价格固定了，以满足国内的需要，但是往往结局不佳。由于一战之后英国将英镑的价格直接定在一个过高的水平，因而英国出口商很难找到顾客可以支付如此之高的价格，保守党政府惹怒了大量的失业者。在做完报告后，罗宾逊邀请弗里德曼来到讲台上，为其相反的观点辩护，即货币应当根据市场状况自由浮动。这是弗里德曼的高光时刻，他很高兴能够阐述自己的观点，也很享受自己和自己的思想在凯恩斯主义的大本营受到关注。

弗里德曼发现自己在剑桥的八周工作“令人兴奋，富有启发，使我与一些专业人士建立了密切的朋友关系，并在以后受益良多”[58]。但是罗丝觉得尽管时间不长，在这样一个公开蔑视市场经济学家的圈子里生活，还是很不舒服。她认为哈耶克曾经任教的伦敦经济学院的氛围“要比剑桥健康得多，也更为友善”[59]。

萨缪尔森公开宣称自己是一名凯恩斯主义者，所以他与剑桥马戏团的关系非常亲密，也被他们视为自己人。他定期写信给所有的主要人物，如奥斯丁·罗宾逊和他的妻子琼、丹尼斯·罗伯特森、皮埃罗·斯拉法、约翰·希克斯、罗伊·哈罗德、理查德·卡恩、莱昂内尔·罗宾斯等，而他们则以最友善的口吻回信。随着时间的流逝和凯恩斯主义的发展，他称自己是“一位凯恩斯主义者，但是在某种程度上大失所望，相信随着20世纪不断过去，政府倾向于变得规模过大，效率低下，无法满足我们这种空想的社会改良主义者所称颂的那些人类需要”[60]。而且，作为“一名各取所需的凯恩斯主义者……我可能每周都去做弥撒，因此我是一名虔诚的天主教徒，但是我不会像教皇所倡导的那样去生那么多孩子”[61]。

萨缪尔森从未将凯恩斯主义视为一种宗教，而且批评了那些有这种想法的同行。[62]当被问到他属于哪种经济学家时，他的回答是，“我称自己是一名后凯恩斯主义者。1936年那种标准的凯恩斯主义已经过时了。当然，这不意味着它在其所处的那个年代是错误的”[63]。终其一生，他从未将凯恩斯大师视为永不犯错的圣贤，甚至在他与剑桥马戏团打成一片时也是如此。1983年，他参加了凯恩斯主义者在剑桥举行的一次集会，以纪念凯恩斯一百周年诞辰。“每个人都来了，”他回忆说，“大家都站在那里，说‘我始终是一名忠诚的凯恩斯主义者，我始终真心诚意地相信这一理论’。它不是一种宗教信仰，而是一种分析方式。我认为我是一个与自己十年前不一样的凯恩斯主义者。”[64]但是，当被问到凯恩斯作为一名经济学家的排名时，萨缪尔森没有犹豫，“我依然认为他是20世纪最伟大的经济学家，是自古以来最伟大的三位经济学家之一”[65]。有人又问他另外两个人是谁，他的回答是“亚当·斯密和里昂·瓦尔拉斯”[66]。

可能是由于对自己的聪明才智极为自信，这让萨缪尔森经常改变自己的想法，只要他愿意这么做，这是一种令人钦佩的特点，使其不同于其他人，比如弗里德曼和哈耶克，他们定下一个追逐的目标，就会一直深挖下去。萨缪尔森曾经写信给弗里德曼说，“我现在必须收回我说过的话。正如你所知道的，我痛恨改变自己的想法，但是更加痛恨抱有错误的想法，因此我别无选择”[67]。正如在后来的某个场合他提醒弗里德曼的那样，“十年前我发表的任何论文都不能代表我现在的想法”[68]。这种自信正是萨缪尔森与凯恩斯本人的共同特点，后者在被质疑改变了自己的想法时就会回应说：“如果我获得的信息发生了改变，我就会改变自己的想法。先生，难道你不是这样吗？”[69]

第四章

反凯恩斯

弗里德曼找到了自己一生的使命，即将经济学从凯恩斯思想的掌控中争取过来。在他的经济学理想中，不受拘束的资本主义将会取得胜利，秩序将会得以恢复。

在访问英国之后，弗里德曼去了西班牙的马德里旅行，然后全家去瑞士滑雪度假。此后，他去了爱丁堡回访老家，又去参观了自由市场经济学奠基者苏格兰人亚当·斯密的坟墓。斯密永久的栖息之地处于糟糕的状态，这让生性多疑的罗丝·弗里德曼看到了凯恩斯主义者那只看不见的手。“这块墓地虽然要比墓园中任何其他的墓地面积更大，但是最为荒芜，无人问津，”她写道，“米尔顿感觉这更有可能是因为斯密一直独身，没有后嗣，而不是像我认为的那样，是由于他的思想越来越被忽视。”[1]

对弗里德曼而言，50年代是忙碌并且多产的十年。1953年，他出版了一部论文集，即《实证经济学论文集》，其中最为核心的一篇论文是“实证经济学方法论”，致力于详细说明约翰·梅纳德·凯恩斯的父亲约翰·内维尔·凯恩斯研究的主题，即经济学的客观性以及它是否应当像物理学那样，描述世界是什么样的，还是应当哲学那样，在评估政策变化的效果时采取一系列主观的标准。在这篇论文中，弗里德曼设定了一个简单明了的原则，即理论最主要的目的在于传播作者的思想，因此，理论越是简洁，从而容易理解，其价值也就越大。在整个职业生涯中，他也遵循了这一原则。

哈耶克对弗里德曼的论文感到不安。“我最后悔的一件事就是没有回应凯恩斯在《通论》中提出的批评，”[2]他在20世纪90年代承认，“但是，没有对弗里德曼的《实证经济学论文集》进行批评，我也同样后悔，在某种程度上，它与一部著作一样危险。”[3]

在1957年《消费函数理论》这篇著作中，弗里德曼质疑了凯恩斯主义思想中一个基本的原理，即支出与收入之间的关系，凯恩斯称之为“消费函数”。弗里德曼争辩说，个人会对他们永久性收入的变化而不是暂时性收入的变化做出反应，因此旨在通过为个人消费提供更多资金的短期减税，可能对刺激整体经济影响甚微，因为谨慎的个人明白减税是暂时的，所以会将减免的税收储蓄起来，而不是将其花掉。弗里德曼认为这本书“是其最大的科学贡献，尽管不是最有影响力的”[4]，但是它在很大程度上提高了弗里德曼在理论经济学家中的声望。

1960年，弗里德曼和安娜·施瓦茨总结了他们数年来对美国一个世纪货币数据的研究，出版了《美国货币史》一书，挑战了有关大萧条成因的传统观点。传统观点认为，太多的货币追逐太少的商品或者太少的股票，导致了股票和商品无法持续的高价格，最终导致股票市场泡沫在1929年大崩溃中的破灭。但是经过细心地考察当时的金融数据，弗里德曼和施瓦茨找到了另外一个大不相同的原因，即由于美联储有意识地将利率保持在较高水平，使得流通货币紧缩，这导致了一系列银行的倒闭，使金融体系完全瘫痪，股票市场如惊弓之鸟，进而扣响了市场崩溃的扳机。

这部著作不仅修正了经济史，并在此后被普遍当作正确的陈述，而且它力图说明货币供给控制不当是改变经济风向的最主要原因。他们论证的核心是废弃已久的货币数量论，这一理论认为，由低利率和低借贷成本而导致的流通货币越多，货币的价值贬值就会越多。同样地，流通货币越少，由于利率水平越高，随着时间推移货币就越能维持本身的价值。在他们的《美国货币史》中，弗里德曼和施瓦茨利用史实复兴了长期被忽视的货币数量理论，他们的理论被称为“货币主义”，并且很快就广为人知。

弗里德曼很高兴他和施瓦茨的观点被广泛接受。他解释说，“对于货币变动与随之而来的经济变化之间的一致关系，它提供了广泛的历史证据，因此对改变学术思想的潮流，发挥了更为重要的作用”[5]“这为当时正在进行的凯恩斯主义与所谓的‘货币主义’之间的争论，做出了重要的贡献”[6]。

1956年6月，受沃尔克基金会的邀请，弗里德曼在印第安纳州克劳福兹维尔的瓦伯西学院发表了一系列演讲。五年之后，这些讲话出版发行，题为《资本主义与自由》[7]，这是弗里德曼第一次为不受约束的资本主义进行全面的辩护。它很快被致力于削减国家规模的保守主义经济学家和政治家奉为圣经。这本书还使弗里德曼很开心地跻身于畅销书作者的行列。在接下来的十五年中，这本书卖出了40万册，这让弗里德曼能够在佛蒙特买下一栋夏季度假屋，他们称它为“Capitaf”，以纪念这笔资金的来源。[8]

《资本主义与自由》是弗里德曼的个人宣言。在五十岁时，他将自己关于货币与政府作用的洞见汇集为一种和谐一致的世界观，这不仅是对凯恩斯主义经济学的反驳，还是对自美国成立以来所采取的民主政体的评论。他的判断是，如果不允许市场自由运行的话，也不会存在政治自由。所有干预市场的企图尽管本意很好，比如旨在使社会变得更平等的累进税制或者鼓励种族或性别平等的补贴或税收优惠，都是注定有害的，因为这些政策损害了资本主义运行的效率，而由其自行其是才能确保社会利益的最大化。

这本书开篇就明确了弗里德曼期盼的目标。在前一年的就职典礼上，美国自由主义的幸运儿、年纪轻轻的新任总统约翰·肯尼迪以其呼吁激励美国人，“不要问你的国家能为你做什么，而要问一问你能为你的国家做什么”。弗里德曼驳斥说，这些花言巧语是进步主义思想的典型表现，只是以高高在上的姿态所讲的场面话而已。他说，这明确地表明了一种世界观，即“政府是庇护人，而公民只是被监护者，这与自由人的信念格格不入。他们相信个人要为自己最终的命运负责”[9]。肯尼迪号召要团结追随美国的各个国家，拿起武器击败共同的敌人，这也遭到了弗里德曼的反驳，因为这暗示“政府是主人或上帝，而公民则是仆人或信徒”[10]。

他继续说：

自由人既不会问他的国家能为他做什么，也不会问他能为他的国家做什么。他要问的是“借助于政府，我和我的同伴能做些什么”，从而帮助我们解除个人的责任，以实现我们的若干目标和追求，特别是保护我们的自由。[11]

自由人还会问第二个问题：

我们如何才能使我们所创建的政府不变成一个恐怖的怪物？我们创建政府的目的在于保护我们的自由，而这个怪物却会摧毁它……为了保护我们的自由，必须要有政府，它是我们行使个人自由的工具，然而，如果将权力集中在政治家的手中，它也会对我们的自由造成威胁。[12]

弗里德曼用了半生的时间来观察联邦政府的运作，他得出的结论是，这个政府几乎没做过什么好事。最初的证据来自他所修订的历史，引发大萧条的不是资本主义的内在缺陷，而是美联储理事的软弱无能，而美联储正是联邦政府的一部分。对于政府后来为改善美国民众生活而付出的种种努力，弗里德曼几乎无一例外地给予诸多批评。

累进所得税并没有让富人和穷人变得更加平等。社会福利支出只是让贫困问题更为严重。公共住房和贫困区清除项目使“穷人的居住状况更为糟糕，使青少年犯罪行为更为普遍，使城市的衰败进一步蔓延”[13]。政府将农产品的市场价格固定下来，以此作为对农民的支持，已经“变成了一个全国性的丑闻”[14]，这对极为贫困的农民没有任何帮助。最低工资没有提高穷人的收入，而是让一些美国人失去了工作。得到政府大量资金资助的项目，比如州际高速公路网和大规模的用于水力发电的大坝，只不过增强了“政府掌控大量资源的能力”[15]。工会设立的目的本来在于保护其成员的权利和争取更高工资的集体谈判能力，但是现在已经没有人“坚信这样做是正确的”[16]。

弗里德曼一章又一章地详细阐述自己的观点，说明与现有的部分私人、部分政府的混合经济体制相比，一个摆脱了政治家摆布的经济如何能够使每个人都变得更为繁荣，更有成就。与政府支出、政府管制以及将政府作为最终希望的守护者不同，弗里德曼描绘了一个田园诗歌般的世界。在这个世界里，市场依靠自己的力量清除失业、种族主义、收入不平等和糟糕的教育状况等由来已久的顽疾，而一次又一次的政府努力都未能实现这一目标。凯恩斯主义由于其逻辑缺陷而被驳斥，因为政府通过借钱来增加支出，从而将新的货币注入经济中，只能带来虚假的和暂时的繁荣，并最终损害真正的进步。

正如一位自由主义的评论家观察到的那样，“无论政府做什么，他都想反对：农产品平价、关税、租金控制、最低工资、产业规制、社会保障、公共住房、征兵制、国家公园、邮局、公共道路、专业许可制度”[17]。在评价现有政府政策的缺陷时，弗里德曼文章中强烈的唱反调的风格使其名声大振。正如格劳乔·马克斯[18]在《趾高气扬》中所唱的那样[19]：

你的观点可能不错，

但是让我们说清楚：

不管你的观点是什么，我都不同意。

《资本主义和自由》是一篇力作，它标志着弗里德曼展现的思想有多么辽阔。他的思想远远超越了经济学，为濒临死亡的保守主义哲学思想注入了古典自由主义生机勃勃的活力[20]。尽管萨缪尔森和弗里德曼之间的经济学争论还会继续，但弗里德曼向自己的老对手正式宣告，他已经转向了一个更为宏大的体系，而经济学在其中只扮演了相对次要的角色。

在1962年，弗里德曼的声望还没有那么大。尽管一些学术期刊和伦敦的《经济学家》对《资本主义与自由》做了评论，但是美国主要的大众刊物没有一家认为它值得关注。对弗里德曼而言，这是美国新闻界存在明显的自由主义偏见的明证。他说，“如果同样类型的一部著作从这一主题的另一方面展开论述，很难想象《纽约时报》《纽约先驱论坛报》和《新闻周刊》等杂志会无动于衷”[21]。尽管在弗里德曼由于其付出的巨大努力而获得很高的声誉之前，萨缪尔森又多次修改了他的《经济学》教科书，但是直到1973年他才向学生们推荐《资本主义与自由》这部著作，称赞书中表达了“一种逻辑严谨、分析细致而且通常很有说服力的重要观点”[22]。

从这时起，弗里德曼将自己重新定义为一位资本主义的传道士，目标是将共和党从一个中间党派转变为激进的古典自由主义充满活力的先锋队，而这经常与传统的保守主义价值观背道而驰。正如弗里德曼指出的那样，传统的保守主义偏见，如种族仇恨，在资本主义中没有容身之地，因为后者是一种对所有人一视同仁的公平体制。

弗里德曼的古典自由主义信仰经常与传统的保守主义原则相悖。老派的共和党人首先是爱国者，相信公共服务是一种神圣的职责。对于共和党人而言，加入军队代表了个人对国家的高度忠诚，公民必须应征入伍的征兵制是履行义务的终极要求。特别是在 60 年代，大量美国军人在越南征战，那些以示威游行的方式反对征兵的人大部分是为保守主义者所摒弃的“反战分子”，或者是出于道义原因而拒服兵役者或贪生怕死之辈。逃避征兵的人被保守主义者视为反美叛徒，尽管一些保守主义者的子弟找到了各种方法来逃避兵役，比如乔治 · W. 布什[23]、米特 · 罗姆尼[24]、纽特 · 金里奇[25]、鲁迪 · 朱利安尼[26]和迪克 · 切尼[27]。

弗里德曼站在了这些躲避兵役者的一边。[28]在他看来，义务兵役制是一个自负的国家提出的无礼要求。他认为征兵是“不公平的、浪费财物并且不符合自由社会的标准”“征兵是一种武器，用来抑制言论自由，集会自由与表达不同意见的自由”。[29]受军事 – 工业综合体支持的大规模常备军会威胁实质性的自由，他为此忧心忡忡。与征兵制相反，他建议军事人员应从志愿者中间招募。

弗里德曼还努力为父母们争取不把他们的孩子送到公办学校的权利。[30]公办学校体制意味着父母只能通过政治程序来控制学校。[31]他的解决方案是什么？由政府为父母提供教育券，其价值与父母将孩子送到公办学校的成本相等，并且可以将其用于私立学校。他希望他的建议能够打破教师工会的垄断，并让父母能够真正地进行选择。[32]

弗里德曼在很多方面致力于长期的政治斗争，然而，甚至到了60年代早期，在他50岁出头时，在学术界之外还没有多少人知道他的名字。直到这时，除了一个不同意凯恩斯主义共识的经济学家小圈子以外，他还没有多大的名气。然而，他下一步的行动将使其第一次与政治高层建立直接的联系，并在保守主义者中间名声大振，也让自由主义者和温和的共和党人认定他缺乏判断力。

为了赢得选民的拥戴，在二战以后的那些年里，与西欧的很多保守主义政党一样，共和党也采纳了竞争对手受欢迎的社会政策和经济政策。但是，通常居住地远离秉持世界大同主义的两个海岸的一小部分共和党人，在暗中抵制这些变化。60年代早期，这些居住在边远地区的共和党人开始展现他们的力量，主导了亚利桑那州参议员巴里·戈德华特[33]的总统竞选活动[34]。在1963年年末，弗里德曼以经济顾问的身份参与了戈德华特的竞选活动，见证了复兴的传统保守主义运动挑战由纽约人尼尔森·洛克菲勒[35]所代表的由显贵组成的共和党领导层。后者的姓氏就是财富与特权的代名词。

当弗里德曼被比尔·巴鲁迪[36]引荐给戈德华特时，他对具有叛逆精神的戈德华特抱有好感，比尔·巴鲁迪后来领导了保守主义智库美国企业研究所。戈德华特天生是一个值得信赖的人，不拘小节，坚持己见，思想独立。他坚守保守主义基本原则，愿意捍卫并不流行的立场，准备放弃政治私利，这些都令弗里德曼印象深刻。[37]

连续几届两党的政府对各种问题都采取了进步主义的解决方案，戈德华特的竞选则尝试着为美国人提供另外一种激进的保守主义选项。为了赢得本党提名，他不得不克服不思进取的东部共和党权贵高层的激烈反对，他们已经习惯于像一家充斥着落伍之人的俱乐部那样来经营共和党。但是戈德华特在该党的基层很受欢迎，他在 1964 年 7 月旧金山共和党大会上痛斥了洛克菲勒，成为该党在竞选中的一匹黑马，将在 11 月与约翰逊总统展开竞争。

戈德华特向选民表明了鲜明的保守主义立场，弗里德曼对此非常认可。然而，东海岸的政治势力将他描绘成一名危险的极端主义分子，戈德华特对此不屑一顾，他开玩笑说，“有时候我想，如果我们能够向东部海岸挥手告别，让其漂流出海，也许整个国家都会受益”[38]。弗里德曼认为“新闻界和知识分子对戈德华特的偏见”极不公平。在被指控为一名惹是生非的极端分子时，这位候选人机敏的反击令人印象深刻，“在捍卫自由时极端主义不是一种罪行，在追求正义时温和谦逊也不是一种美德”[39]。

约翰逊乐于将竞选对手描绘为一名好战成性的战争贩子，而这可能一不小心就会把美国拖入核战争。实际上，在竞选之后，约翰逊自己也使越南战争进一步升级了。总统的致命一击来自一个电视广告，绰号为“雏菊广告”。在广告中，一个小女孩一边从一束花上摘花瓣一边数数，同时一个男人用低沉的嗓音在为核导弹发射倒数计时。

弗里德曼并不担心自己与一位受到自由主义权力阶层排挤的候选人有所关联，他随时准备在电视或媒体访谈中露面，以自己令人尊敬的知识分子身份，为戈德华特明显的极端主义立场辩护。发现自己作为戈德华特的智囊而广受邀请，这让弗里德曼确信，那些明确表达了保守主义观点的人，竞选成功的概率很大。他回忆说：

> 我与来自学术界、新闻媒体、金融界、各种基金会以及凡是你能说上名字来的各种背景的人交谈和争论。知识界意见极为一致，对每个异议的回

答都是一些陈词滥调，并以之作为标准的观点而接受，由于归属于某个小圈子而沾沾自喜，自鸣得意，所有这些都到了令人难以置信的地步。我曾经亲身体验过的最为相似的经历就是在英国的剑桥，即便如此，也不像这里如此过分。[40]

1964 年 11 月，戈德华特以极大的劣势被击败了，只拿到了自己家乡亚利桑那和南方五个极度保守的州的选票，约翰逊大获全胜。对弗里德曼而言，这次失败给他上了一堂课，政治现实中存在的不平等让他终生难忘。尽管引起了众多争议，弗里德曼参与戈德华特的竞选活动还是被《新闻周刊》的主编奥斯本·艾略特注意到了，他正在寻找一位富有活力、能言善辩并积极拥护保守主义的经济学家，以对抗他邀请的新凯恩斯主义者保罗·萨缪尔森的观点。

这就是弗里德曼如何走上了与萨缪尔森对战的擂台，并继续一场凯恩斯和哈耶克于 1931 年在英格兰开启的智力决斗的故事。凯恩斯与哈耶克的职业拳击赛只进行了四个月，而萨缪尔森和弗里德曼在《新闻周刊》上于 1965 年开始的辩论持续了将近五十年。对于凯恩斯和哈耶克的比赛而言，两人都未能给予对方致命一击，甚至没有人倒地。但是，这场新的辩论赛很快就变得激烈异常，激情四溢，它在很大程度上决定了未来五十年经济学理论的走向，也由此决定了联邦政府作为美国经济的管理者所发挥的作用。

第五章

专栏决斗

他们在《新闻周刊》专栏展开的争论很快就将经济学的巨大分歧昭示天下，而凯恩斯和哈耶克的理论冲突第一次对这一分歧做出了界定。

能否总是找到一系列新颖的论题以吸引读者，是一位普通专栏作家最为关注的问题。一开始，萨缪尔森和弗里德曼都认为为《新闻周刊》每周写一篇专栏，思想源泉很快就会枯竭。但是他们很快就适应了这一节奏，先是每三周写一篇，然后在亨利·沃利克加入联邦储备委员会以后每两周写一篇。随着步调加快，两人发现任务变得越来越容易，他们与读者的关系也越来越密切。

“当一开始决定为《新闻周刊》写专栏时，我不太确定是否会找不到评论的话题。实际上我并不需要担心。”[1]萨缪尔森解释说。他一直为需要在两周时间按时交一篇稿子而感到焦虑，但是真正写起来以后他就不再担心了。专栏成了一种自言自语的方式。“在读到我自己写的东西之前，我怎么知道自己真实的想法?”[2]萨缪尔森问道。两人的写作速度都很快，并且能够切中要害。就像萨缪尔森所讲的那样，“下笔如有神助”[3]。

两个认识时间如此之长的人相斗，这让他们既能相互消遣，又能相互启发。由于两人都极具好胜心而且善于表达，这场吸引读者关注并赢得读者赞许的竞赛使《新闻周刊》销量大增。

两人意识到，在专栏上撰写文章不仅是就某些事件发表他们的看法，还要在其他方面冒很大的风险。在《通论》出版以后，凯恩斯可能取得了对哈耶克和古典经济学家的辉煌胜利，但是三十年后当萨缪尔森和弗里德曼之间争论再起时，凯恩斯主义的统治正在面临挑战。“在圈外人看来，经济学家总是争论不休，永远都不会同意别人的观点，”弗里德曼写道。

这种看法有一定道理。比如，保罗·萨缪尔森和我经常就公共政策公开表达极为不同的意见……经济学家对于公共政策的分歧通常并不反映经济分析的对与错，而是反映了对量值大小的判断、追寻的目标、考虑的时间范围或经济学以外的政治考虑等因素。[4]

萨缪尔森也同意。观点分歧是知识分子生活中的调味剂。这与个人无关。“弗里德曼教授是一个有能力的学者，也是保守主义经济学中古典自由主义强有力的代言人，”萨缪尔森写道，“他还是一位老朋友，然而我自由主义的思想还是没有被数量可观的保守主义论点所说服。”[5]对于那些旨在追寻真理的读者，萨缪尔森的答案是，“我对真理的定义是，在三个《新闻周刊》的经济学专家中至少有两个人同意的观点”[6]。他建议那些激烈反对自己或者弗里德曼的读者应当冷静。“如果你不喜欢今天《新闻周刊》上所读到的经济学家的观点，你可以再等一周；某些不同的并且可能更好的观点肯定会出现的。”[7]他说。

某些浮夸的记者喜欢夸大自己这一平凡职业的重要性，声称他们正在书写“开创性的历史篇章”，而所有的新闻刊物包括专栏写作，关注的都是暂时性的问题。谁会想看昨天的报纸？这句话很适合萨缪尔森，这让他可以假装并没有与弗里德曼发生争斗，否则情感就会产生激烈的波动。“我并不认为把我的价值观强加给那些有着不同道德观念的人是我应当发挥的作用，”他写道，“作为一名经济学家，我的职责是尽可能准确和客观地说明每一项计划中的政策决定可能会产生什么样的成本和收益。”[8]但是他也明白，针对经济学基本理论的坦率争论才是他最为关心的事。“撰写这些对以往经济状况的分析时，我有意识地不掺杂我自己作为争辩一方的观点，”他写道，“我从未想过要转变读者的想法。我想要呈现给读者的是经济问题各种有趣的方面，而不是试图将现实装进一个扭曲的框架内来进行单纯的说教。”[9]

萨缪尔森和弗里德曼的激烈争论成了一个举国关注的政治性固定栏目，并使支持者分成了两个截然不同的阵营，即左派和右派、自由主义和保守主义、建制派和激进分子。一周接着一周，一篇接着一篇，两人不得不对新闻报道的联邦政府经济政策的来龙去脉发表看法。但是，如果将他们每周发表的观点看作移动的画面，就会发现他们之间深刻的分歧不仅存在于经济学方面，还存在于世界观方面。

与凯恩斯一样，萨缪尔森文笔优雅，显然在选择用词方面非常细心，并乐在其中。他在写作时会利用自己渊博的知识，并且不局限于枯燥的经济学，这一点也像凯恩斯。罗纳德·里根每周的电台广播都以讲一个笑话开场。萨缪尔森也像他一样，专栏文章喜欢以一句幽默的引文开篇，在博得一笑之后，再转入这篇小文的正题。

比如，1966 年在评论联邦政府采取的财政政策是否正确时，萨缪尔森发现自己在两种思想之间摇摆不定，于是他写道，“就像奥斯卡・王尔德，他花了一上午加上了一个逗号，中午又将其删掉，我也一样犹豫不决”[10]。

萨缪尔森能够将各位伟大的知识分子的思想整合在一起。吸引读者的，是他广阔而深厚的知识储备。

在让・雅克・卢梭[11]之前，人们通常错误地将孩子当作体格较小的成人。自西格蒙德・弗洛伊德以后[12]，如果没有认识到成人只是个子长大了的孩子，就不应该了。

在很多一般性的素材中，萨缪尔森经常引用的有《纽约客》的撰稿人埃尔文・布鲁克斯・怀特[13]、英国持帝国主义态度的作家鲁德亚德・吉卜林[14]、声誉不佳的意大利政治思想家尼可罗・马基雅维利[15]、英国空想家塞缪尔・巴特勒[16]以及查尔斯・狄更斯[17]，后者详细地记录了工业革命达到高潮时伦敦自由市场的境况。他还参考了一系列《旧约》中的人物和故事。

弗里德曼的写作方法多种多样。他的专栏文章没有展示出多少文化底蕴，而是更喜欢单刀直入，用实际例子来说明自己的观点，这与萨缪尔森分析问题时的高屋建瓴而且通常有些居高临下，形成了鲜明的对比。弗里德曼对于行文优雅和口舌之利不感兴趣，更在乎的是清晰明确并富有说服力地表达自己的观点。一位政治评论家观察到，“弗里德曼并不是一位用词考究的伟大作家，但是他明白通俗易懂的杂文更容易被读者接受。他在表述自己的观点时口若悬河，曾经有自由主义者轻蔑地说他一副极度自信的口气，显得‘古里古怪’”[18]。也许可以把萨缪尔森想象成凯恩斯主义的高级牧师，华丽的措辞与其身份相得益彰，而弗里德曼则是挨家挨户上门宣讲自由市场理论的福音传道者，希望能使未受洗之人依次改变自己的宗教信仰。

只要这场辩论瞄准的对象依然是经济学同行，萨缪尔森就可以保有明显的优势。他一直保持美国最为权威的经济学教授的尊严和风度，而作为反叛分子的弗里德曼则喜欢贴身肉搏。萨缪尔森作为在位者总能抓住机会，贬低弗里德曼作为挑战者的地位。在最为重要的经济学家中，弗里德曼还远远排不到前面。这真是有点荒唐。萨缪尔森的批评将弗里德曼对凯恩斯主义正统经济学的挑战比作“一个人用一柄花剑去攻击一艘战舰”[19]。但是萨缪尔森并不会低估自己的对手。他后来观察到，“他的聪明你还能试着与他较量一下。他的说服力是你如何也无法抵抗的”[20]。

弗里德曼全神贯注于货币供给而不考虑经济中所有其他的要素，而且他会用很多逻辑分析的花招，对此有很多的笑话。一位经济学家讽刺他说，“米尔顿知道如何拼写香蕉这个单词，但他不知道什么时候停下来”。另一位经济学家则跟他开玩笑，“如果我能对某一件事有信心就很不错了，而你对每件事都这么有信心”。萨缪尔森在麻省理工学院的同事罗伯特·索洛[21]写道，“每件事都能够让弗里德曼想起货币供给”[22]。萨缪尔森这样解释弗里德曼在辩论中不服输的性格，“他们要带着鱼走很长的路，为了让鱼活着并保持新鲜，过去船长会把一条鳗鱼扔进鱼箱中。在经济学界，米尔顿·弗里德曼就是那条鳗鱼”[23]。

尽管在私下里、在谈话中以及在相互之间通信时他们会使用一些行话或特殊的词语，但是在新闻刊物上阐明观点时他们要受到一些限制，以便让那些没有受过复杂的高级经济学训练的聪明读者也能够理解。在萨缪尔森为自己的观点辩护时，他在学术期刊上运用自如的复杂概念和技术名词或者借助于数学方程实现的逻辑跳跃，这些能力都派不上用场，因为读者无法理解他说的话。然而弗里德曼已经形成了一种单刀直入的风格，可以避免不必要的复杂表述，这有利于基于明显的常识来分析问题，从而让普通的读者能够抓住要领。虽然他们要在刊物上强调相互之间的分歧，但私下里经常意见一致。“对于米尔顿·弗里德曼和我有分歧的问题，我们能够很快以那些经济学门外汉难以想象的方式，确定分歧的根源与特点。”[24]萨缪尔森回忆说。

在他们每周专栏的聚光灯下，学院派风格被遗弃了，这有利于弗里德曼。他乐于在讨论货币和经济时完全抛开为数不多的复杂的经济学理论，举那些普通美国人在家里经常遇到的那些例子，但他还没有准备好要不择手段地攻击对手。货币供给是一个关键问题。太多的货币追逐太少的商品就会导致价格上涨，这是经济学的一条基本原则。因此，如果政府创造了很多新货币，结果就是短期内的繁荣以及通货膨胀接踵而至，这似乎是一个合理的论点。但是萨缪尔森提醒读者，餐桌边的推论是有误导性的，因为全国经济的运行和一个家庭的预算并非一回事。

萨缪尔森坦承，对于如何更好地应付弗里德曼极为高效和擅长破坏的辩论技巧，自己茫然无措，他也承认在准备与这位难缠的对手面对面辩论时，“总是感到由衷的恐惧”[25]。无论辩论的结果如何，弗里德曼总能想出办法，以确保自己似乎已经获胜。“如果你回头看一下评分表，似乎很清楚你得分更多并且赢得了比赛，”萨缪尔森回忆说，“但是莫名其妙的是，由于有听众在场，你总要像个君子一样及时住口，而米尔顿就像赢得了当天的比赛一样。”[26]毫不奇怪，乔治·舒尔茨[27]提到米尔顿时这样说，“每个人都喜欢和米尔顿争论，特别是当他不在场的时候”[28]。《金融时报》的记者山姆·布里坦[29]尤其钦佩弗里德曼在思想方面的坦诚以及在面对传统观点的非难时表现出来的勇气。“他之所以受欢迎，部分原因在于他愿意公开表达令人不悦的事实，其他很多人虽然也想到了但是不敢大声说出来，”他写道，“然而弗里德曼会继续捍卫这些普遍的真理，反对多数人认为正确的经济学。”[30]

里根的高级经济顾问马丁·安德森[31]很羡慕弗里德曼的吸引力。他写道：

与弗里德曼会面就像遇上了一个有所克制的能量球。他警觉而灵动的眼睛很友善。一开始他会安静地听你讲话，聚精会神。只要他完全同意你说的话就行，但通常不会如此。一旦你的逻辑或陈述的事实有最为轻微的跳跃，他就会用一连串的问题、语句和冷静的逻辑分析让你手脚大乱。他这样做时态度如此友善而诚恳，甚至在才智方面完全被打败的人也乐于与他会面。

弗里德曼是知识分子中的知识分子。他使人思考，而且他几乎总是以令人愉悦的方式促使人们这样做。[32]

经济学家罗伯特·索洛将萨缪尔森视为自己最好的朋友。他并不像其他人那么钦佩弗里德曼，但是他也无法否认弗里德曼具有过人之处。他写道：

米尔顿是一位思想家，一位真正的信徒，对自己的思想坚定不移，从不怀疑自己。像这样的人有很多，但他是一位头脑非常敏锐和聪慧的思想家。而且，弗里德曼与众不同的是，他是一位超级辩手和好战的勇士，冷酷无情、能说会道、足智多谋、令人信服、善于倾听，并且总在微笑。在我们争辩时，他经常说，“罗伯特，我没有听懂”。实际上他的意思是，“你怎么这么蠢？”但是他不会那样说[33]。

弗里德曼从凯恩斯那里学到了一点，即一个理论要想抓住公众的想象力，它必须简单易懂。很多人认为凯恩斯的《通论》这部不朽之作令人迷惑，难以掌握其要领。但是由凯恩斯的革命性思想中得出的核心观点是非常简单的，并不要求读者要精读全书才能掌握。凯恩斯提出了一个关键问题，即政府是否应当努力阻止失业？在一个生产能力未被充分利用的经济中，广泛的失业是如何产生的？在一个经济崩溃时，政府如何恢复总需求？弗里德曼的解释是：

你需要做的是提出一个极为简单的理论，并能抓住其基本要点。如果一个理论极为复杂难懂，它注定会失败，因为绝大多数现象都是由少数几个核心因素驱动的。一个好的理论要做的就是简化，它要将核心因素提取出来，并将其他因素过滤掉。凯恩斯的《通论》正是这样一种理论[34]。

弗里德曼的理论将货币供给和货币流通速度的变化与通货膨胀联系起来，既简明扼要，也很有说服力，即通货膨胀的原因只能是货币供给和货币交换商品的速度发生了变化。相反，萨缪尔森既不需要也不愿意为了获得这样的效果而使自己的观点过于简化。他撰写并发表了大量的理论证明，蔑视简单的解释。这些论文堆满了数学等式，以刻画经济中各种因素之间复杂的相互关系。萨缪尔森解释说，“就像鸡蛋一样，只有两种类型的理论，即好的和坏的。检验一个理论的好坏，要看它对于说明观察到的现实是否有帮助。逻辑是否优雅，纹路是否优美，都无关紧要”[35]。

无论这两个人写作的主题是什么，都能发现他们的观点存在根本性的差异，这与三十年前凯恩斯与哈耶克之间出现的分裂一脉相承。他们之间分歧的核心，同时也是经济学左派和右派这两个相互对立的主要分支之间分歧的关键，在于政府是否应该干预市场以及干预是否能够实现预期的目的。他们对这些问题的答案存在重大差别。

哈耶克对经济学的思考基于一战以后他在奥地利的亲身经历，此时哈布斯堡王朝四分五裂，其领土分崩离析。剩下的奥地利只是一个不复存在的帝国被砍掉的头颅，其经济很快陷入了混乱，通货膨胀肆虐，使奥地利民众陷入水深火热之中，包括哈耶克及其全家。冯·米塞斯在奥地利政府机构中主管奥地利巨额的战争债务，他为哈耶克提供了一份工作。

哈耶克掌握了第一手资料，发现了超级通货膨胀的恐怖之处。他的薪水被定在每月5000旧克朗。但是通货膨胀如此严重，为了赶上上涨的物价，第二个月哈耶克就拿到了1.5万克朗，到了1922年7月，一个月的薪水达到了100万克朗。在《和约的经济后果》一书中，凯恩斯已经预见了哈耶克及其同胞所经历的超级通胀。“借助于一个持续的通货膨胀过程，政府可以以一种秘密的和不易察觉的方式，剥夺其公民所拥有的财富中某一重要的部分，”凯恩斯写道，“没有什么方法比货币失控能够更巧妙、更有把握地摧毁一个社会的现有基础。”[36]

米塞斯和哈耶克积极地阅读了一系列凯恩斯为《曼彻斯特卫报》所写的文章。在这些文章中，凯恩斯的思想转向了通货膨胀和货币的价值。米塞斯警告哈耶克，凯恩斯“凭借一些非常糟糕的经济学论据来支持一个很好的目标”。但是哈耶克发现，凯恩斯对一些老问题的新思想令人振奋。特别令哈耶克着迷的是凯恩斯有关政府干预经济以实现价格水平和货币价格稳定的思想。“现有的理论反对将对价值标准的规制作为主动的政策制定的目标，现在我们必须把自己从这种深深的不信任中解放出来，”[37]凯恩斯写道，“在当今以纸币和银行信用为主的世界中，无论我们愿不愿意，除了‘受到管理的’货币以外，我们别无选择。可兑换为黄金并不能改变这一事实，即黄金本身的价值也取决于中央银行的政策。”[38]

凯恩斯还挑战了经济学家普遍采用的假定，即随着时间推移，一个经济体将稳定在某一均衡状态，而在这一均衡状态下，“在长期”，不变的货币供给将会产生稳定的价格。凯恩斯争辩说，价格稳定的关键并不像货币数量论表明的那样取决于货币的供给，而是取决于经济体系的货币流通速度，而货币流通速度可能会毫无征兆地发生变化，从而导致价格水平一直在变。缺乏耐心的凯恩斯发现，在制定公共政策时，或者抚慰那些通胀或通缩的受害者时，“长期”提供的是一个过于遥远的前景，没有任何帮助。凯恩斯最为著名的名言之一就是，“长期我们都死了”[39]。

英国在一战之后的那些年，政府让英镑恢复到战前的价格水平，这导致数百万人失去了工作。随着时间的推移而实现的捉摸不定的均衡状态，意味着保持不变的货币价格已经实现了价格的稳定，这使凯恩斯对下述命题产生了怀疑，即一个市场如果任由其发挥作用，就能够让所有劳动年龄人口都找到工作。

英国政府在 1918 年将英镑的价格定得如此之高，以至于英国出口商发现他们的商品价格太高，没有市场。从 1918 年到 1920 年，英国政府将自己的开支缩减了 75%。在接下来的十年间，失业人数从未低于一百万，在 1933 年超过了三百万，相当于英国劳动力的 20%。政府未能为这些人找到工作，这导致社会动荡和群众抗议，包括 1926 年一次所有工人的总罢工和 1936 年煤炭工人的亚罗游行。由于内维尔·张伯伦[40]这位顽固的首相拒绝了所有让英镑贬值的吁请，于是凯恩斯开始思考政府采取何种措施才能让失业的人重新找到工作。

1924 年，凯恩斯断定，“越是在困难时期，自由放任的经济体系运行的效果越糟糕”[41]。他认为，真正的自由放任经济体系只是一个神话，一种理论设想，如镜花水月一般。在现实世界中，一个真正的自由市场的运行将会受制于无数的习俗、规制和约束，这是其永远无法克服的。政府的存在会通过将纳税人大量的税收引入经济中，使自由市场产生扭曲。选择将纳税人的税收花在什么地方以及怎么花，是管理经济的一种方法，并且能够有策略地予以规划。他暗示，那些只相信市场自由的人更感兴趣的是将经济学作为一种信仰，而不是一种评价客观事实的手段。他写道：

在考虑如何刺激国内投资时，就会遇到我所提出的异端学说，我们姑且认为这是一种异端学说。我在理论中引入了国家，放弃了自由放任……它将公共福利托付给了不受制约而且也无需帮助的私人企业。私人企业不再是不受制约的了，它在很多不同的方面都受到了制约和威胁。如果私人企业不再是不受制约的，那么我们也不能让它孤立无援[42]。

凯恩斯说，政府可以有意识地降低利率并发行政府债券，从而为经济注入大量货币。但是张伯伦无视他的建议。凯恩斯很快得出结论，即如果任由市场自行其是，就无法确保所有人实现繁荣。“很明显，一个奉行个人主义的社会如果不加管理，就无法很好地运行，甚至效果会糟糕得让人无法忍受。”[43]他写道。

凯恩斯干预主义的思想越走越远。“我们现在在墨守成规。我们需要一股推动力、一种震撼、一次加速。”他建议，为了“最终解决失业问题”，需要立即投入1亿英镑，相当于2020年的15亿美元，用于公共住房、改善道路、整修电网。他明白，这样一笔大规模的公共投资将会产生何种结果还远不清楚。但是实际状况已经如此糟糕，任何事情都值得一试。“让我们在这些方面勇敢地尝试，哪怕其中有些项目最后可能会失败，而且很有可能失败。”[44]他写道。

面对他所看到的自由市场的失败，凯恩斯并没有接受它的对立面。他认为自由企业在很多方面都是极为糟糕的，但是，从政治归属来看，凯恩斯是一名自由主义者，他无意破坏这种制度。“我认为如果得以明智地管理，资本主义大概可以比任何我们已知的其他制度都能更有效地实现各种经济目的。”他写道。1924 年 11 月在牛津大学以及两年以后在柏林大学，凯恩斯在题为“自由放任的终结”的演讲中讲到，“对于政府而言，重要的不是去做那些个人已经正在做的事，也不是做得比个人好一点还是差一点，而是去做那些现在根本没有人去做的事”。[45]

40 年后，萨缪尔森援引共和党创始人亚伯拉罕·林肯的话，表达了相同的观点：

据说林肯曾经在某个场合说过，“我相信政府只应去做那些公民个人自己无法做的事”……我认为林肯意在表明，在他看来，那些建议政府应当有所作为的人有一定的责任证明何以如此。为什么？林肯并没有说。[46]

在与凯恩斯的论战中，哈耶克关注的是干预市场的消极作用。如果市场的自由运行“被人为创造出来的需求所扭曲，”他写道，“其必然结果就是部分可以利用的资源又被引导到一个错误的方向，一次明确和持续的调整再次被推迟了。”他继续论述说：

因此，无论是在危机期间还是危机以后，能够永久性“动员”所有可利用资源的唯一方式，不是利用人为的刺激，而是通过一个缓慢的过程调整生产结构，使其与可以利用的生产手段相适应并且符合资本的目标，永久性的治愈只能通过时间来完成。[47]

像哈耶克这样的奥地利人相信，政府仅仅出于刺激经济活动的目的而降低利率，只是把麻烦留待以后来解决。这种干预将会干扰储蓄与投资之间的"自然均衡"。如果由于人为地创造出更多便宜的货币，从而生产出一些市场本来不需要的资本品，比如机床等，储蓄与投资之间的关系将会变得一团糟。中央银行人为地将利率保持在低水平，将会产生利率的螺旋式下降，最终的结果就是经济失序和衰退。

很多年以后，哈耶克更进了一步。在1944年战争尚未结束时，他在《通往奴役之路》这部小册子中警告，政府对经济的干预将会把做出重要选择的权利从民众转移给政府官员，从而危及民主。但是在困扰他许久的一段话中，对于他所认为的政府正当的行动和政府危险的越界行为，哈耶克做了区分。

《通往奴役之路》后来卖了几百万册，美国的沃尔克基金会为其做了大量宣传，这本书被拥护自由市场的人奉为圣经。但是就像圣经一样，即使真正的信徒在阅读时也并不仔细。有一段话值得逐字引用，因为哈耶克思想的复杂性经常被过度简化或忽略，甚至他的信徒也常会如此。这部书并不是在战后美国的繁荣所造就的舒适环境中写成的，而是在深受战争折磨、大量银行破产、不得不节衣缩食的英国的一间阴冷、透风的房间中完成的。哈耶克的评论也许会让那些自认为是哈耶克主义者的人大吃一惊，在讲到政府干预时，哈耶克的论点变得非常绝对。

如果一个社会拥有的一般财富水平已经使我们能够获得完全的保障，那么在不危及一般自由的条件下，为什么不让所有社会都变成这样，这毫无道理……毫无疑问，应当确保每个人都能获得某种最低标准的食物、住所和衣着，足以保持健康并维持工作能力……

国家也没有理由不帮助个人抵御那些生命中共同的风险，由于这些风险具有不确定性，个人无法为其做好充足的准备。

比如对于疾病和事故而言，政府的帮助一般而言既不会削弱个人避免这类灾难的意愿，也不会减少个人为克服这些困难而付诸的努力，简而言之，如果应对的是这种本质上无法通过保险来解决的困境，这就为国家帮助组织一个综合性的社会保障体系提供了很好的理由。

其中有很多细节，那些希望保留竞争体制的人和那些希望由某种不同的体制取而代之的人，将会就这一方案的细节产生分歧。也有可能以社会保障的名义引入的某些措施会多多少少降低竞争的效率。但是，由国家以这种方式来提供更多的保障与保留个人自由，原则上并无冲突之处……

最后，至关重要的问题是解决经济活动的总体波动和随之而来的大规模周期性失业……但是，尽管解决这一问题需要做出很多正确的计划，但是这并不需要那种其拥护者所讲的代替市场的特殊计划，至少这不是必须的。

实际上，很多经济学家希望，从货币政策中能够找到最终的解决方案，这一想法甚至与19世纪的自由主义也不相悖。确实，其他人相信，真正的成功只能寄希望于以娴熟的技巧确定规模极大的公共工程的时点。这可能导致对竞争性领域产生更为严重的约束，朝着这个方向进行尝试，我们必须极为谨慎，以免所有的经济活动越来越多地依赖于政府管理和政府支出的数量。但是，按照我的观点，就应对经济安全的严重威胁而言，这既不是唯一的也不是最有可能成功的方法。

无论如何，为了免受这些波动的危害必须付出极大的努力，但这并不意味着一定要采取那种会威胁到我们自由的计划。[48]

哈耶克将《通往奴役之路》的样稿寄给了凯恩斯，后者在跨越大西洋的邮轮上阅读了这部著作。凯恩斯这次行程的目的，除了其他一些事情以外，是去新罕布什尔州参加布雷顿森林会议，他担任了主席。在其贺信中，凯恩斯一如既往地鼓励了他的对手，尽管他仍未被哈耶克观点的要义说服。他坦率地指出了哈耶克的论证中最为薄弱的环节，即一个文明社会为其公民提供食物、医疗和住房等基本的必需品，是其必须承担的道义责任。在大西洋城的克拉里奇酒店，凯恩斯写信告诉哈耶克，“这是一部伟大的著作。对于这些亟待澄清的问题，你做了如此精彩的论述，我们所有人对此都必须表示感谢。你也知道，我不会完全接受书中所有的经济学观点。但是在道德和哲学方面，我几乎完全同意本书的内容，而且不仅是同意，还是发自内心地赞同并为之而动容”。接下来，凯恩斯亮出了自己的匕首。

接下来我想谈一下我仅有的重要批评。你多次承认，并不清楚如何在私人部门和政府行为之间画一条线。你同意必须在某个地方画出这样一条线，而这种逻辑上的极端状况是不现实的。但是，对于在哪里画这条线，你并未给我们以任何的指引。

确实，你和我可能会将这条线画在不同的位置。我猜测，按照我的想法，你严重低估了中间道路的可行性。但是，只要你承认这种极端状况是不可能的而这条线又必须画出来，你自己的论证就不成立了，因为你努力劝告我们，只要朝着计划经济的方向移动一寸，就必然走上这条不归路，并在某个时候落入悬崖。[49]

凯恩斯说，需要确保的是不要让政府对市场的干预变得独断专行，但是这主要是一个道德问题，而不是经济学问题。“我们需要的是恢复正确的道德思考，即在我们的道德哲学中回归到更为恰当的道德价值观。只有将你的矛头指向那个方向，你给人的印象或者感觉才不会这么像堂吉诃德”[50]。

凯恩斯和哈耶克在 1931 年的分歧主要围绕着在一个动荡不安的经济中，政府调节是否有效，而弗里德曼则沿着哈耶克的思路，专注于政府本身的作用。哈耶克担心专制制度悄然兴起，与之相似地，弗里德曼则对大政府抱有天然的戒心。

如果是在适当的战场上，萨缪尔森捍卫凯恩斯主义的装备将更为精良。但是弗里德曼将争论扩大了，表明政府这种制度本身就会阻碍经济有效率地运行，因此弗里德曼所讲的内容远远超过萨缪尔森所论述的范围。在接下来的辩论中，两种截然不同且相互竞争的世界观发生了碰撞。萨缪尔森捍卫现有的世界，即由私人部门和政府部门组成的混合经济，而弗里德曼所描述的是回归到一个自由主义的人间天堂。萨缪尔森指出，弗里德曼所渴望的自由市场田园诗歌般的世界曾经在美国存在过。

可能 19 世纪的美国最接近自由放任的状态，也就是卡莱尔所讲的“无政府主义加警察”。其结果是实现了一个世纪的快速的物质进步和个人自由的氛围。当时也有周期性的经济危机、不可再生的自然资源的浪费和枯竭、贫富两极分化、由利益集团导致的政府腐败以及由垄断取代自我管理的竞争。[51]

尽管弗里德曼厌恶联邦政府的行为，但他并不同意将所有的政府一并取消。“我祝无政府主义者好运，因为那应该成为我们现在前进的方向，”他曾经评论道，“但是我相信我们需要政府来实施游戏规则。”[52]

萨缪尔森对如何实现一个理想的社会不太感兴趣，他更关注的是一个复杂的现代经济是如何运转的。弗里德曼的使命是，阻止那些他认为会使美国偏离民主社会的因素。他拥护一个以市场为基础的政府体系，这会将政府对经济的任意干扰降至最低程度，并代之以一个可以最大限度地促进增长且基于规则的体制。他主要针对的目标是美联储不受约束地创造新货币。“限制美联储提供新货币的货币规则将会使货币政策免受不受选民控制的一小撮人独断专行的影响，也使其免受党派政治短期压力的影响。”[53]他写道。

对于弗里德曼秉持的观点，萨缪尔森并不感到惊讶。与弗里德曼一样，他也受教于芝加哥学派那些卓越的成员，一个由生机勃勃的自由市场经济所支撑的理想社会也是他们所珍视的理念，对于凯恩斯主义者为实施其干预主义措施而提出的那些主张，他们持怀疑态度。尽管如此，对萨缪尔森而言，必须为其立场进行辩护，这是一项新任务。他的事业一帆风顺，名利双收，很少遇到挑战，也不需要为自己辩护。现在，面对弗里德曼的挑战，人们期待他能够维护现有秩序，并为代议制民主的重要基石进行辩护。对于他们之间的很多冲突，萨缪尔森只能静观其变。当弗里德曼阐述自己的观点并成功地说服了杰出的保守主义政治家采纳这些与众不同的经济处方时，萨缪尔森半是敬畏，半是心怀惊恐地怀疑。

随着弗里德曼步调加快，萨缪尔森无法忽视对手取得的很多成就。一开始，就像凯恩斯主义者对待反对者的态度一样，萨缪尔森对弗里德曼不屑一顾，或者对其反叛者的身份冷嘲热讽。在其《经济学》教科书第一版中，弗里德曼的名字只出现了一次，即便如此也只是在脚注中引用了他和西蒙·库兹涅茨合写的一篇论文。但是随着弗里德曼的长征脚步迈得越来越快，萨缪尔森不得不承认他取得的一系列辉煌成就。

同时，弗里德曼坚持认为，他并没有故意地暗中破坏现有秩序。“人们总是认为我有一个长期计划，”他写道，“我根本没有任何计划。这些事情的发生都是顺其自然，水到渠成。运气起到了重要的作用，确实非常重要。”[54]

第六章

是否干预

萨缪尔森和弗里德曼争论的核心问题是，在经济形势恶化时，政府能否以及应否干预自由市场。

萨缪尔森相信，对于一个健康社会的形成，政府需要发挥重要作用，为了改善民众的生活，国家通过财政政策来管理全国经济，这也理所应当。“如果市场能够使大部分经济活动合理运行，这不过是一种幸运的偶然情况，”他写道，“但是在很多重要的情形下，经济学认为政府应当干预。”[1]

直至60年代中期，在萨缪尔森的教科书《经济学：入门分析》第七版中，按照他的描述，凯恩斯主义设想的是“一种先进的实现了充分就业的社会，经济周期的过度波动受到抑制。我们想要控制伴随着经济周期由繁荣走向危机和低谷而出现的‘美元的狂舞’”[2]。除此之外，他在1968年告诉《新闻周刊》的读者“新经济学确实有效”。他继续说，“这一点华尔街知道，经历了92个月销售增加的中心大街知道，负责记录企业利润的会计师们也知道。工人的孩子们不知道，但是他们的妈妈知道，学校的护士同样也知道，因为他们要测量这一代孩子的身高和体重，并且记得上一代孩子的骨骼结构……那么谁不知道？当然，正统金融理论的拥护者否认这一明显的事实”[3]。

尽管弗里德曼在很多方面都是一位保守主义经济学家和“正统金融理论的拥护者”，他仍然认为自己是一名激进的自由思想家，无法归于任何类别。他宣布，“我不是一名保守主义者，我不想让事物保持原样”[4]。这是在响应他的朋友哈耶克，后者曾经写过一篇著名的文章，题目是“为什么我不是一名保守主义者”。被认为是一名古典自由主义者，一位对政府行为深表怀疑并尊重个人的人，这让他很开心。萨缪尔森和弗里德曼经常争论的并不是在经济学中政府应当扮演何种角色，而是在一个自由社会中政府的作用。

当两人于 1968 年开始撰写专栏时，萨缪尔森和凯恩斯主义者处于统治地位。对于凯恩斯主义思想在知识界有多大的统治力，当时的经济思想史有明显的迹象可循。比如，卫斯理大学的经济学教授威廉·巴伯在 1967 年出版了一部《经济思想史》。他对“古典经济学”赞誉有加，专辟章节讲述亚当·斯密、罗伯特·马尔萨斯、大卫·李嘉图和约翰·斯图亚特·穆勒的理论，该书以凯恩斯的成就作为结尾。书中没有提到奥地利学派或者芝加哥学派，也没有提及冯·米塞斯、哈耶克或者弗里德曼。

在其教科书《经济学》中，萨缪尔森认为芝加哥学派、奥地利经济学与倡导市场优越性的激进的自由主义观念在当代无足轻重，因而对经济学专业的学生用处不大。在 1948 年的第 1 版中，萨缪尔森向读者许诺，他会“把一些将要伴随你一生的紧迫问题包含在内”[5]。他用一章的篇幅来写“价格和货币”，其中有一节是弗里德曼特别关心的问题，即“货币供给 M 和 M 的变动与长期价格水平的关系”[6]。

萨缪尔森也简单提到了其他非凯恩斯主义者。在其《经济学》第一版中，萨缪尔森只是顺便提及了冯·米塞斯[7]。他半信半疑地在注释中提到，“大约在1920年，路德维希·冯·米塞斯提出了具有挑战性的观点，即如果没有自由市场，经济组织在逻辑上是不可能的”。哈耶克也只是在一个脚注里被提到[8]。然而，萨缪尔森两次引用了弗里德曼，一次是在一个脚注中顺便提及[9]，另一次则是在讨论通货膨胀或者一个经济中货币增长的速度与价格变动之间的关系时，匆匆提到了弗里德曼的观点[10]。此处讨论的问题后来成了使他们之间产生分歧的最为重要的议题。进入70年代，发达经济体的物价水平迅猛上涨，成为政治活动关注的焦点。因此，事情逐渐落入弗里德曼的掌控之中。他的货币主义理论试图解释快速的价格上涨何以实现，以及未来如何阻止价格的上涨。萨缪尔森早在1958年就已经预见到了价格上涨问题。有人问他在接下来的二十年中，美国将会面临的最为迫切的问题是什么，他的回答是，“通胀的威胁……通胀本身就是一个问题。但是，除了通胀本身造成的实际损害以外，对于通胀合理的和非理性的恐惧可能也是问题，尽管这种担心不无道理。简而言之，我担心通货膨胀，但是我也担心人们对通胀的恐惧”[11]。

萨缪尔森在继续修改自己的教科书时，仍未提及弗里德曼的市场理论。凯恩斯主义，也就是当时所谓的“新经济学”，依然处于统治地位。被当作一个局外人，这让弗里德曼的自尊心受到了伤害，他在思考为何自己会被受人尊重的主流排斥在外。他特立独行的性格似乎使其乐于成为一名不同意见者。“我的观点与统治公共政策和经济理论的正统思想不一致，更准确地说，我不同意公共政策方面的福利国家观点以及经济理论中的凯恩斯主义思想，”他写道，“我记得很清楚，来访的哈佛研究生曾说过类似下面的话，‘我必须亲眼去看看来自中西部地区的黑巫师是什么样子的’。”[12]

回到1966年，《时代》杂志发表了一个封面故事，标志着“新凯恩斯主义"的到来。文章声称,"由于凯恩斯也是他那个时代的产物,他主要关心的是如何拯救一个深陷萧条的世界,使之实现某种形式的繁荣和稳定。今天的经济学家更为关心的是,如何使一个已经实现了繁荣的经济进一步增长"。随后文章引用了弗里德曼的一句话,"我们现在都是凯恩斯主义者"[13]。

认为弗里德曼这位自由主义经济学的领军人物应当承认凯恩斯主义已经取得了胜利,这是一个大新闻。但是,在习惯了语不惊人死不休的新闻界,这件事表明只要故事讲得好,就不用管它是真是假。弗里德曼确实对一名《时代》记者说过这句话,但是他对于该记者曲解了他的原意而愤怒不已,并写信给该杂志的编辑:

你引用了我的一句话,即"我们现在都是凯恩斯主义者"。这句引语是正确的,但是被曲解了。我尽可能回忆一下,当时的整段话是,"从某种意义上来讲,我们现在都是凯恩斯主义者;从另一个角度来讲,没有人再是凯恩斯主义者了"。第二句话至少与第一句话同样重要。[14]

萨缪尔森给弗里德曼写了一封慰问信,说他在其助手的提醒下才没有相信《时代》上那句令人震惊的引语。"在思想史上,人们在解释威廉·哈考特爵士[15]的声明时,都知道他是在讽刺那个时代及其风潮,"他写道,"经济学家对于《时代》上这句引语的解读也同样如此。"[16]很多年以后,弗里德曼告诉萨缪尔森,"为《新闻周刊》写稿子还有一个附带的好处,那就是《时代》杂志不再给我打电话了。以我的经验来看,他们的诚信记录非常糟糕"[17]。

后来,对于他说自己是一名凯恩斯主义者,弗里德曼又给出了一个戒备心不那么强的解释。"我们都使用凯恩斯主义的术语和工具,但是没有人再接受凯恩斯主义最初的结论。"[18]他说这句话的意思是,无论是否同意凯恩斯提出了应对方案，所有讨论宏观经济学的人都应该感谢他在这一领域独一无二的贡献，因为为了说服经济学家采用宏观经济的视角，并将由各个独立部分组成的经济体系当作一个整体来看待，凯恩斯做出了极大的贡献。正是由于哈耶克从奥地利学派的角度反对宏观经济学这一概念本身，并且更为偏爱只依赖微观经济学的解释，才使他声称弗里德曼在很多重要的方面更接近于凯恩斯的思想，而不是他自己。弗里德曼曾被问到谁是更伟大的经济学家，凯恩斯还是冯·米塞斯，他毫不犹豫地回答，“凯恩斯”[19]。

《时代》杂志事件只是确认了弗里德曼的局外人身份已经是其公共形象的重要组成部分。正如一位同情弗里德曼的经济学家所讲的，“直到20世纪70年代，经济学学术圈中普遍对弗里德曼的思想抱有敌意”[20]。弗里德曼和其他拥有相似理念的人无可奈何地成为被遗弃者。“由于政府不断扩张以及福利国家和凯恩斯主义思想取得的胜利，我们这些人为自由与繁荣正在面临的威胁而深感忧虑。我们是被围攻的少数派，大多数的学术界同行认为我们有些古怪。”[21]弗里德曼写道。

弗里德曼喜欢引用一名学生的话，他发现杜克大学图书馆中没有收藏弗里德曼的著作，“因为经济学系认为他的著作不值得购入”[22]。在弗里德曼看来，由于担心引起公众质疑，杜克大学勉强同意增加一些弗里德曼的著作。

但是，尽管凯恩斯主义在60年代维持了自己对经济学思想的统治，但是经济学学科暗流涌动。萨缪尔森已经意识到了，经济思想的构造板块正在发生改变。他解释说：

未来的历史学家在回顾我们这个时代并试图予以解释时，可能还不如认真地研究像我所写的那样的经济学教科书的各个版本。在《经济学》(1948年)第一版的索引中，你找不到“污染”或者“生态”这类的词。你可以发现世

纪中叶最为迫切的忧虑，即消除大规模失业、平抑经济周期、对需求拉动的通货膨胀的宏观经济控制……[23]

当萨缪尔森和弗里德曼第一次在《新闻周刊》展开唇枪舌剑时，借助于越南战争导致的政府支出的增加，经济正在缓慢地增长，通货膨胀率较低并处在可控的水平，美国人之前从未感到过如此繁荣。萨缪尔森对凯恩斯主义或者新凯恩斯主义政策将会继续畅通无阻充满信心。“我们已经吃掉了知识树上结出的果实，无论好坏，都没有回头路了。”他在 1966 年 10 月写道[24]。自由放任已经成了陈词滥调，只是作为无足轻重的消遣而保留下来。“在自由放任的情况下，每个人的事情只是他自己的事，”[25]萨缪尔森在《新闻周刊》上写道，“而在一个良好的社会中，每个人的事情都是所有人的事。”实际上，萨缪尔森的论断意味着只有政府才能将国家从贪婪的资本主义手中解救出来。而且，也只有政府才能够使民众免受国内外暴力的威胁。他感到有所不妥的是，保守主义者看待市场对于工作的作用，就像每个人都该懂的经济学那样简单。他说，“我从不相信《一课经济学》这样的东西”[26]。

与此同时，弗里德曼和其他古典自由主义者将自由市场的力量视为医治社会疾病的灵丹妙药。他们暗示，避免公共借款和政府开支是一种公共美德。国家解决社会问题的所有尝试，无论其本意多么美好，都被贬斥为必然阻碍自由市场的正常运转，因此会拖累经济增长。

弗里德曼差不多是在说，对于美国人想要什么，市场是一个比选举更好的指示器。这并不是说市场胜过了民主，仿佛市场反映了选民真正的民主意愿。“联邦政府是通货膨胀的引擎，而且是唯一的引擎，”他写道，“但是，它作为通货膨胀的引擎，依据的是美国民众的意愿。他们想要政府支出更多但又不征更多的税，这就使得政府只能求助于通货膨胀这种隐蔽的税收形式。

公众反对通货膨胀，但是我还没有听过有任何群体反对它所销售的商品价格上涨。”[27] 他借用了凯恩斯在其《货币改革论》中一章的标题，称“通货膨胀是一种未经立法的税收”[28]。

萨缪尔森认为民主与公共支出之间的联系只是一种似是而非的观点。“有关社会选择的政治经济学的经验并不能得出如下结论，即就其本质而言，民主必然导致公共支出的规模过大，”他写道，“集体决策和竞争博弈理论的经济学原理表明，与支出太多一样，政府同样具有支出太少的内在倾向。”[29]

弗里德曼以其无可比拟的敏锐风格向《新闻周刊》的读者说明，自由市场的力量应当居于绝对统治地位，因为摆脱政府干预是每个公民的权利。他不是援引经济理论，而是设想在伍德罗·威尔逊总统于一战期间实行的计划经济之前，更是在 1933 年的富兰克林·罗斯福政府利用政府的各种手段使美国人摆脱大萧条的伤痛之前，曾经存在过一个理想的古典美国，此时市场几乎不受约束。

弗里德曼写道，在美国内战和一战之间，“美国接近于一个自由放任的自由企业社会，人们在现实生活中期望看到的也不过如此”[30]，结果就是个人和国家财富的迅速积累。这是因为政府后撤并允许市场任意而为。他将自由企业制度描述为“为消除贫困和提高大众的生活水平而开发出来的最为有效的机器”[31]。

弗里德曼忽略了在政府进行更严密的控制之前的那些年，美国经济定期遭受的经济崩溃和银行破产[32]之苦，以及由于突然失去工作或者无法为所有人提供足够的工作岗位而导致的人间悲剧。他喜欢将其论点推到极端，从而使自己的论证更有说服力，这就使所有的事物变得非黑即白，似乎任何细微的改变都是向对手观点的妥协。

弗里德曼认为本质上具有强制性的税收是对个人自由令人憎恶的侵犯。在一篇充满战斗精神的专栏中，弗里德曼所起的标题为“它究竟是谁的钱?”[33]他解释说，尽管民众认为货币可以由国家印制出来，而且从本质上来讲，数额没有限制，但是最终为政府的账单付款的是一个个纳税人，而不是政府。“联邦政府并没有‘寡妇的坛子’[34]，可以提供财政资金而不需要任何人付出代价，”他写道，“严格来讲，并没有联邦政府的钱这回事，有的只是纳税人的钱。”[35]民主制度赢者通吃的性质意味着多数人的暴政，希望小政府和低税收的少数人被忽略了。

弗里德曼的结论是，即使支出需要经由民选官员的批准，对于那些持不同意见的人而言，政府支出依然是不公平的。弗里德曼问道，如果个人不同意政府支出的使用用途，政府凭什么借由法律的惩戒强制个人缴税。“一个人向另一个有需要的人自愿提供帮助，这是富有同情心的举动，”他写道，“但是，A 强迫 B 为 C 提供帮助，这怎么能算是 A 的同情行为呢?”[36]在弗里德曼看来，政府以多数人的名义所采取的行动是在剥夺少数人的个人权利，而且经常是最为基本的财产权。

弗里德曼表明，他拥护自由市场的目的在于确保个人自由。尽管其他拥护市场的经济学家认为，只有发挥自由市场的力量才能确保一个经济实现最高的生产率，但是对于弗里德曼而言，这种效率仅仅是附带的好处而已。“维护自由而不是促进效率，才是私有产权最为根本的正当性所在，”他写道，“效率是一件幸事，尽管它只是必然出现的副产品，而且是一种最重要的副产品，因为如果自由无法同时产生富足，它就无法生存下去。”[37]

萨缪尔森认为，弗里德曼将“自由”的概念等同于私人财产不受约束的权利，这没有说服力。他写道，“随着人权的扩张，财产权利会收缩”[38]。他争辩说，尽管在政府干预市场时会有人受到伤害，一个不受约束的市场也同样会产生赢家和输家。虽然自由市场意味着每个人都可以根据自己的意愿购买他想要的任何东西，但这是在根据价格来进行分配，并且会使很多商品的价格远远超出那些没钱的人的购买能力。比如，那些负担不起良好的教育所需要支出的费用的人，他们的孩子就会由于市场定价过高而被剥夺获得这些教育的权利。因此，由市场提供的个人“自由”只是名义上的。

然而，像弗里德曼和哈耶克这样的自由市场经济学家发现，由价格来决定的市场体系，即基于买家和卖家一致同意的讨价还价，具有终极的道德含义。对他们而言，价格这种方式使得市场能够确保在所有各方一致同意的条件下实现最大的利益。萨缪尔森仅把价格视为配置稀缺商品的一种方法，他认为这与道德无关。实际上，有意识地提高或降低价格是引导人类行为而不是消极地遵从它的一种手段。萨缪尔森用弗里德曼的话来回敬他，“自由主义没有意识到，价格体系是且应该是一种强制的手段”[39]。

美国人可能对政府抱有半信半疑的态度，并且不放心他们选举的官员，但是萨缪尔森争辩说，代议制民主对于一个公平和良好的社会至关重要。“我们投票选择社会保障和福利救助，不是因为对华盛顿公务员的热爱，”他写道，“从个人角度并且认识到我们受制于失业和贫困带来的未知的危险，我们机智地选择了现代福利国家这种相互再保险的机制，而且知道若非上帝的恩赐，丧钟将为我们而鸣。”[40]

萨缪尔森解释说，“自由”事关已有的权利。“在绝大多数实际情形下，我们都不得不在两个目标之间选择，你想要这种自由和这种饥困，还是另一种自由和另一种饥困？”[41]

萨缪尔森相信资本主义是依据某种未成文和未明言的社会契约而运行

的，基于习俗、传统、规范和法律，这使人们可以和平共处。社会流动是市场经济的一个重要方面。“资本主义就是一个酒店。它的豪华套房总是住着人，但是十年之后住着的未必是同一批人。地下室也总是人满为患，但未必是同样的面孔和身躯”[42]。个人之间的社会契约意味着将一些个人权利集合在一起，以便让个人可以享受更广泛的自由。“红绿灯对我也是一种强制并限制我的自由，”他写道，“但是，如果没有红绿灯，从而使得一条道路被堵得水泄不通，身处其中的你是否真的拥有自由呢？对于我或者一个典型的驾驶员而言，又或者对整个群体而言，引入设计良好的交通指示灯是增进了还是缩小了自由的数量总和？你知道，红灯和绿灯本质上是一回事。”[43]

弗里德曼很少提及他心目中的政治英雄。但是他所展现的这一传统源自一长串自由主义或保守主义的大人物，他们质疑凯恩斯主义在实践中所要求的国家权力的急剧增加。其中最为突出的就是安·兰德[44]，她认为除了市场以外的一切事物都是对自由的侵犯。对兰德而言，甚至哈耶克都是一个背信弃义的妥协者。她的行为与其政治立场一样极端，她曾经在一次聚会上向哈耶克吐口水，以显示对其背叛的蔑视。

哈耶克赞同弗里德曼的观点，即对政府干预的不信任是正确的。有超过二十年的时间，两人都支持由朝圣山学社组织的哈耶克每年的自由主义大会。而且与哈耶克一样，弗里德曼与芝加哥学派的领军人物建立了紧密的同盟关系。这是指由弗兰克·奈特、亨利·西蒙斯和保罗·道格拉斯领导的弗里德曼之前的老芝加哥学派，更为新近的成员包括罗伯特·小卢卡斯[45]、乔治·斯蒂格勒、加里·贝克[46]、罗伯特·福格尔[47]、西奥多·舒尔茨。弗里德曼成为这一学派最勇猛也最知名的知识分子。

萨缪尔森几乎未受弗里德曼心目中那些意识形态方面的英雄的影响。他对“安·兰德对利己主义荒唐的宗教般信仰”不以为然[48]。但是作为芝加哥大学经济学系一名杰出的毕业生，萨缪尔森是挑战弗里德曼思想之理论基础的最佳人选。正是由于非常熟悉芝加哥学派的思想，这使他有信心在辩论中靠援引芝大领军人物的思想来挫一挫弗里德曼的锐气。

萨缪尔森完全相信芝加哥学派以市场力量作为经济学的核心要义，甚至在大萧条时期也是如此，当时自由市场的力量未能阻止一场席卷全球的人道主义灾难，实际上它还起了推波助澜的作用。“从 1932 ～ 1945 年开始，对于通过市场价格机制来组织经济，人们的信心就打了折扣，”萨缪尔森写道，“弗兰克·奈特和芝加哥学派提醒我们市场的优点，这一贡献的价值不可估量。”[49]

萨缪尔森与芝加哥学派的这些大人物相交深厚，知道他们之间也经常有意见分歧。“不管对于外行人来说现代经济学多么貌似是一门同源同种的学科，内行人总能指出，派别各异的芝加哥大学倡导的是一种与‘混合经济’的新正统理论有明显区别的理论。”[50]萨缪尔森不无嘲讽地说。

对于奈特的聪明睿智和思想诚实，萨缪尔森特别尊重。奈特认为，对于使社会利益最大化而言，自由市场是一种糟糕的机制，但是政府干预甚至可能更为糟糕。“奈特是芝加哥学派经济学的奠基人。”萨缪尔森写道。“如果说他是亚伯拉罕的话，亨利·西蒙斯就是以撒，米尔顿·弗里德曼就是雅各，”[51]他继续说，“如果说弗里德曼博士是一位乐观主义者，认为资本主义是所有可能的世界中最好的一种，那么奈特博士就是一名悲观主义者，他担心实际上确实如此。”[52]

萨缪尔森乐于承认，无论政府的干预多么广泛，市场力量仍然对经济非常重要。他明白经济思想的潮流正在发生改变，拥护市场的人依然存在，这不仅是由于芝加哥学派锲而不舍的鼓动与宣传。“不要误会，”萨缪尔森在1973年写道，“市场已死的谣言，就像马克·吐温[53]等人宣称的那样，是过于夸张了。”

只要情况允许，萨缪尔森就喜欢抨击弗里德曼。在感到自己受了委屈时，弗里德曼也会毫不犹豫地抱怨。1971年，在一次为芝加哥德保罗大学所做的演讲中，萨缪尔森说，“每一项有关货币需求的经济学研究都会得出结论，即货币需求与利率呈强烈的负相关关系，每个人都承认这一事实，只有米尔顿·弗里德曼教授是一个明显的例外。他是唯一一位未能或不愿意看到这一效应的学者”[54]。由于感到受到了伤害，弗里德曼立即寄给萨缪尔森自己六年前写的一篇论文[55]，他声称论文中的发现与萨缪尔森所讲的不符。弗里德曼告诉这位老朋友和老对手，“我欢迎批评，不管是建设性的还是恶意的，但是不要简单地歪曲我的观点。”[56]萨缪尔森回应道：

> 我做评论时的用语非常小心。我从来没有把你当作一个可以随意欺凌而无还手之力的同行，我在引用你的观点时总是确保证据充分，也就是说，法官会认定这一证据不会被你在其他地方所写的或所说的相反的观点所驳倒……我在德保罗所抨击的货币主义只是一个稻草人而已。[57]

尽管弗里德曼一直是萨缪尔森嘲弄的主要对象，但斯蒂格勒也经常进入他的射程之内。他写道：

> 我的朋友乔治·斯蒂格勒指出了政府行动的某些缺陷。就其本质而言，这就像指出了婚姻的某些缺陷一样。我们需要知道的是，“有哪些选项可供选择？禁欲？冷水澡？剧烈运动？”说正经的，斯蒂格勒教授明显希望市场能够承担更多的“效率”和“公平”的职责。我也希望如此。[58]

在萨缪尔森对倡导自由市场者的批评中，宏观经济学和微观经济学之间的区别是其始终关注的主题。市场经济学家倾向于使用由特殊到一般的论证方法，凭借微观经济学和企业或家庭预算的实际经验，指出在一般性的经济运行中更为广泛的现实。但是萨缪尔森相信，在家庭经济学或企业财务与经济学特别是宏观经济学的基本逻辑之间存在重要区别。他写道：

经济学作为一门科学，最有趣也最重要的一点恰恰在于，几乎每件对于个人而言是正确的事情，对于社会则是错误的，而几乎每件对于社会整体而言是正确的事情，对于个人却是错误的。单个的个人几乎无法影响他购买的任何东西的价格。然而，所有个人一起发挥作用，就能使价格定在它应处于的位置。[59]

如果萨缪尔森总爱嘲弄弗里德曼，那么弗里德曼也会毫不犹豫地攻击萨缪尔森在马萨诸塞州剑桥镇的那些精英朋友和邻居所珍视的原则。弗里德曼乐于嘲讽那些乐善好施的富裕的自由主义者，声称他们对于艺术的热爱仅次于他们将这个由其统治的不平等社会变得更加平等的愿望。比如，他总爱问一个问题，为何纳税人应当资助下列两个机构以促进和赞助品味高雅的节目，即美国公共广播协会和国家人文艺术基金会。他说，有证据表明，欣赏这两个机构各种节目的绝大部分人是受过良好教育的富人，教育水平和收入水平较低的蓝领美国人则很少观看。

弗里德曼质疑道："有什么理由对低收入者征税，然后资助高收入者享受奢侈品呢？"对自己提出的这个问题，他的回答是：

唯一的原因就是精英们享有的政治权力让他们发现，说服立法者花费别人的钱，比他们为自己的奢侈品付费更容易。

反过来，萨缪尔森喜欢质疑弗里德曼对“自由”一词的狭隘理解。他争辩说，个人不可能与社会完全脱离开来，归属于社会的代价就是有义务通过纳税为公共服务付费。或者，就像他提醒《新闻周刊》读者的那样，最高法院的大法官奥利弗·温德尔·霍姆斯曾经说过，“纳税是我们为文明社会所付出的代价”[60]。税收对于弗里德曼而言，是国家限制个人自由的一个例证，对萨缪尔森而言，税收不过是一位良好的公民为社会缴纳自己应付的费用。“阿纳托尔·法郎士写的讽刺短诗道尽了自由放任的自由主义经济学所暗含的强制，”萨缪尔森写道，“‘法律面前人人平等这句话说得多么冠冕堂皇，它允许穷人和富人一样，晚上睡在桥洞下’。”[61]

萨缪尔森对弗里德曼这样的自由主义者失去了耐心，他们称国家运用强制力来确保人们缴税是对国家权力的滥用，仿佛联邦政府和州政府必然是专制和邪恶的。“总体而言，正确的政府政策涉及道德、强制、管理、影响和激励等各种问题。这些问题现在无法通过‘自由’‘强制’或‘个人主义’这些术语的语义分析而得到解决。”[62]萨缪尔森写道。

而且，即使“强制”是一个正确的词语，萨缪尔森相信这种强迫在经济学家需要关心的重要问题中排名也在最后。“认为任何形式的强制无论其本质如何，都比其他所有的邪恶更为严重，这种观点就把自由变成了一个怪异的术语。”[63]他写道。

弗里德曼指责政府妨害个人自由，而萨缪尔森的观点则针锋相对，他认为在一个文明社会中，个人自由有时不得不受到限制。“我的独处就意味着你的寂寞，”他写道，“我独处的自由就意味着你失去了让人陪伴的自由。你‘歧视他人’的自由就是否定了我‘参与’的自由。”[64]

萨缪尔森相信，弗里德曼对自由主义价值观的拥护和对市场绝对自由的信仰，消除了由民主制衡机制所施加的约束，鼓励了对无政府主义的向往，而这最终会使社会受到侵蚀。保守主义者和古典自由主义者相信，现代自由主义的极端形式会产生一位独裁者，即奥威尔式的国家，萨缪尔森则反唇相讥，认为过度沉迷于古典自由主义则会导致相反的结果，即一个地狱般的处境，个人主义肆意盛行，陷入无政府主义的混乱之中。

“现代城市人满为患。个人主义和无政府主义将会导致四分五裂。我们现在必须协调一致，相互合作。”萨缪尔森写道：

> 当引入红绿灯时，我们通过合作和强制为自己创造出了更大的自由，尽管个人主义的领军人物可能不喜欢这一新秩序。不受约束的自由这一原则被放弃了。现在，这不过就是一个争论不休的术语问题。[65]

萨缪尔森嘲弄“对术语争论不休”，意在回应凯恩斯和哈耶克的争论。在那次争论中，凯恩斯提醒哈耶克，一旦有关市场优点的绝对原则让位于人道主义的进步，比如提供全民医疗和失业保险，在《通往奴役之路》中，哈耶克认为这样做是正确的，那么剩下的唯一问题就是在国家和市场之间清楚地画出一条线来。

但是，萨缪尔森并不拥护政府行动本身。他意识到，太多的政府干预可能不利于实现一个秩序良好的经济。“将市场能够解决的交由市场来解决，这是合乎道德的，”他写道，“政府支出源自最高尚的人类动机，这并不能成为不明智的或无效率的政府开支的理由。政府就像卡萨诺瓦一样，经常不懂得何时应该停止。”[66]

然而，弗里德曼相信，政府行为是对个人财富的合法侵害，原因是政治家和政府雇员均秉持不合理的信念，即他们最懂得对社会其余人而言什么是有益的。与哈耶克一样，弗里德曼认为市场才是反映民众意愿的最佳途径，而不是公务员。“没有什么比下面这种信念错得更离谱的了，即秩序需要集中的指导，”弗里德曼写道，“‘综合性政策’以及让‘某人’用其他人的钱来实施这些政策，是我们当前很多问题产生的根源，而且这种情况还会继续下去。”[67]

相对于市场，萨缪尔森更钟情于民主程序。他认为后者更公平、更仁慈、更文明。“在已有的发明中，民主是一种最伟大的共同再保险制度。如果我们看到一位朋友失去了工作并且得到补偿，我们每个人都会说，‘若非供求的原因，我也在劫难逃’”他写道[68]：

从个人角度并且认识到我们受制于失业和贫困带来的未知的危险，我们机智地选择了现代福利国家这种相互再保险的机制，而且知道若非上帝的恩赐，丧钟将为我们而鸣。你的伤痛就是我的伤痛，也就是说，对于同一灾祸，我们所有人都是受灾者。[69]

按照萨缪尔森的观点，依靠自由放任的思想来提供抵御灾祸的保障，不过是痴心妄想而已。没有一个真正的自由市场曾经存在过。凯恩斯主义者也不是导致伊甸园失落的罪魁祸首。“中产阶级的强烈反对和纳税人的激烈反抗并不能恢复……自由放任，”萨缪尔森写道，“右派的科幻小说与左派和中间派的是一样的。可以阅读并且乐在其中，但是不要把你的希望寄托于不切实际的幻想。”[70]他斥责那些相信自由市场经济学的人似乎把它当成了一种宗教信念。正如萨缪尔森所言，“我的本行是经济学，而不是神学”[71]。

萨缪尔森争辩说，强有力的个人主义激发了“自力更生”的企业家干劲十足、勇往直前的精神，这能够为其他人创造财富和稳定，这种观念不过是一个保守主义的神话而已。他说，与之相反的，对于为企业家成功提供基本条件而言，社会，一个秩序良好、治理得当的社会总是发挥关键作用。

萨缪尔森引用了英国自由主义社会学家霍布豪斯的一段话[72]：

产业组织者认为他靠着自力更生取得了自身的成就并创建了自己的企业，但是他会发现，是整个社会体系为其准备好了熟练的工人、机器设备、市场、和平与秩序，这包括无数的组织机构、普遍的社会氛围以及数百万人和数十代人的共同创造。如果没有这一切社会因素，鲁滨逊·克鲁索就无法从船只遇难中获救，他也无法获得已有的知识，有的只是一个依靠树根、浆果和昆虫为生的原始的野蛮人。[73]

由于仍然对20世纪50年代的猎巫行动记忆犹新，萨缪尔森坚决否认，那些赞同政府应对经济进行合理管理的人是某种形式的“反美分子”，或者背叛了先驱们确立的自由企业这一神圣教义。他写道，“对于绝大多数美国人而言，保持政府预算平衡并处于低水平以及政府将关键的经济决策交由市场来决定，这些过时的信念不过是一种空想，就像杰出的美国浸礼会福音传道者葛培理对教义的阐释不再是标准的美国习俗一样”[74]。

萨缪尔森写道，有很多事情是自由市场的力量所无法实现的，应当记住，它仅是一种与善恶无关的交易机制，而不是一种具有道德含义的社会组织方式。有时政府被迫进行干预。当这种情况发生时，这是出于道德和人道主义价值观的考虑，而不是由于带有某种标记的经济学。

“在解决贫民区和贫困问题时，私人企业是无法替代政府计划的。”[75]萨缪尔森在1968年写道。十年之后，林登·约翰逊的前任国防部长、时任世界银行总裁的罗伯特·麦克纳马拉[76]承认，世界银行在非洲的项目表明自由企业无法治愈贫困，此时萨缪尔森写道，“我要向罗伯特·麦克纳马拉的独具慧眼致敬，他承认仅靠成功的市场力量无法缓解极度的不平等和令人绝望的贫困问题”[77]。

萨缪尔森暗示，除非政府干预市场，从而促进经济增长，实现繁荣，使民众的生活变得更加富裕，否则就会付出政治代价。“如果政府不通过税收和支出项目来激励企业，就不可能指望企业在解决我们的城市问题方面取得任何进展，”他写道，“在商言商是企业的本分。它的消费者总是对的。而被企业奉为国王的消费者同时也是选民。”[78]

萨缪尔森相信，他与弗里德曼争论的核心之处在于，对于个人应当在社会中扮演何种角色，两人的观点相互对立。弗里德曼坚决主张，自利是确保社会为了多数人的利益而正常运转的永恒动力，亚当·斯密[79]在其《国富论》中也表达了相同的观点。“就像亚当·斯密在二百多年以前所写的那样，”弗里德曼写道，“在市场经济中，人们本来只是为了自己的私利而行动，却被一只看不见的手指引着服务于公共利益，而这本来并非他们想要实现的目标。”[80]

但是，对于萨缪尔森而言，斯密是其时代和环境的产物，即18世纪处于启蒙运动时期的苏格兰。到了20世纪中期，斯密有关自利的作用和市场的角色的信念不再适用。“斯密本人就是一名我们今天所讲的实用主义者，”萨缪尔森写道，“他明白垄断的因素始终伴随着自由放任。”[81]

萨缪尔森坚决认为，斯密反对政府干预是由于政府工作人员总是缺乏足够的能力，而不是因为他反对公民对政府的参与。在斯密所处的年代，爱丁堡由市政府运营得很好，确保个人自由与个人义务和职责同时实现。在这座城市扩展到“新城”时，这一点体现得最为明显。这座具有乔治国王时代风格的样板城市由私人提供资金，城市规划者按照严格而合理的设计方案进行开发，并禁止个人偏离这一规划。

“斯密了解乔治三世的行政部门才干如何，”萨缪尔森写道，“当政府试图解决垄断造成的危害时，斯密相信政府这样做弊大于利。斯密如果能够活到今天，从实用主义的角度出发，他会赞同反垄断的《谢尔曼法案》[82]和更为强力的反托拉斯立法，甚至赞同对公共事业的广泛规制。”[83]

弗里德曼和其他保守主义者喜欢援引斯密。萨缪尔森心平气和地对其进行了反驳，他继续说，“彻头彻尾的个人主义者跳过了这些实际的缺陷而自我感觉良好，并集中关注亚当·斯密有关看不见的手的华丽篇章。斯密发现看不见的手引导每个自利的个人为公共利益做出最大的贡献”[84]。

弗里德曼引用斯密的观点争辩道，经济中的每件事物都是或者说都应该是由个人的自利驱动的，而萨缪尔森则认为，对于一个真正开化的国家而言，为了引导它的方向，仅有不受限制的自由市场是不够的。“对于私人利润的追逐并不能使我们的河流和空气免于被致癌物质所污染，”他写道，“自利不会让你我去雇佣一支陆军和海军来保护这个体制，而正是这个体制让我们可以成为实干家和个人效用最大化者。”[85]

萨缪尔森认为，除此之外，忽略市场无法实现的目标不仅是错误的，也是不道德的。社会中的个人需要得到保护，免受自由市场很多负面的影响。那些为市场不利于社会的消极影响辩护并强调只有市场力量重要的人，不仅是可悲的落伍者——“那些花时间正儿八经研究经济学的人，我指的是现代经济学，不是你的叔公阿尔杰农那个时代的经济学……”[86]而且生活在一个危险的白日梦中。

萨缪尔森和弗里德曼关于市场优点的严重分歧，本质上属于哲学范畴，无论他们争论多长时间，分歧也不会缩小。但是，一件极为现实的事务使他们之间的意见分歧变得更为鲜明，在60年代行将结束时这一现象席卷全球，即价格增速的快速上涨使西方经济陷入了动荡。

自二战结束以后，温和的通货膨胀持续了二十年的时间，不久之后就变成了恶性通货膨胀，这会使经济变得脆弱。这种现象在一战之后的奥地利出现过，并促使哈耶克警告所有人都要当心凯恩斯主义的危险。随着通货膨胀失控的现象在发达国家变得越来越普遍，使社会结构面临受侵蚀的危险，统治者们求助于经济学家，询问应当如何制止通货膨胀。

就应对严重通货膨胀的最佳方案，萨缪尔森和弗里德曼都在其专栏中向政治领导人提出了各自的建议，他们不可避免地采取了相互对立的立场。于是，在他们接下来有关经济思想的论战中，抗击通胀，即通胀产生的原因及其可能的应对方法，成了主战场。

第七章

货币至上

> 凯恩斯说，繁荣靠的是使商品需求保持在高位。但是弗里德曼主张回到早先的议题，即经济学研究的是货币，而且除此之外别无他物。

20 世纪 60 年代中期对于弗里德曼而言是一个繁忙的时期，他同时从事几个项目的研究，但是目标只有一个，即通过推翻凯恩斯思想遗产的关键内容，确立自己作为经济学重要思想家的声誉。虽然他没有公开表明自己的雄心壮志，但是他所做的每件事的目标都是成功地在凯恩斯的理论遗产上刻上一个不可磨灭的标志。正是通过剖析凯恩斯的思想，弗里德曼试图找到新的理论基础。

弗里德曼短暂的英国剑桥之旅使他遇到了凯恩斯的剑桥马戏团成员，并与他们展开了争论，他与弗里德里希·哈耶克这位凯恩斯宿敌的交往为他提供了枪炮弹药，帮助他提出了对凯恩斯主义霸权统治的质疑。尽管并非只有弗里德曼一个人在努力指出了凯恩斯思想中的瑕疵，但是正是他剥夺了凯恩斯至高无上的地位。

弗里德曼最有资格承担起这项重任。他思想敏锐，思路清晰；坚守己见，心无旁骛，专注于眼前的工作；性格坚韧，不惧学术权威的批评，并且懂得如何赢得公众的关注。为了击败凯恩斯主义，弗里德曼形成了一个重要的思想，即货币流通速度是引发通货膨胀的唯一原因。萨缪尔森提醒乔治·加维[1]这位货币主义的头号批评家和研究货币流通速度的权威专家，托马斯·库恩[2]在其《科学革命的结构》中论述了范式转变是如何发生的，即“用一种理论杀死另外一种理论”。

弗里德曼主要的出发点之一，是凯恩斯早期的一部著作，尽管这本书在出版时其作者尚未引起人们的注意。在一战之后的那些年里，凯恩斯每年夏天都要去英国剑桥讲课，讲课的内容会以专著的形式在当年的秋天出版。从这方面来看，凯恩斯完全是一位自我推销的企业家。1923 年夏天，凯恩斯将这些讲稿收集在一起，编成了《货币改革论》一书。在这部著作中，这位世界上最著名的经济学家批评了货币数量论，即流通中的货币数量和货币换手的速度（货币流通速度）直接联系到商品和劳务的价格。对于凯恩斯而言，这不过是通往《通论》道路上另一个被遗弃的小站。然而，凯恩斯的传记作者罗伯特·斯基德尔斯基[3]认定《货币改革论》是宏观经济学的起点，即将经济作为一个整体来研究，包括通货膨胀、增长、利率、就业及其相互之间的关系。这与微观经济学不同，后者是将单个的经济活动分开来研究的。

《货币改革论》为像弗里德曼这样的反对凯恩斯主义的革命者提供了灵感。“我与极少数职业经济学家一样，将《货币改革论》而不是《通论》视为凯恩斯最好的经济学专著，”弗里德曼在 1989 年写道，“甚至在过了 65 年以后，它不仅值得一读，而且仍对经济政策发挥着重要影响。”[4]弗里德曼经常引用的一句俏皮话，即“通货膨胀是未经立法的税收”，就是取自《货币改革论》其中一章的标题：“通货膨胀作为一种税收工具。”

凯恩斯在《货币改革论》中断言，一般价格水平与经济体系中的货币数量和流通速度直接相关，这进而反映了经济活动的状况。如果可以通过银行对信贷供给的配给来控制货币供给，那么就可以对通货膨胀和经济增长进行调节。凯恩斯在《货币改革论》中对经济调节的必要性做了强有力的说明。经济调节可以通过控制货币的涨落以及与之相伴的价格起伏，来熨平周期波动。

认为可以而且应当对经济进行调节，这种理念曾经引发争论，而且对某些保守主义经济学家而言，质疑之声仍未平息。对经济的调节提升了政府官员和经济学家的重要性和权力，这意味着他们的能力和判断要与市场力量这只看不见的手一较高下。弗里德曼同意凯恩斯关于政府能够调节经济的观点，他也相信，中央银行通过控制注入经济体系中的新增货币的数量，不仅可以而且应该对价格进行调节。但是这种行为遭到了包括哈耶克在内的自由市场的拥护者猛烈的批评。

像哈耶克这样的奥地利经济学家相信，这种方法必将失败，因为对于精准地调控经济运行而言，没有人掌握足够多的信息。按照哈耶克的观点，最好让市场自己来调整。他一直抱怨，弗里德曼更接近凯恩斯，而哈耶克与他们两个人的距离都比较远。“从某个方面来讲，米尔顿·弗里德曼仍是一名凯恩斯主义者，这不是指他的货币理论，而是指他的方法论。”哈耶克解释说。按照哈耶克的说法，由于接受了宏观经济学这一凯恩斯创建的经济学分支的假设前提，弗里德曼犯了一个严重的逻辑错误，“这极大地违背了他自己原本的意图。”他继续说：

米尔顿·弗里德曼是宏观经济学的布道者之一。他的理论基于统计数量之间假定存在的规律性。他坚定地认为，通过历史经验他已经证明了在货币总量和价格水平之间存在一种简单的相关性……没有人知道货币总量是指什么，货币有如此多不同的含义……总量、总额、平均数和统计数据无法替代有关每个单一价格以及它们之间相互关系的知识细节，而正是这些知识指引着经济活动。试图去克服我们知识的局限，只能是一种错误的尝试。[5]

弗里德曼更同意凯恩斯的宏观经济学，而不是加入了奥地利学派，这触怒了哈耶克。奥地利学派只专注于微观经济活动。不仅如此，弗里德曼相信货币供给应当受到中央银行的控制，从而使价格不会失控，这也使得他在关于政府是否应当调节经济的辩论中坚定地站在了凯恩斯主义的一方。哈耶克可能永远都不会原谅他。

凯恩斯的《货币改革论》还预见到了未来经济学思想的一个潮流，即"理性预期"的理念，即经济行为人在做决策时，由于他们会有意识地预期价格的涨落或其他经济形势的变化，于是商品的价格会反映这些预期。在《货币改革论》中，凯恩斯描述了企业主和消费者如何左右闪躲，以将价格变化产生的破坏最小化。他们努力避免价格变动导致最糟糕的结果，这在经济分析中应当予以考虑。比如说，如果一名进口商察觉到由于歉收或者缺少采摘水果的工人，柑橘很快就会短缺，他将预测柑橘的价格可能上涨并相应地调整自己的价格。由于经济学家总是喜欢夸大、简化和概括，不久他们就根据"理性预期"的理念形成了如下的假设，即企业主能够完全掌握经济及其可能的变化方向，以及任何价格即时的变化。

经济主体会预期经济中发生什么，这就引出了那句经常被引用的名言，"在长期我们都死了"[6]。这句话最早出现在《货币改革论》中。凯恩斯注意到，货币数量论[7]在将价格与货币数量联系起来时，假定如果货币数量增加一倍，其长期价格也会增加一倍。但是他争辩说，在货币数量和价格水平最终一致起来之前，那些持有货币或者获得了信贷的人预期价格会上涨，于是就可能相应地花掉他们持有的现金。因此，在新的均衡实现之前，即流通中的货币数量倍增导致价格倍增之前，价格将会上涨，但不会增长一倍。

凯恩斯断言货币数量与价格直接相关的简单假定是正确的，但并非故事的全部。“货币流通速度”而非货币数量才是理解货币变化与价格变化之间关系的关键因素。与其在后来的《通论》中提出的“乘数”概念非常相似，即由于随着时间的推移货币可以换手很多次，当1美元从一个人手中转到另外一个人手中时，1美元的支出就会产生“乘数”效应，凯恩斯在《货币改革论》中认为，导致价格变化的不仅是流通中货币的数量，还有货币换手的速度。当经济活动加速时，任何由于银行贷款或政府债券的出售而产生的“新”货币似乎都会带来更多的交易，而当经济减速时，价格也将平稳下来。

凯恩斯再次质疑，等待经济实现最终的均衡并且价格保持不变，这样做是否明智。“如果在暴风雨的季节，经济学家只会告诉我们，在很久之后暴风雨过去，大海就会平复下来，那他们给自己设定的任务就太简单了，也太无用了。”[8]他宣称，价格的任意涨落对于企业是一种浪费和伤害，甚至有时会威胁到社会的稳定。政府应当通过引导银行收紧或放松信贷来控制货币供给，从而约束价格的变化，而不是在出现这种混乱局面时袖手旁观。

萨缪尔森同意弗里德曼对凯恩斯《货币改革论》一书价值的判断。他的“新古典综合”试图将古典经济学和凯恩斯主义的理念中各自的长处结合起来。“新古典综合”承认凯恩斯在《货币改革论》中很多关于货币的论述都是正确的。“我认为20世纪20年代的凯恩斯主义，也就是写作《货币改革论》

时的凯恩斯，论述的是市场经济良好运转的条件是什么。在你逆风而行时，最好做到足够明智。”[9]他说。

在开始为《新闻周刊》撰写专栏之前的20年中，弗里德曼沿着几个不同的阵线向凯恩斯主义发起攻击。1956年，弗里德曼为芝加哥大学出版社编了一本学术论文集[10]，他在该书的引言中打响了第一枪。

在1936年《通论》出版后，凯恩斯对大萧条的解释和应对方案迅速被美国经济学家奉为权威观点。在20世纪30年代接下来的时间里，凯恩斯主义经济学家试图驯服经济周期，以避免在经济落入低谷时由于需求暴跌而出现大规模失业，在经济达到高峰时则减少公共支出，以抑制由于过多的货币追逐过少的商品而形成的高通胀。凯恩斯经济学家认为，只借助于税收和公共支出这些财政手段，他们就能够调节经济，并将其不利于社会利益的影响最小化。

在《通论》中，凯恩斯试图提出一个理论，以解释货币数量和流通速度与价格变动之间的联系。他得出的结论是，涉及的变量如此之多且无法估量，尽管货币供给和通货膨胀之间的联系大体上仍是正确的，但是它们之间相互关系的“极端复杂性”导致很难提出一个能够应用于实际的理论[11]。依据《通论》所提供的线索，凯恩斯主义者贬低货币数量论的价值，对其采取了无视或嘲讽的态度。他们说，货币不再重要了。然而，弗里德曼在《货币数量论：一种重新表述》这本论文集中发出的主要信息就是，货币是重要的。他自己对这本论文集的贡献就是用了大量的方程极为详尽地重申了货币数量论的原则。他说，“在1929年经济崩溃和接踵而至的大萧条之后，货币数量论声名狼藉，只是到了最近一段时间，才缓慢地重新赢得了学术界的尊重”[12]。

弗里德曼决定将这些他称之为被遗忘很久的论文重新出版，“部分地表明了这一理论重新兴起的迹象，部分地承续一个非正统的传统”。他说，可以在芝加哥大学找到这种传统，尽管自1936年以来凯恩斯主义兴起了，但在这里，“货币数量论仍是这一口口相传的传统最为核心和富有活力的一部分”。按照弗里德曼的说法，在芝加哥，这一理论不仅通过口头传授而保持活力，而且不断被修改和打磨。这“与新凯恩斯主义收入–支出法的倡导者经常描述的那种萎缩和僵化的形象，迥然不同”[13]。

由于芝加哥经济学系独特的研究方法“不是一个僵化的体系或者一种一成不变的正统学说，而是一种观察事物的方法”，弗里德曼讲道，之前没有人仔细梳理芝大始终坚守的这种货币数量论，他称其为“主张货币重要的一种理论方法”。这一理论方法认为，“任何对经济活动短期变化的解释，如果忽略了货币的变化及其产生的影响，如果没有解释为何人们现在愿意持有名义货币的特定数量，就有可能产生严重的错误”。

按照弗里德曼的观点，芝加哥经济学的杰出人物亨利·西蒙斯和劳埃德·明兹以及弗兰克·奈特和雅各布·维纳，发展出了货币数量论一个更为精细的版本。在这一理论中，他们整合了一般价格理论，从而使其成为一个解释经济活动变化并提出政策建议的工具。

尽管此时的弗里德曼很少对货币数量论做出过大胆的论断，但是重新出版这些坚持认为这一理念切中要害的论文，而且这一理念被主流经济学家广泛地斥为谬论，这一简单的举动就是一种有意识的挑衅。凯恩斯主义者大多对弗里德曼的论文集保持沉默，并且认为他沉迷于过去而无法自拔。

萨缪尔森在注意到弗里德曼复兴货币数量论的努力时并没有感觉受到了威胁，而是抱有一丝嘲讽。芝加哥通过口口相传的方式在私下里讲授货币数量论，在他看来这是一则新闻，就像早期的基督徒凭记忆学习圣经，然后再将其复述给其他的基督徒。尽管萨缪尔森当时未做公开的评论，但是后来他怀疑芝加哥是否真的有过这种“口头传授的传统”。“我在那儿待过，非常了解所有的当事人，还做了课堂笔记。”[14] 他回忆说。在他大量的课程笔记中，他想不起也找不到有任何的迹象，能够表明货币数量论在芝加哥保持了活力。

但是，如果弗里德曼对货币数量论的重新表述是基于错误的记忆，那么他复兴这一理论的尝试就指明了未来前进的方向。接下来的十年见证了弗里德曼的成果喷薄而出，并且全部围绕着一个思想：货币数量论仍然有效；货币仍然重要。

在接下来的 1957 年，弗里德曼的论文《消费函数理论》试图推翻凯恩斯《通论》中的一个关键要素，即“消费倾向”。这是指相对于储蓄而言，在新的收入中人们的消费所占的比例。凯恩斯曾经断言，个人的收入越多，就越有可能将新的收入用于储蓄而不是消费。相反，随着收入的下降，储蓄倾向将会降低。这一思想对凯恩斯的“乘数”概念至关重要。乘数概念表明，一国收入通过公共支出或减税每增加的 1 美元，将被多次花掉，这就使得经济得到了远超过其成本的刺激。凯恩斯主义者相信，为了刺激低迷的经济，必须形成更大的商品需求，从而促进经济活动、投资和就业机会，他们断言，政府最好将刺激经济的新货币给予穷人，因为与富人不同，他们会毫不犹豫地花掉最后 1 分钱。

为了检验凯恩斯的假定，弗里德曼梳理了 50 年美国家庭预算的数据[15]，并且得出结论，与凯恩斯的观点相反，人们做出支出决策时不是根据自己当前的收入，而是根据他们“永久性收入”的状况，即一个人预期长期能够挣得的收入数量。所以，弗里德曼认为当前的收入并不能说明一个人会将新的收入储蓄起来还是将其花掉。于是他断言，凯恩斯假定用于迅速刺激经济的货币将会被花掉是错误的，无论这笔钱来自减税还是来自政府在公共工程方面的支出。这将削弱经济刺激政策预期的乘数效应[16]。

1960年，弗里德曼受邀为《大英百科全书》[17]撰写一条关于货币的词条。这次是为了修订已经过时的1929年出版的第14版，代之以新的第15版，并最终于1979年出版。令弗里德曼感到惊讶的是，受邀修改凯恩斯这一词条的是他而不是萨缪尔森。弗里德曼将其撰写的词条寄给了萨缪尔森，请他评论一下。“我不想质疑你有关货币的信念”，萨缪尔森写道，但是这一词条“没有体现出你的水平”。“你将凯恩斯主义概括为除货币数量论以外的另一种选择，其态度就像是一个由通情达理的经济学家组成的陪审团，他们掌握关于这一问题的各种信息，但是极为缺乏足够的才能”。他说，由于仅仅关注约翰·希克斯改编的《通论》的“极度萧条版本”，读者将对《通论》中的宏观经济模型产生错误的印象，因为希克斯将凯恩斯复杂的推理简化为一个简单的方程。

根据萨缪尔森的观点，弗里德曼所犯错误的核心集中在测算经济中货币的一种方式。如果中央银行想要较有信心地干预市场，一个重要的前提条件就是准确地界定要测算哪些货币，以及如何精准地测度货币的数量，但是即使对于货币学家而言，这也被证明是非常困难的。萨缪尔森批评弗里德曼误解了M1的数值。M1是衡量经济中货币数量的诸多方法中的一种[18]。“否定M1的数量是无限的，并不意味着相信它就是零。”[19]他写道。

对于萨缪尔森的主要指控，即他误解了凯恩斯在《通论》中对货币理论的解释，弗里德曼回复道，“《大英百科全书》中对凯恩斯主义理论的介绍当然不能面面俱到”，“我对凯恩斯主义理论的评论本来就没有想以详尽细致的方式呈现给读者，而且对货币数量论本身发展的论述也压缩到了最小的程度，只要让人能够理解即可。我想要强调的是，现在的货币数量论这一方法在多大程度上来自凯恩斯的启发。但是很明显，我并没有做到这一点”。他说自己会重写令人不悦的部分内容，尽管“我不太确定是否能成功”[20]。

弗里德曼将重写的部分寄给了萨缪尔森，后者认为它“仅在一个次要方面有所改进”。引起争论的是一组被归之于凯恩斯的信念，萨缪尔森认为应当直接将其删除。“像这样把一些观点归之于‘凯恩斯的某些弟子’，”萨缪尔森说，“他的弟子是一个由各色人等组成的群体，在他们中间你可以找到抱有任何信念的人。”他责备弗里德曼没有追踪“后凯恩斯经济学的文献”。他向索洛、莫迪利亚尼、托宾和其他人展示了弗里德曼修改后的词条，承认要让他和他那些秉持凯恩斯主义的朋友们满意，是一件“费力不讨好的任务”。但是，若要让这一词条“保持客观并切中要害”，弗里德曼应当再试一试。就像凯恩斯在评论哈耶克的《价格与生产》一书时对皮埃罗·斯拉法[21]所讲的，“我禁不住想，其中有些内容非常有趣，”[22]萨缪尔森在结尾处写道，“就像所有的当代经济学家一样，仔细阅读你的著作让我受益良多。”[23]

弗里德曼强有力地捍卫了自己的观点，认为“你和那些你咨询的人反对的东西太多太多了”。“我从头至尾阅读了凯恩斯《通论》的相关章节，”他写道，“由此，我相信把那些观点归之于他是正确的。”他试图回答的问题是，“为何……对于有关货币在经济中的作用的观念，凯恩斯革命产生了如此显著的影响”[24]。

当萨缪尔森在德保罗大学的演讲中批评弗里德曼顽固坚持货币数量论时，弗里德曼很快就开始抱怨。“我欢迎批评，不管是建设性的还是恶意的，但是不要简单地歪曲我的观点。”[25]他写道。萨缪尔森反唇相讥。“我在德保罗大学攻击的货币主义是一个稻草人，但它不是我制造出来的。”他回应说，

“我读了你的一篇论文，在这篇论文中你表示自己赞同1940年凯恩斯主义者所信奉的一组方程，这自然让我感到很高兴。从这篇论文看来，你未来将会进一步构建并扩展这组方程，就像莫迪利亚尼、詹姆斯·托宾[26]和其他人此后30年所做的工作一样。”[27]

《大英百科全书》出版了弗里德曼关于货币的文章，尽管保留的时间并不长。艾伦·梅尔策[28]是美联储研究货币政策的专家，他受邀为1986年的版本修订有关货币的词条。他将文章的复印件寄给了弗里德曼，并收到了一封“富有洞见，帮助很大且谦逊有礼”的回复[29]。不久之后，修订后的词条就署上两个人的名字出版了。

弗里德曼知道，他无法说服凯恩斯主义者相信货币数量论的优点。数年之后，他被问到自己最有趣的失误是什么，弗里德曼的回答是，“尝试让凯恩斯主义者改用我的货币理论架构……我天真地认为，通过将我的思想用凯恩斯主义的语言表述出来，我会让凯恩斯主义者有所改变”[30]。

在其《消费函数理论》中，弗里德曼给了凯恩斯《通论》中的一个关键要素一记重拳。在此之后，1963年弗里德曼发起了截至当时对凯恩斯主义思想最强有力的攻击。他和安娜·施瓦茨用了20年的时间整理了很多来源不同的数据，描述了过去100年货币数量在美国经济活动中扮演的角色。他们注意到人们在其储蓄账户中持有的现金数量以及银行存款与银行准备金的比率，不仅考察现金，还考察了被用作现金的其他金融工具。弗里德曼得出的结论是，数据表明流通中的货币数量与美联储采取的提高或降低利率的行动密切相关，因此货币数量论仍然有效。

弗里德曼和施瓦茨在20世纪40年代开始他们史诗般的研究，但是直到1963年他们才在《美国货币史》[31]中公布了自己的发现。他们的结论颠覆了已有的观念。在他们的解释出现之前，人们一般认为大萧条是由投资者和消费者的信心崩溃以及惩罚性的高利率等因素引起的。弗里德曼和施瓦茨试图证明并非如此。

在他们这部杰作的最后一章，两人集中关注 1920 ～ 1940 年发生的各类事件。在一战以后的十年中，美国经济极度繁荣，美国人在“奔腾的 20 年代”沉迷于轻率的奢侈消费。但是，在持续数年的繁荣之后，股票市场在 1929 年崩溃了，冲击的浪潮席卷全球。美国经济减速之后陷入停滞。银行耗尽了现金，拒绝提供贷款，其中很多家银行永远地倒闭了。财富灰飞烟灭。破产的投资者自杀身亡。在整个 30 年代，大萧条令全世界处于贫困状态，数百万人找不到工作。

发生了什么？谁又应该为此负责？凯恩斯和其他一些人提供了一个简单的解释，认为经济萧条是过多货币追逐过少商品而导致的必然结果，这催生了股票市场和一般价格水平的泡沫，并于 1929 年 10 月 24 日至 29 日戏剧性地崩溃了。弗里德曼和施瓦茨的结论则截然不同。他们认为，大萧条不是市场过度繁荣的结果，而是由于美联储未能通过低利率的借款将足够多的美元注入经济，以阻止流动性的长期匮乏，这最终使得如此众多的银行倒闭，企业破产。

两人注意到美联储在 1920 年提高了再贴现率，并在华尔街崩溃两年之后的 1931 年再次提高，然后在 1937 年提高了法定准备金率，这些措施和其他联邦政府的政策一起导致了 1937 年的“罗斯福衰退”。弗里德曼和施瓦茨发现，这三次提高利率或准备金率与近一个世纪以来货币供给三次剧烈的收缩密切相关，并且在利率或准备金率提高的同时，工业产出也经历了急剧的下降，分别下降了 30%、24% 和 34%。弗里德曼断言，更准确地说，大萧条应当被称为大收缩，以反映危机产生的根源在于货币供给的变化。

《美国货币史》立即成为一部经典著作。弗里德曼和施瓦茨的方法严谨而科学：他们采纳了货币数量论，然后考察货币供给随着时间而发生的变化，以确定这些变化与历史事件是否吻合。弗里德曼和施瓦茨所做的主要工作是扩大了使用的档案范围，并努力搞清楚经验证据的确切含义，而不是像凯恩斯那样依靠直觉，这让绝大多数的经济学家和经济史学家确信，两人成功揭示了大萧条的真正原因。通过重新启用货币数量论，弗里德曼将其改造成一种可以预测经济变化的有效工具。

《美国货币史》是一个典型的例证，表明弗里德曼和萨缪尔森以极为不同的方法寻求经济现象的解释。与凯恩斯一样，萨缪尔森依靠直觉。萨缪尔森无数的学术论文都以一个内涵丰富的猜测开始，然后通过数学方程检验它是否成立。弗里德曼的研究方法有很大的不同。他先提出一个可能的理论，然后寻找历史统计数据来检验它。

那些未接受过科学训练的人可能猜测弗里德曼的方法更有说服力，因为它用事实来检验各种主张。但是萨缪尔森和凯恩斯所采用的方法论，即提出猜想并给出数学证明，在所有物理和社会科学中都是司空见惯的事。很多科学思想的重大突破，比如DNA是一种双螺旋结构、原子裂变的结果、地球围绕太阳公转以及地球引力如何发挥作用，都是基于推理而不是实验结果。通常在一个问题从逻辑上已经解决之后很久，才会使用实验的方法来检验其有效性。萨缪尔森固执地认为，直觉而不是将大量的时间用于处理数据，才是发现的关键。亚瑟·伯恩斯[32]是促使弗里德曼和施瓦茨开始他们货币研究的人。萨缪尔森告诉他，在做经济预测时，“回归思想”要优于“电脑的回归”。当被问到“你认为电脑替代你需要多长时间”时，萨缪尔森的回答是，

“100 万年都不会”[33]。

《美国货币史》激起的波澜尚未平息，弗里德曼就开始再次向凯恩斯主义者发起攻击。1967 年，弗里德曼受邀于 12 月 29 日在华盛顿发表美国经济学会主席演讲。这是一个声名显赫的讲台，由最为杰出的美国经济学家[34]做主旨演讲。弗里德曼借用了凯恩斯的《货币改革论》，将演讲题目定为“货币政策的角色”[35]。这篇演讲成为正在兴起的弗里德曼货币主义的理论基石。弗里德曼提出的主要命题是，如果“货币流通速度”这一凯恩斯在《货币改革论》中界定的概念受到管制，从而只允许价格以温和且稳定的速度上涨，那么经济增长与繁荣将实现最大化。

对弗里德曼而言，在美国经济学会上的演讲是他迈出的重要一步，进一步奠定了他在经济思想史上的重要地位。尽管他的理论源自凯恩斯的《货币改革论》，但是弗里德曼在美国经济学会上要做的是埋葬凯恩斯，而不是颂扬他。他首先批评了凯恩斯对于大萧条起源的解释，即认为大萧条的罪魁祸首是总需求不足。“凯恩斯摒弃了货币数量论，”弗里德曼说，“因为货币政策就像一条缰绳。你可以拽住它以阻止通货膨胀，但是你无法推动它以阻止衰退。你可以把一匹马牵到水边，但是你没有办法强制它喝水。”凯恩斯认为，如果需求极为低迷，就没有投资者愿意利用数量无限的廉价信贷。

弗里德曼解释说，按照凯恩斯的观点，20 世纪 30 年代持续的收缩之所以出现，“是由于投资的崩溃或者投资机会的短缺，又或者是顽固的节俭倾向，他认为这些都是货币政策无法阻止的”。弗里德曼认为，通过从《通论》这个视角来考察各种历史事件，凯恩斯解释了为何货币政策可能无法遏制大萧条，并从非货币的角度解释了大萧条的成因，同时还提出了除货币政策以外应对大萧条的其他选择。弗里德曼说，凯恩斯对经济衰退开出的药方就是财政政策。政府支出可以弥补私人投资的不足。减税可以削弱顽固的节俭倾向。

弗里德曼承认，货币数量论还没有这么过时，以至于经济学家从不将其视为可以替代财政政策进行经济调控的选项之一。弗里德曼说，只有“少数几个反动的灵魂”还忠诚于货币数量论。“货币不重要，”他说，“它只扮演让利率保持在低水平这一次要角色。”二战以后，当人们普遍预测战前的萧条会卷土重来时，上述思想导致了大量采用“廉价货币”的政策，即政府将利率保持在低水平，以最大限度地刺激经济活动。

弗里德曼争辩说，但是，将利率保持在不正常的低水平，政治家和顺从他们的经济学家正在玩火自焚。“当这些政策在一个又一个国家失败时，当一家又一家中央银行被迫放弃自欺欺人的假定，即它们可以无限期地将利率保持在低水平，它们就会遭遇一次猛烈的冲击。”他说，“结果，最为要紧的是由于廉价货币政策的刺激而产生的通货膨胀，而不是普遍预测的战后萧条。”然而，由凯恩斯主义财政政策推波助澜的通货膨胀表明货币数量确实重要，而凯恩斯主义经济学家对货币政策的错误认识导致价格上涨超过了必要的限度，弗里德曼说。意识到这一点意味着“对货币政策能力的信心开始恢复”。

然后，弗里德曼援引他与施瓦茨的研究作为证据。他认为，这项研究引发了“对 1929 ～ 1933 年货币所扮演角色的重新评估”。他描述了凯恩斯何以得出结论，认为尽管货币当局采取了积极的扩张性政策，大萧条还是发生了，这证明货币政策不足以阻止危机的爆发。但是弗里德曼认为凯恩斯的说法是错误的，因为“最近的研究，也就是弗里德曼自己的研究表明，事实恰好相反，美国货币当局遵循的是严厉的反通胀政策。在大萧条期间，美国的货币数量下降了 1/3”。

因此，按照弗里德曼的观点，这次经济衰退引发的人间惨剧完全是不必要的。“美联储迫使或允许基础货币急剧下降，因为它未能完成《联邦储备法案》指派给它的为银行体系提供流动性的职责。”他的结论是，“大收缩不幸地证明了货币政策的威力，而不是像凯恩斯和如此众多的同时代的人所相信的那样，证明了它的无能。”

弗里德曼说，凯恩斯认为应当用财政政策来刺激低迷的经济，这是错误的。用于公共工程和公共项目的支出促进经济活动的增加，所需的时间比预想的要长得多，因此，为了更快地刺激经济，政治家应当转向减税。他断言，现在经济学家们还没有广泛地接受这一点，即货币对经济的影响被低估了，“今天的经济学家几乎无法接受大约在20年前被当作共识的观点”。传统上认为货币的主要作用是保持价格稳定并维持美元价格相对于黄金价格的稳定，即维持“金本位”，而在战后时期主要强调货币政策的目标是让国家的每个人就业，抑制价格“仍是目标之一，但是绝对是次要目标”。

弗里德曼还没有准备好宣称只靠货币政策就能实现所有目标，这时他表现出少有的谨慎。他说，与20年代一样，“我们的危险在于为货币政策分派了一个更重要的角色，而这是它无法完成的，也就是要求它去完成那些它无法实现的目标”。

他先讲明了什么是货币政策能够做到的，什么是它无法完成的，并担心它被视为一剂万能灵药，原因之一就是“廉价货币政策的失败是反对愚蠢的凯恩斯主义的主要动力来源”。他说货币政策只能在非常有限的时期内盯住利率。它也只能在很短的时期内保持高就业。

自20世纪40年代开始，国会就命令美联储通过操纵利率将失业保持在最低水平。直到1977年，美联储才被命令要将通货膨胀维持在低水平或者可控制的水平。[36]弗里德曼描述了美联储降低利率的过程：他们在公开市场上购买政府债券，这会提高这些证券的价格，从而降低其收益率，也就是降低投资的回报，这反过来就会驱动利率下降。尽管通过购买证券暂时降低利率，可以增加流通中的货币数量，“但是这只是这个过程的开始，而不是结束。”弗里德曼说。有意识地让货币变得更为廉价可以增加支出，并由此暂时提高需求，但是“一个人的支出就是另外一个人的收入”。用不了一年的时间，由于美联储的政策而导致的收入增加反过来就会增加对贷款的需求并提高价格。“在一两年内”，将利率保持在不正常的低水平所产生的影响，“将使利率恢复到原本所处的水平”，即“自然利率”[37]，甚至更高的水平。

“让货币增长得更快会导致价格上涨，并让公众预期价格会继续上涨，”他说，“接着借款人就愿意接受更高的价格，而贷款人就会要求更高的利率。”

弗里德曼暂时偏离主题，稍微考察了一下他以后在说服政治家们控制货币是保持经济稳定和繁荣的关键时所面临的问题。他断言，“货币政策无法盯住利率”。这解释了“为何对于货币政策是‘紧’还是‘松’，利率是一个如此糟糕的指示器。因此，观察货币数量的变动速度要好得多。凯恩斯在《货币改革论》中称之为‘货币流动速度’”。但是，那些遵循弗里德曼的思路的人很快就会发现，货币流通速度说着容易，测度起来要难得多。这一潜在的问题使得弗里德曼的货币主义只能作为一个简单的概念，无论最终是对是错，都难以转变为政策。

弗里德曼表达了对一个关键的实际问题的关注。如果货币扩张倾向于刺激就业，而货币收缩会导致失业，他的问题是，“那么，货币当局为何不采用一个就业或者失业的目标，比如说 3% 的失业率；当失业率低于这一目标时就收紧货币，当失业率高于这一目标时就放松货币，并通过这一方式将失业率控制在比如3%？”他认为，原因还是在于行动与结果之间存在时滞。

他援引了克努特·维克塞尔[38]的研究，后者认为存在一个与“市场”利率不同的“自然”利率。“自然”利率是指由市场独自发挥作用，然后在市场稳定下来以后的利率水平，而“市场”利率是由货币当局决定的。他说，那些管制货币供给的人“只要借助于通货膨胀就可以让市场利率低于自然利率”“只需要通过通货紧缩就可以让市场利率高于自然利率”。

弗里德曼只需要在逻辑上迈出一小步，就可以从“自然”利率扩展到“自然”失业率，即如果货币当局或政府不利用财政政策来阻止失业从而扭曲市场，此时可能存在的失业率。他说，“在自然失业率水平下，实际工资率倾向于以‘正常’的长期平均速度上涨”。在这种情况下，“较低的失业率意味着存在对劳动的过度需求，这会对实际工资率产生向上的压力”，而“更高的失业率意味着存在对劳动的过度供给，这会对实际工资率产生向下的压力”。

对于弗里德曼而言，甚至“自然失业率”也不是非常“自然”，因为政府会采取维持充分就业的政策。在美国，联邦最低工资以及包括工会工资谈判在内的其他因素，“都会使自然失业率高于原本所处的水平”。工会通过与雇主签订“封闭工厂”协定形成垄断，这一协定只允许企业雇佣工会成员。萨缪尔森同意弗里德曼有关最低工资的观点。在其1970年版的教材中，他质疑道：“如果一个人知道雇主必须按照每小时2美元付给他工资，但实际上这一必须被支付的工资数量会让他无法得到这份工作，这能有什么好处呢？”[39]。

但是，弗里德曼坦率地承认，政策制定者以及经济学家面临的问题是，确定“自然”率是不可能的。“不幸的是，无论是利率还是失业率，我们目前还没有办法进行准确和方便的估计，”弗里德曼说，“而且‘自然’率本身也会随着时间的变化而变化。”货币当局任何根据“自然”率来矫正自己政策的尝试都注定会失败，因为“除了货币政策以外，各种各样的原因都会使‘市场’利率偏离‘自然’利率”[40]。

在他的演讲中，弗里德曼还开始否定凯恩斯主义者所珍视的最为重要的既定“事实”，即失业和通货膨胀之间存在一种稳定的、可度量的反向关系。当价格下降时，雇主对经济持观望态度并削减员工；当价格保持在高水平时，经济活动变动更为活跃，新的工作机会增加。通过调整利率，政府能够降低失业水平。这一就业和价格之间的关系是由威廉·菲利普斯[41]建立起来的。他在研究了英国一百年关于工资价格和失业的数据以后，于1960年发表了《1861～1957年英国失业和名义工资变化率之间的关系》一文，解释了凯恩斯关于这个问题的观点。

在弗里德曼的演讲中，他提供了菲利普斯曲线的反证。尽管“菲利普斯的分析值得当作一个重要的原创性贡献来庆祝”，但是它包含“一个基本缺陷，即未能区分名义工资和实际工资，即一名工人获得的货币数量与在考虑通货膨胀的情况下这些工资所能购买的商品和服务的数量”。“虽然通货膨胀和失业之间总是存在一种暂时性的此消彼长的关系，但是这种关系在长期是不存在的。”弗里德曼说。经过多长时间，自然失业率会重新恢复？“基于对一些历史证据的考察，即他对大萧条的研究”，弗里德曼的“个人判断”表明，一次比预期更高的通货膨胀最初产生的影响会持续两到五年的时间。完全调整到新的通货膨胀率可能需要长达二十年的时间。

与哈耶克一样，弗里德曼断言所有欺骗市场以创造虚假繁荣的尝试注定都会失败。

尽管货币当局可以利用它对名义数量的控制盯住某一名义量值，比如汇率、价格水平、名义国民收入的水平、根据这种方法或那种方法定义的货币的数量，或者盯住名义量值的变化率，即通货膨胀或通货紧缩的速度、名义国民收入的增长速度或衰退速度、货币数量的增长率，但是它无法利用对名义量值的控制来盯住某一实际量值，比如实际利率、失业率、实际国民收入的水平、实际货币数量、实际国民收入的增长速度或者实际货币数量的增长状况。

弗里德曼并不怀疑货币本身是一种伟大的发明，与很多使经济发生转型的技术发明和机器一样，在过去的二百年中，货币极大地促进了经济增长和普遍繁荣。但是，对于货币要小心应对。他警告说，“一旦货币失去了控制，就会影响其他所有机器运转”。

他说，在过去，像金本位这样的机制使货币处于稳定状态。在金本位下，通货的价格被黄金的价格固定下来。但是那样的日子转瞬即逝。“世界上很少有国家准备让金本位处于不受限制的统治地位，有很好的理由说明国家为何不应如此。”弗里德曼说。

控制货币供给可以阻止市场过度扩张，二战刚结束时的经济状况就是如此。当时，深受战争之苦的欧洲的重建，以及由于和平的到来和停止战争支出使人们预期世界经济将一片繁荣，这导致经济活动大幅高涨。货币政策不仅有助于抑制这类不可预期的因素，还能够应对凯恩斯主义政府支出所产生的影响。“与现在一样，如果联邦预算的膨胀可能导致赤字达到史无前例的规模，通过降低原本想要实现的货币增速，货币政策可以使通胀威胁处于可控的状态”。

但是还有一个问题悬而未决。弗里德曼报告说，所有通过货币政策来熨平经济活动的波峰与波谷的尝试都将失败，因为在美联储的行动与数月之后这一行动对经济产生影响之间存在时滞。他说，货币当局“倾向于根据今天的状况来决定他们的行动，但是只有到六个月、九个月、十二个月或者十五个月之后，他们的行动才会对经济产生影响。因此，根据情况不同，他们不得不踩刹车或者踩油门，这对他们来说太难了”。

那么，应当如何使用货币政策？弗里德曼承认答案并不清楚，因为增加或减少货币数量所产生的影响很难测度。他对那些希望确保通货膨胀速度保持稳定的货币当局的建议是，使货币供给保持稳定和缓慢的增长，每年在3%和5%之间。他并没有说明这些数字是如何得出的。

弗里德曼应付失控的通货膨胀的解决方案是，剥夺中央银行的自由裁量权，制定一个按照固定规则执行货币政策的制度，他相信这一制度通过使价格保持均衡和小幅上涨的趋势，能够为企业提供确定的经济环境。“稳定的货币增长将提供一种货币状况，有利于进取、独创、发明、勤奋和节俭这些基本动力有效地发挥作用，而这些动力才是经济增长的真正源泉，”他说，“就我们现阶段所具备的知识而言，我们要求货币政策所能做的最多也就这么多。”

弗里德曼知道，他力图驳斥菲利普斯提出的通货膨胀和失业之间此消彼长关系的可靠性，必然使其与萨缪尔森产生直接冲突。后者与其在麻省理工的同事索洛一起，支持菲利普斯所做研究[42]的有效性，并将这一理论称为“菲利普斯曲线”[43]。萨缪尔森和索洛的结论是，就业与价格之间的交换关系如此可靠，以至于这为政治领导人提供了一份可供选择的菜单。如果他们希望将失业率保持在某一低水平，他们可以以一定水平的通货膨胀为代价来实现这一点。他们对菲利普斯曲线的支持逐渐被视为“凯恩斯主义者的自负达到巅峰的标志，即经济就是一架机器，可以通过一个聪明睿智、无所不知、无所不能的政府调整到最佳状态”[44]。

根据这条曲线，这种取舍按照一定的比例进行。比如，为了将失业率保持在 3% 的水平，他们认为这实际上意味着充分就业，那么每年的价格需要上涨 5%。[45] 但是萨缪尔森和索洛非常精明，他们提出了一个警告，即就业和通货膨胀之间的这种关系可能在长期无法成立，因为对未来价格上涨的预期可能会开始提高工资要求，这会导致通货膨胀总体上处于更高的水平。

弗里德曼将火力集中在萨缪尔森和索洛的附加条件。他考察了二战以后就业和通货膨胀的数据，并得出了一个与菲利普斯不同的结论。从内心里，他不喜欢凯恩斯的假定，即你不需要付出任何东西（温和的通货膨胀），就可以获得某些东西（低失业）。这种不可兼得性正是哈耶克在 1931 年努力向凯恩斯证明的，但收效甚微。就像弗里德曼最著名的警句所讲的，“从来没有免费的午餐这回事”[46]。

弗里德曼并不是唯一对菲利普斯提出质疑的人。在伦敦经济学院，宾夕法尼亚大学的埃德蒙·费尔普斯与弗里德曼独立地做着类似的研究。他也坚定地认为历史上的就业和通货膨胀数据并不能支持菲利普斯大胆的主张[47]。弗里德曼和费尔普斯都认为，就像维克塞尔曾经提出的“自然利率”一样，存在一个“自然失业率”。一旦政府停止为了将失业人为地控制在低水平而干预市场，“自然失业率”就会恢复到本来的水平。

费尔普斯和弗里德曼各自独立地得出结论，即就业和更高价格水平之间的替代关系只在短期内成立，因为最终关于未来价格将会上涨的预期会导致通货膨胀上升。“产品市场和劳动市场的参与者将会懂得如何对通胀进行预期，”费尔普斯写道，“由于他们理性的和前瞻性的行为，菲利普斯曲线将会移动，并导致更严重的通货膨胀，随着预期不断向上修正，这一模式将重复出现。”费尔普斯预测，政府依靠菲利普斯曲线来维持充分就业，将会招致祸端。他们的行动将会导致“工资和价格的螺旋式上涨”，然后就会出现像魏玛共和国那样的“超级通胀”。

数年之后，萨缪尔森在一段录音中听到了弗里德曼讨论自己驳斥菲利普斯曲线的证据，于是写道，弗里德曼对菲利普斯曲线有效性的批评已经是旧闻了，这已经被他写到了自己的《经济学》教科书中。“我的教材讨论了菲利普斯曲线的问题，包括你正确指出的那些观点，以及其他很多观点，”他写信给弗里德曼说，“它讨论了短期的、长期的和相对立的观点，讨论的问题包括自然失业率、预期、领先和滞后变量、多重关系等等。”[48]

弗里德曼在美国经济学会的演讲得到了广泛认可[49]。但是，鉴于弗里德曼对于控制货币供给有诸多警告，货币政策又能有何实际用处呢？自 20 世纪 60 年代以降，政府公开宣布要应对通货膨胀的急剧上涨，此时弗里德曼倾向于简化他发出的信号，即货币是关键。在 1962 年的《资本主义与自由》一书中，他宣称“历史提供了大量的证据，证明决定价格和工资平均水平的是经济中的货币，而不是企业主和工人的贪婪”[50]。但是到了 1970 年，他似乎走得更远了：“通货膨胀的产生是由于货币数量的增速超过了经济产出，它也只能这样产生。从这个意义上来讲，通货膨胀时时处处都是一个货币现象。”[51]

弗里德曼好运连连。在过去，他提出的异议被轻蔑地视为思想古怪之人的无稽之谈，而现在，他在美国经济学会上的演讲确立了自己迟来已久的反抗凯恩斯主义的领袖地位。弗里德曼急于发起对新经济学的攻击，1978 年他同意现身电视节目，与凯恩斯主义者沃尔特·海伦展开正式的辩论，后者是肯尼迪和约翰逊经济顾问委员会的主席。参加辩论的观众爆满，以至于排到了报告厅的外面，其热烈的氛围就像一次公开审判[52]。

为了证明自己的货币主义理论是正确的，弗里德曼现在所要做的就是说服政府放弃凯恩斯主义，采用他的货币主义理念。这当然是指所有的政府，但是他最为关注的是美国政府。推翻现有秩序，并以自己的思想观念取而代之，这是一种发动革命的雄心壮志。他在美国经济学会的演讲似乎成功地吸引了公众的关注，尽管他还没有在思想战场上取得胜利。但是，找到一位政治领导人，而他愿意发动民众进行一次有风险的经济实验，以展现货币主义的价值，这要困难得多。然而，不久之后弗里德曼就昂首挺进华盛顿，目标是将其思想付诸最终的检验。

哈耶克一直提醒弗里德曼要避免与政治家走得太近，但是他的提醒被忽视了。弗里德曼被有权势的人物所吸引，因为他们可以将其思想转变为行动。他需要看到结果。只要他的货币主义思想尚未被尝试过，政府就将继续通过财政政策来对经济进行胡乱的修补。弗里德曼不得不找到一位他能够与之共事的共和党总统，其思想足够开放，愿意尝试一些新事物。

在那个时代，共和党根据轮流坐庄的原则来选择候选人，这次它选择的总统候选人是理查德·尼克松[53]。他绝顶聪明。在1968年尼克松的选举中，弗里德曼满怀热忱地同意担任这位新总统的经济顾问。对于扭转凯恩斯主义思潮并将货币主义严格地应用于美国经济而言，这是一次绝佳的机会。

但是很快他就发现，理论经济学中的激烈搏斗总会留一丝情面，但是在政治领域，竞争对手之间的战斗却是刀刀见红。弗里德曼也明白，在与一位好面子的总统打交道时，对于他的各种缺点要有心理准备。对于什么是正确的，总统有自己复杂的感受，而且在形势紧迫时，这种感受很容易被置之脑后。

第八章

少安毋躁

当弗里德曼的货币主义思想方兴未艾之时，萨缪尔森希望借助于冷静而清晰的逻辑推理，扼杀反对凯恩斯主义的浪潮。

萨缪尔森并没有立即回应弗里德曼在美国经济学会上的演讲，尽管他非常清楚，弗里德曼将目标瞄准通货膨胀的原因，意在挑战凯恩斯的思想遗产。美国经济开始陷入增长乏力与通胀并存的困境，而凯恩斯主义者从未预见到会出现这一糟糕的状况，也无法轻松地予以解释。

长期以来，凯恩斯主义者认为通货膨胀源于自由经济增长引发的需求扩张。但是他们发现，这很难解释为何经济已经处于衰退时，通货膨胀仍在持续。对于“滞胀”（stagflation）[1]的解释，即停滞与通胀并存，动摇了凯恩斯主义者的信心。不信奉凯恩斯主义的人一直在警告，政府对经济的过度调节将会导致严重的扭曲，而滞胀似乎正是他们努力寻找的证据，证明过多、过久的凯恩斯主义的经济管理损害了市场经济自发的自我规制能力。

对于滞胀为何持续存在，萨缪尔森也感到迷惑不解。他承认，“凯恩斯主义经济学无法解释滞胀现象”[2]。战后一直统治经济学理论与实践的凯恩斯主义第一次显得这么脆弱不堪。根据萨缪尔森的回忆，“未能解释当时正在经历的滞胀问题，是凯恩斯主义棺木上分量最重的一颗钉子”[3]。

他认为导致滞胀的不是失控的货币供给，而是相互对立的选民的需求。“滞胀问题的根源在于，现代混合经济是一种讲求人道的经济。”他写道。在凯恩斯以前，经济衰退时有些人会失去工作，萨缪尔森将其称为“传统资本主义的残酷性”[4]，此时工资会下降，这意味着雇主有能力重新开始雇佣工人，而这又会导致经济复苏。自凯恩斯以来，市场经济开始转变为“混合经济”，政府会影响市场以将失业保持在最低水平。由于消除了失业的威胁，工人要求涨工资，而雇主则将上升的工资成本转嫁给消费者，从而导致价格上涨。

30 年代失业的泛滥给萨缪尔森留下了痛苦的童年回忆，这使其不愿意将大规模失业作为应对通胀上升的政策建议，即使从经济角度这样做具有合理性。他将通胀称之为“现代混合经济的顽疾”[5]。“由于对大萧条记忆犹新，我自然而然地就会关心那些缺乏劳动技能的和来自少数族裔的劳动者。国家通过使劳动力市场处于相对萧条的状态，比如市场上有足够多的失业人员，从而使一些劳动者被雇佣时工资并不会上涨。由此，国家号召上述那些劳动者肩负起抗击通胀猛涨的重任”[6]。

低增长与高通胀的新奇遭遇再次为经济学家提供了一个机会，以解释滞胀是如何产生的以及应当如何来应对。弗里德曼提出的解释简洁明了，乍看起来合情合理，萨缪尔森也坦率地承认了这一点。萨缪尔森解释说，“在肯尼迪任期传奇般的完美情景下，凯恩斯主义表现甚佳，开创了一个持续多年的物价水平稳定、经济季季增长、接近充分就业的时代，但是1966年以后，它让位给了一种全新的宏观观点”“一种新的范式，即一元论的货币主义，所讲的故事与现实更为吻合。因此，国王凯恩斯颜面尽失，也失去了公众的尊重。国王已死。米尔顿国王万岁！”[7]

萨缪尔森在60年代早期就已经预见到，急剧的通货膨胀可能会终结美国自二战以来就经历的似乎永无止境的繁荣。在1961年年初向约翰·肯尼迪所提的建议中，萨缪尔森提出警告，认为传统上失业和物价上涨之间此消彼长的权衡取舍关系可能会消失。他提醒肯尼迪，尽管美国在战后时期同时实现了充分就业和物价稳定，但是相信高就业率最终不会导致价格上涨，这是不成熟的表现。他告诉总统，在这种情况下，“为了应对这一新的挑战，必须制定新的制度性举措，而非传统的财政和货币政策”[8]。

到了60年代末期，萨缪尔森令人惊恐的警告成为现实。通货膨胀和失业同时增加了，工会奋力抗争，以便赶上飙升的物价。萨缪尔森在其《经济学》教材中宣称，“如果物价上涨能够降下来，比如降至每年不到5%，那么对这种温和而稳定的通货膨胀无须过于担心”“但是，如果每次物价上涨都变成了工资和成本上升的信号，并导致物价进一步升高，我们就将陷入急剧的恶性通胀”[9]。

在1958年至1968年这十年中，美国劳工调查局编制的消费者价格指数记录了通货膨胀率由1958年年初的零跃升至1968年年末接近5%的过程。这一上涨仅是一段史无前例的时期的开始，在这一时期，价格一直上涨，有增无减，并超过了十年之久。通货膨胀在1970年12月创下了6.6%的新高，然后又从1971年1月的4.9%飙升至下个月的11.7%。

这一战后物价上涨的新纪录在70年代末期被打破了，价格从1978年2

月的6.2%这一较低水平稳步上升，直至1980年6月达到13.6%的峰值[10]。美国失控的通货膨胀率如此之高，为选民和全世界的政府都敲响了警钟。这一现象亟待解释，并提出行之有效的应对措施。

抗击这种恶劣的价格现象正是货币主义长期以来奋斗的目标。这场争论的核心内容，就是有关通货膨胀起因的竞争性解释。

萨缪尔森在《新闻周刊》的专栏中描述了恶性通货膨胀[11]的成因：

1965年越南战争的升级导致了一次经典的需求拉动型通货膨胀，即过多的美元支出追逐有限的商品供给，劳动力市场处于紧张状态，订单积压严重，即使加班加点地工作也无法生产足够多的商品以满足需要。至1970年，由于紧缩性的货币政策和财政政策，需求拉动型的通货膨胀趋弱，但工会会员赶上甚至超过通货膨胀的强烈要求导致了价格由于成本压力而上升。[12]

与当时的大多数经济学家一样，萨缪尔森相信通货膨胀或者是成本推动的，即劳动或原材料的成本上升，而企业又将这些成本转嫁给了消费者，或者是需求拉动的，即过多的需求追逐过少的商品。1960年，萨缪尔森将成本推动型通货膨胀描述为“一种驱动价格上涨的动力，只要我们处于高就业状态就会年复一年地发挥作用……价格水平并不是只有在实现充分就业以后才会上涨，甚至在就业水平未尽如人意之前，这一问题可能就会困扰我们。这种猜测正在成为现实”[13]。此时，他暗示就业和价格之间权衡取舍关系的菲利普斯曲线可能存在问题。

萨缪尔森认为，需求拉动型通货膨胀主要是繁荣经济体面临的问题。随着稳定的经济增长产生了充分就业，劳动力变得稀缺起来，这使得工人们特别是工会成员薪酬增加，从而使工资的价值在物价上涨时保持不变。工资上涨反过来又驱使价格进一步上涨，因为这增加了厂商生产商品的成本。同样地，当人们发现自己由于薪水和工资增加而拥有更高的薪酬时，销售商也会提高商品的售价，因为消费者可以承受更高的价格，一些商品就会涨价，因为对这些商品的需求如此旺盛，以至于供不应求。萨缪尔森争辩说，如果通货膨胀是政府为了维持充分就业而必须面对的不利因素之一，那就无须多虑。为了确保所有的美国人都有工作并获得可观的薪酬，这是一笔值得付出的代价。

对于萨缪尔森而言，轻而易举地解决通胀问题的良药是不存在的。他写道，“任何精于分析北美和欧洲 1950 年以后发展经历的人都已经意识到，目前已知的应对温和通货膨胀的治疗方案，产生的后果绝对比这一疾病本身还要严重”[14]。美国人或者更准确地说是他们的政治领导人面临艰难的选择。“两种类型的财政紧缩”可以抑制通货膨胀，“一种是更高的税率，一种是更少的政府支出，当然还有两种手段同时并用”[15]。同时，他还提到了第三种方法，美联储可以在经济周期达到高点时提高利率，从而使经济放缓。这可以在通货膨胀和就业达到顶峰时抑制经济活动。

毫无疑问，萨缪尔森认为急剧的通货膨胀是不合意的并且应当将其驯服，然而，尽管他有很多的理论可以说明如何实现这一目标，但他无法肯定哪种方法最为有效。虽然魏玛共和国和一战之后的奥地利都曾经出现过著名的恶性通货膨胀，而且哈耶克还亲身经历过，但任何现代西方发达经济体都未曾遇到过这一问题。如果任何治疗方法都无法医治通货膨胀，萨缪尔森很担心这会产生何种后果。他警告说：

“如果工人、农民、企业家不明白他们的福利状况取决于对工资和价格的抑制，我们的经济体系可能会陷入非常糟糕的境地。在这种情况下，一旦有充足的购买力（即总需求）可以使经济达到接近充分就业的水平，就会出现价格和工资螺旋式上升的恶性趋势。更为令人不安的是，在远未实现充分就业之前，价格就有可能猛涨了”。[16]

他相信，对持续失控的通货膨胀置之不理会产生“危险的后果”，警告称“应当迫使政府采取行动，比如通过法令设定工资和商品的价格”。他认为，通货膨胀不仅使那些依靠固定收入生活的人不公平地负担了更多的成本，比如依靠固定养老金生活的老年人和那些无法赶上物价上涨的穷人，通货膨胀还提高了美国出口商品的相对价格，这会增加美国的贸易赤字。[17]

在应对通货膨胀的可行方案中，萨缪尔森更倾向于增税，而不是通过美联储加息来抑制增长。更高的借款成本将会打击住房和建筑等行业，而买房人可以受益于抵押贷款的低利率。他写道，“如果让美联储自行其是，经验表明由此导致的‘信贷收缩’将会使房地产市场承受过多的负担”，这曾经在1966年置储贷协会于危险之中。

他相信，通过增税并维持高水平的公共支出，穷人和弱势群体将免受物价上涨之苦。除此之外，他还力图说明政府花钱用于各种有益的用途，大有可为。“如果民众高度重视利用经济资源来清洁我们受污染的河流和空气，那么我们现在面临的通货膨胀问题就不应该阻碍民众获得那些他们想要的项目，”他写道，“如果绝大多数民众都渴望能够维持最低的福利水平，热切盼望赢得消除贫困的斗争，那么无论通货膨胀还是战争都不应成为阻碍这些目标实现的正当的经济理由。”[18]

很多政治家都疑虑重重，认为如果将征税作为治愈通货膨胀的手段将会遭到选民的惩罚。但是在1968年，即弗里德曼在美国经济学会发表演讲之后一年，萨缪尔森坚持认为“今天的美国还远没有达到其税收能力的上限”，即纳税人并没有承受过于沉重的税收负担，以至于无法缴纳更多的税收，“如果民众渴望政府提供更多他们认为至关重要的项目，对于1968年的经济而言，公共部门的扩张仍有巨大的空间”[19]。实际上，他进一步提出，削减政府项目既没有必要，还会取得适得其反的效果。并且，这也违背了他有关“伟大社会的信条”。

“做这样的假定既无必要，也无经济意义。无论与其他西方社会相比，还是与我们的富足和公共需求相比，我发现很容易就能说明今日的美国政府不是花得太多了，而是花得太少了”。[20]

他得出结论，如果美国联邦政府由于所谓的经济必要性而在国内外削减对反对贫困和不平等运动的支持，这是可悲的。[21]确实，他认为美国在60年代后期所经历的持续的通货膨胀是由于国会未能尽快增税。“我们现在正在由于国会未能增税而付出代价，表现为价格上涨、工资的增速超过了生产率的提高、国际收支的压力（即出口需要像进口一样多）。”[22]他写道。

如果使国会同意减税的唯一途径是削减社会保障项目，萨缪尔森说他宁愿与通货膨胀和平共处。但是，如果采取了正确的治疗方案，他不认为高通胀将成为现代生活的一个永久性特征。“所有的经验都表明，接下来数年的通货膨胀率主要取决于允许过度的总需求发展到何种程度，这既包括成本推动型通货膨胀，也包括需求拉动型通货膨胀。”[23]他写道。

1970年5月，《新闻周刊》的编辑让萨缪尔森和弗里德曼一起讨论通货膨胀，他的问题是比如每年价格上涨4%，我们能否与这一水平的通货膨胀永久共存？弗里德曼的回复是，“只有一条胳膊我也能活，但是我还是想要两条胳膊”。对于与通货膨胀共存，萨缪尔森也同样自信，“只要允许公开和公正，并且不受广泛的工资和价格管控的压制，美国可以与任何水平的通货膨胀共存。但是，如果能够避免通货膨胀，经济会健康得多，社会和政治结构也是如此”“如果其他混合经济体温和的通货膨胀也保持在相同的速度，而且我们所遵循的税收和货币政策能够让民众相信通货膨胀不会失控，那么我们就可以与通货膨胀共存，而且既不会导致损失惨重的扭曲，也不会出现价格水平的急剧上升”[24]。

但是，在接下来的十年，仅为4%的通货膨胀只能算是温和而已。在恶性通货膨胀被击败之前，通货膨胀率接近这一数字的三倍，在1975年达到创纪录的11.8%，1981年又进一步升至11.81%的峰值。

由于忙着其他事务，对于由弗里德曼在美国经济学会的演讲所发起的货币主义挑战，萨缪尔森可以留待他的教科书予以回应。但是弗里德曼风头正劲，在吸引更多关注之前，他对传统货币理论的新解释还有很多工作要做。

弗里德曼知道萨缪尔森没有多少时间来研究货币数量论，因为对于货币在促进或抑制增长时所发挥的关键作用，他已经给萨缪尔森讲过很多次，包括在1962年《美国货币史》出版之前的一次。“您知道，”萨缪尔森写道，“我的理论与实证研究使我无法信服货币供给对于决定经济活动具有最为重要的作用。”[25]

然而，到了1969年，萨缪尔森认为是时候采取行动了。他花费了大量时间编辑即将出版的经济学手册[26]，以仔细地反驳弗里德曼的货币主义理论。在这一卷他自己撰写的关于货币主义的论文中，萨缪尔森称赞弗里德曼成功地使人们恢复了对货币数量论的兴趣，在经历了很长一段时间后，又重新将其引入经济学的主流争论中。在这一时期，凯恩斯主义崛起了，而货币数量论的有关思想不仅被人所忽视，而且被人视为是过时的和无足轻重的。萨缪尔森写道，货币数量论变得声名狼藉，很多凯恩斯主义者，特别是英国的凯恩斯主义者，都认定“货币不重要”。

“数个世纪以来，思想家和经济学家都注意到货币供给的大规模增加总是伴随着价格水平的急剧上升，这并非巧合，”萨缪尔森写道，“与很多基本思想一样，货币数量论为人所熟知，而且看上去似乎过于简单，以至于下一代经济学家倾向于轻视它的重要性。”他承认弗里德曼对于这一理论的复兴发挥了领导作用，它本来已被弃之不用了。“在我的教材 1970 年版出版之前，货币主义获得的篇幅是非常有限的，”他写道，“当前的讨论说明了为何这一议题现在值得深入研究。”[27]萨缪尔森赞扬弗里德曼的“分析与实证研究才华横溢”[28]，然后在 1970 年出版的《经济学导读》中，他用弗里德曼的两篇论文来概括货币主义理论[29]。

弗里德曼的第一篇论文最初发表于 1963 年，是写给印度读者的[30]，其结论不像他后来的主张那样武断，即声称货币数量和价格上涨之间存在直接和唯一的联系。在这篇论文中，弗里德曼乐于承认“我强调货币存量是导致通货膨胀的罪魁祸首，这一观点普遍被认为是老派的、过时的”，他坚称造成这种状况的根源在于凯恩斯主义者。但是，在这一货币主义的早期版本中，弗里德曼准备承认对于通货膨胀可能不止一种解释。

弗里德曼写道，每次通货膨胀发生时，都有两种解释。一种解释是经济中的货币数量增加了。另一种则是有特殊因素导致了通货膨胀，比如工人推动了工资的上涨；牟取暴利的人抬高了价格；海外商品的供给被中断了，而这会提高价格等等。他承认，“这两种独立的解释未必是相互冲突的。在某些情形下，非货币因素可能是货币扩张的原因”[31]。

“但是，只要这些因素或者其他因素导致货币存量明显超过当前产出的增长速度，就会引起通货膨胀……我相信下述命题始终成立，毫无例外，即价格的显著上涨与货币存量的显著上涨之间存在一一对应的关系。”[32] 他总结说。换句话说，货币和通货膨胀是直接相关的，当货币供给的增速超过了经济增长时，通货膨胀就会发生。

与弗里德曼 1963 年的论文一起，萨缪尔森还详细地引用了他 1958 年的论文，在这篇论文中弗里德曼也将通货膨胀联系到货币数量上[33]。然而，这篇论文质疑哪个首先发生，是货币增长还是价格上涨，这是一个鸡生蛋还是蛋生鸡的问题，弗里德曼承认他有可能把次序弄反了。但是他提出了一个态度坚决的声明，支持他接下来有关通货膨胀以及如何控制通胀的观点：

由于各种各样的原因导致的价格涨落会使货币存量发生相应增减，从而使货币的变化成为一种被动的结果，这是有可能的。或者货币存量的变化导致价格朝着相同的方向变化，因此控制货币存量就意味着控制价格，这也是有可能的。[34]

这清楚地表达了一种信念，即如果货币存量被控制住，通货膨胀也会得到控制。尽管后来弗里德曼的货币主义更为简洁明了，但是在其 1958 年的论文中，他准备承认“价格变动之间关系尽管很密切，但当然不是完全精确的或者机械般僵化的”[35]。这里的“当然”一词有警告意味，后来在他和他的弟子过分简单地应用货币主义时，这一点成为他人嘲笑的对象。

弗里德曼描述了通货膨胀如何受到利率上升的抑制。他争辩说，这事关个人乐于持有的现金与他们的收入之间的关系。更高的利率鼓励人们投资于政府债券等资产，持有更少的现金，因此会减少流通中的货币存量。通货膨胀和通货紧缩的影响与之类似。

在正常时期，当价格变化很小时，比如处于一年只有几个百分点的水平，价格变动速度产生的影响微乎其微。另一方面，当价格变化很快且持续时间很长时，比如在严重的通货膨胀或通货紧缩时期，它就会产生清晰而重要的影响。快速的通货膨胀会导致人们想要保持的现金余额和收入之间的比例出现显著的下降；随着价格下跌出现的快速通货紧缩会使之出现显著的上升。[36]

基于对大量数据的研究，弗里德曼发现：

在整个经济周期中，价格和产出倾向于一起变化，在扩张时都倾向于上升，在收缩时都倾向于下跌。这两者都是周期过程和包括货币变动在内的所有经济活动的一部分，促进蓬勃扩张的措施也会促进这两者的显著上涨，反之亦然。[37]

在达到经济周期的波峰时，经济活动自然会出现涨落，并伴随着需求超过供给，在波谷时供给就会超过需求。由于在每个经济周期结束时，货币供给都会增加，无论在扩张时期还是在收缩时期都是如此，所以重要的不是集中关注原本的货币供给的数字，即任何时候流通中的货币总量，而是像凯恩斯在《货币改革论》中论证的那样，关注货币数量随着时间推移而发生改变的速度。弗里德曼的结论是，“平均而言，货币供给的变化速度表现出明显的周期性，它与一般的经济活动密切相关，并以一个较长的时段领先于后者”。接着，他大胆地提出了一些随着时间推移货币供给与通货膨胀或通货紧缩之间相互关系的严格的规律。

平均而言，货币供给的增长速度在一般经济活动达到波峰之前的差不多16个月达到峰值，并在一般经济活动达到波谷之前的12个月达到谷值。[38]

因此，他断言，尽管“这是结论性的证据，表明货币变动具有独立性的影响……这意味着如果要让货币变动被感知到，必须经过一段很长的时间”，“因为平均而言，货币供给变化的速度对价格或经济活动产生影响需要 12 个月至 16 个月的时间”。这对于政策制定者有着复杂的含义，他们相信紧缩货币或放松货币是必要的，以便通过改变货币供给来影响通货膨胀。“基于以往的经验，今天实施的货币政策可能会在 6 个月内对经济活动产生影响，也有可能需要一年半的时间才会奏效”。

时滞的变化范围很大，即由于所考察的事件可能是一个统计上的异常值，因而会使时滞变得更长或更短，既有可能少于 6 个月，也有可能超过 18 个月，这意味着通过货币手段来影响通货膨胀的尝试充其量也只能说是有偶然性的。这不仅会导致错误地解释或理解货币政策所产生的影响，从而使货币政策犯下错误，而且更糟糕的是，对于像弗里德曼这样的相信货币供给是理解通胀成因之关键的人，“由于货币变动所产生的影响不是即时的，货币政策就会被某些经济学家认为是无效的”[39]。

接着，弗里德曼在 1958 年的论文[40]中猜测，一个稳定而温和的通货膨胀是否可以促进经济增长得更快。他解释说，有两种对立的观点。一种观点认为温和的通货膨胀有助于企业捞到一些相对于“黏性”工资率的补偿，否则后者就会阻碍增长。由于雇主发现很难削减工资，随着时间变化，企业不得不依靠通货膨胀来隐蔽地降低工资的实际价值。“有人争辩说，通过允许名义工资上涨而实际工资保持不变，温和的价格上涨倾向于冲销企业成本上升的压力。”他写道。由于提高利率以阻止通胀会滞后于成本的增加，特别是劳动力成本，而真实利率是实际的利息率减去通货膨胀率，“生产性企业发现借款成本相对较低，这又会对投资产生比原来更大的激励。”[41]

另一种观点是，通货膨胀只会对经济产生抑制作用，“因为价格普遍上涨减轻了企业提高效率的压力，刺激投机性活动而非生产性活动，降低了个人储蓄的积极性”[42]，而且通货膨胀还会扰乱商品之间相对价格的结构，因为企业被迫不断调整价格，使之与其他商品相一致。他进一步论证说，如果通货膨胀成为难以改变的趋势，工会就倾向于要求提高工资，预防通货膨胀造成的损失或者使工资与物价指数联系起来，从而补偿工资在下一次谈判之前出现的价格上涨。这样，通货膨胀就会“烙”进经济中，从而使其更难被治愈。如果需要求助于更高的利率来抑制通胀，经济增长就会受到阻碍。

哪种观点是正确的？通货膨胀是一件好事还是一种祸端？弗里德曼回避了这个问题，他写道，“有关价格变动之间关系的历史证据是混杂不清的，没有明确地支持这些命题中的任何一个”。那么，他自己的结论是什么？“只要价格变化相对稳定、速度不快而且可以被合理预测，无论价格上涨还是下降都有可能出现快速的经济增长。经济增长的主要动力可能要到别的地方去寻找，”他断言，“应当避免的是价格趋势发生难以预测和飘忽不定的变化”“因为这会扰乱经济增长和经济的稳定性。”而且，“以往的经验表明，对于价格的长期稳定而言，货币每年按照一定的速度增长是有必要的，比如每年增长3%～5%”[43]，但是他没有详细说明“以往的经验”是指什么，也没有解释这么精确的数值是如何得出来的。

如何使价格每年稳定地增长3%～5%？正如他已经论证过的，改变经济中货币数量的尝试与其对价格产生的影响之间存在时间的滞后，而这一时滞充其量也就是猜测而已。弗里德曼声称，“已有的证据使人们严重怀疑是否可能通过对货币政策的微调来对经济活动进行微调”。

弗里德曼警告，“美联储斟酌使用的货币政策可能具有严重的局限性，这样的政策让事情变得更糟而不是更好的风险非常大”。美联储自1951年以来的表现明显要比自其建立以后任何更早的时期都更为卓越，主要原因是它避免了货币供给增长速度的大幅波动，尽管如此，弗里德曼还是认为它为政治干预提供了太多的机会。

他更为偏爱“简单得多的政策，即保持货币供给每月按照事先确定的速度增长，只允许有季节性的变动，但不试图调节增长速度以改变货币环境”[44]。弗里德曼担心在经济遭遇严重的通货膨胀或通货紧缩时，中央银行和政府面临巨大的政治压力，要求其进行干预。选民总是会问，政府对此做了什么？他警告说，“屈从于这些压力通常弊大于利”。他的结论是：

实现经济的高度稳定当然是极好的目标，然而我们实现这一目标的能力是有限的。我们确实可以避免过度的波动，但是对于如何避免一些小规模的波动，我们了解得还不够多。超出我们能力范围的尝试本身就是一种干扰，这会降低而不是增加稳定性。[45]

与他后来在美国经济学会上发表主旨演讲时的一往无前相比，弗里德曼这些早期的论文展现了少有的审慎。他在这些早期论文中论述根据货币数量论来调节经济的好处时，讲了很多保留意见和附加条件。在建议政策制定者如何应用他的货币主义理念时，出于策略考虑，他允许自己抱有疑问并留有余地。如果萨缪尔森想要讥讽他的对手，忽略弗里德曼早期的思想，只评述他在美国经济学会上的演讲，这样对自己来说更容易一些，因为在美国经济学会的演讲中表现出来的确定无疑使弗里德曼的观点更容易被反驳[46]。萨缪尔森了解弗里德曼思想的复杂性，于是他不能让自己的攻击有任何可疑之处，只能用弗里德曼的绳索绞死他自己。

萨缪尔森以弗里德曼1970年论文集[47]中的观点来对付他，准备驳斥弗里德曼的标志性理论，即货币数量是决定通货膨胀的唯一原因。他的阐述具有典型的萨缪尔森散文式的风格：在严厉批判弗里德曼的逻辑时表现得机智诙谐，甚至轻松愉快。自始至终，萨缪尔森将货币主义与后凯恩斯主义之间的分歧描述为一场准宗教的争论。他把自己也作为后者中的一员[48]。与他之前的哈耶克一样，弗里德曼称自己为局外人，猛烈地撞击已经进化了的凯恩斯主义紧紧关闭的大门，萨缪尔森将后者称之为"美国当代经济学中居于统治地位的正统学说"[49]。就像凯恩斯和哈耶克的争论一样，争论超越了经济学的范畴，比较了一系列更为广泛的政治信仰以及对于政府作用的不同观点。

萨缪尔森提出的第一个观点有点勉强。他指出弗里德曼只是重复了传统的货币数量论的观点，在凯恩斯以其1936年的《通论》将古典经济学搞了个天翻地覆之前，这种观点一直处于统治地位。凯恩斯从根本上改变了我们对于宏观经济学的认识，以至于传统经济学家对货币作用的强调被认为是多余的。"到了20世纪30年代末期，"萨缪尔森写道，"在经历了所谓的凯恩斯主义革命以后，在课程和教材中还会提到货币。但是实际上货币几乎完全从课程和教材中消失了，重点转向了运用乘数和消费倾向等凯恩斯主义的概念来分析国民收入的决定"[50]。

萨缪尔森承认，战后人们开始重新关注货币在经济中发挥的作用，但是弗里德曼只是促成这次复兴的很多人中的一个。其他人包括加州大学的霍华德・埃利斯[51]，在战后首先报告了"有关货币的重新发现"。但是，萨缪尔森称赞弗里德曼"整理的数据堆积如山，推理中肯合理，耐心的说服具有亲和力，这使他拥有了一群追随者"[52]，并使得货币主义成为一种"无法被忽视的运动"。他认为这次复兴"取得了丰硕的成果"，因为它促使人们放弃了"过于简化的”凯恩斯主义，“并且使得经济学家更愿意承认货币政策是促进经济稳定的一个重要武器，完全可以与财政政策一样，成为控制宏观经济的一种工具”[53]。

但是，按照萨缪尔森的观点，货币理论复兴的重要性被高估了。“通常情况下，如果一件存货的价格下降得太多，作为回应，接下来它就会涨得太高，”他写道，“货币理论也存在这种危险。一种粗糙的货币主义现在正在四处肆虐。”对于这些年货币主义是如何变化的，他承诺会做出“一个科学客观的评价”[54]。

尽管萨缪尔森声称他对货币理论当前状况的评价将是“科学的”，但是他从一开始就明确了自己的解释将主要集中于由弗里德曼领导的货币理论的复兴。“毫无疑问，货币主义之所以大受欢迎，主要归功于一个人，这就是芝加哥大学的米尔顿·弗里德曼教授。”他写道。他称赞了弗里德曼和施瓦茨合写的《美国货币史》，将其称为“这次运动的圣经”和“未来数年所有学者都要参考的一份经典的数据和分析资料”。[55]

萨缪尔森将弗里德曼的观点总结如下：

货币供给的增长速度是决定名义总需求状态的首要因素，而凯恩斯将总需求称之为经济活动的主要引擎。按照货币供给的某种定义，如果美联储维持货币供给以稳定的速度增加，比如 4% ～ 5%，当然实际上稳定性比公认的增速更重要，那么对于应对通货膨胀、失业和经济的不稳定等问题而言，这就是中央银行所能发挥的全部作用了。就此而言，财政政策对于名义总需求没有独立的、系统的影响。[56]

萨缪尔森写道，尽管后凯恩斯主义经济学家普遍认为，税率和政府部门的公共支出会影响失业率，但是“粗糙的货币主义”表明，只要货币供给的增长速度保持不变，政府这种调节需求以促进增长的努力就是无效的。与之相似地，萨缪尔森指出，按照弗里德曼的说法，“很多人错误地推断，财政赤字或财政盈余能够对总支出的总量产生可预测的扩张或收缩效应。但是这完全弄错了。是货币供给增速的变化独自发挥实质性的作用。一旦我们控制住或者允许货币变动，财政政策独立产生影响的能力就可以忽略不计了”[57]。

萨缪尔森注意到，弗里德曼相信对货币供给的严格控制加上导致利率降低的增税，可以抑制通货膨胀：

相对于公共支出的增税尽管不会对总需求产生独立的影响，但是它倾向于减少消费，降低利率。这种有意识地更为节俭的行为，将会使充分就业和产出的组合向着资本形成速度更快的方向移动；这将使生产率和实际产出的增速加快，并提高实际工资的增长速度。如果货币供给的趋势保持不变，这将使得未来的价格水平趋向于更低，或者上涨得更慢一些。[58]

有人相信货币主义在某种程度上是凯恩斯主义的一剂解毒剂，萨缪尔森驳斥了这种想法，他指出对于凯恩斯的观点，弗里德曼也只能赞同。凯恩斯在《通论》也认为在实现了充分就业的情况下，货币供给的增加与价格上涨之间存在直接的联系。尽管萨缪尔森承认“一位作者如果像凯恩斯这样多产的话，他写下的某些段落的内容与其他一些相互冲突，这是不可避免的”[59]，但是他仍然注意到凯恩斯相信，如果长期利率能够降至足够低的水平，货币政策对于治愈萧条和停滞可以有效地发挥作用。[60]

五六十年代的研究表明，美联储通过在公开市场上购买国债来实现货币供给的扩张[61]，具有一定的局限性。美联储的干预倾向于降低利率，从而刺激那些原本不会发生的投资，以及“现有资产的价值更高水平的资本化”[62]，这反过来又会促进“消费支出出现某种程度的扩张和企业投资支出出现一定程度的增加”[63]。但是，以这种形式新创造出来的货币无法与“通过开采金矿而创造的”新货币或者“由中央政府或美联储的印钞机创造出来并且为公共支出超过税收的部分提供资金的”[64]货币相提并论。从很多方面来看，美联储采取的行动都是一种零和博弈，“从经济体系中拿走了几乎相等数额的以政府债券形式存在的货币替代物”[65]。

通过购买自己的资产，美联储“仅是一名二手资产的交易商，设法将某种类型的资产转换为另外一种类型，并在这一过程中影响利率结构，而这一利率结构确定了各类资产之间的贸易条件”，另一方面，通过开采黄金新创造的货币或者国家通过印钞创造的货币，使这个社会“永久性地拥有了更多的货币财富”。萨缪尔森断言，“以货币来衡量，一个社会会感到更富有；以货币来衡量，一个社会也确实更富有。可以预期，这种财富增加了的感觉将会反映为更高的价格水平或者更低的失业率，或者两者兼而有之”[66]。

然后，萨缪尔森为凯恩斯那句流传最广的名言提供了新的解释，即用长期的赤字来换得短期的好处是合理的，因为“在长期我们都会死”[67]。由于通过购买政府债券来重新配置政府的债务意味着还款被推迟到更遥远的未来，而很少有人会想到那时的情景，因此只有那些长生不老的人才会注意到这类行动所产生的成本。他写道：

尽管可以将这种生命永续模型斥之为极端情况和不切实际，但是对于一笔由公开市场操作而增加的货币，我们必须将某些公共债务余额以退休金的形式做部分的冲销。[68]

萨缪尔森将注意力集中在那些与弗里德曼的主要观点相冲突的经济行为上，即货币供给的变化是影响通货膨胀的唯一因素。首先，民众节俭行为或支出倾向的改变将会影响价格或者商品和服务的生产，或者同时对两者产生影响。与之相似地，企业家中间任何凯恩斯所谓的“动物精神”的自发性爆发或者出现了激动人心的投资新机会，都会影响以国民生产总值来衡量的产出数量，因此会改变价格。公共支出的增加、减税，甚至增加公共开支的同时税收也以相同的规模增加，都会以相似的方式影响产出，因而影响价格。

弗里德曼的关键假设之一是，货币数量的增加在经过一段时滞之后会引起价格的上涨。然而，萨缪尔森断言，数据表明货币供给的变化并不比经济周期的转向更超前，而是更滞后，弗里德曼在其 1958 年的论文中也暗示了这一点。萨缪尔森写道，只是近些年来，数据才表明货币的变化是经济放缓的一个领先指标，但是这可能是因为“美联储不再理会货币主义者的建议，已经尝试做些提前预测，以便在衰退之风开始变得强劲之前逆转风向”[69]。

对于萨缪尔森为了使事情变得更加复杂而做的所有尝试，弗里德曼都预先做了充分的准备，让自己的理念接受了实际经验的检验，因此他并不太担心萨缪尔森的保留意见。他的货币主义是否能经得住检验，证据将来自现实生活，即将弗里德曼所讲的确定数量的新货币注入一个拥有真实民众的真实国民经济中，再看看实际的通货膨胀如何。由于双方的争论陷入了僵局，如果这个问题想要得到解决，唯一的方法就是观察现实生活中的干预政策效果如何。于是，当弗里德曼开始着手寻找一位同意对他的货币主义理论进行破坏性实验的总统、总理或独裁者时，凯恩斯主义者和货币主义者都抱着略带戏谑的态度，津津有味地拭目以待。

第九章

狡猾迪克[1]

对于理查德·尼克松，弗里德曼以为自己找到了一位足够聪明的总统，可以实施他应对通货膨胀的货币主义方案，但是尼克松只对再次当选感兴趣。

在被要求加入约翰·肯尼迪政府时，保罗·萨缪尔森礼貌地回绝了这一邀请，他更愿意与政府保持距离，并集中精力维护自己经过奋斗而获得的美国最杰出经济学家的地位。但是米尔顿·弗里德曼则有着不同的抱负。他热切盼望自己激进的观点能够付诸实践，于是他开始结交雄心勃勃的共和党人，希望能够乘上他们的东风并影响联邦政府调控经济的思路。

作为社交领域和知识界的局外人，弗里德曼逐渐认识到他在很大程度上被居于主导地位的温和的共和党领导层忽略了，后者的根基是围绕着东海岸的商业巨子建立起来的，如出身纽约建筑业家族企业的纳尔逊·洛克菲勒。

[1] “迪克”是“理查德”的昵称。

在共和党的领导层看来，弗里德曼太过教条，太过极端，太过危险，他们担心他的古典自由主义观念会吓跑重要的秉持中间立场的选民，而传统上选举结果就是由他们决定的。

但是弗里德曼找到了一位总统候选人，他不太在乎东海岸现有的共和党人想什么。在 1964 年的总统竞选中，巴里・戈德华特这位来自亚利桑那州的特立独行的参议员开展了一场反抗运动，谴责主流的共和党领导人未能拥护和真心诚意地实施保守主义的政策。

如果戈德华特成为总统，弗里德曼希望自己能够深刻地改变政府的运作方式。“戈德华特坚定地遵循基本原则，勇于采取不受欢迎的立场，愿意为了捍卫自己认为正确的观点而牺牲政治上的权宜之计这类东西，这令我印象深刻。”[1] 弗里德曼回忆说。

一开始弗里德曼在戈德华特竞选中的角色是“撰写备忘录这类材料，通过电话讨论他们提出来的各种政策议题”[2]。传统的共和党思想家都对戈德华特避之不及，因此他急需为自己的非传统理念寻找来自知识界的支持，而弗里德曼正乐于扮演这一角色。弗里德曼和戈德华特的通信态度热情，内容广泛，他们交换了有关经济学的观点。但是戈德华特并不是一位经济学家，甚至也不是一位政治思想家。他只是简单地相信中央政府规模太大，干预太多。他对政府的偏见在其个人竞选宣言《一个保守主义者的良知》中被布伦特・小博泽尔[3] 编撰成一种政治哲学。戈德华特所表述的观点在很大程度上是小博泽尔根据自己的想法塑造出来的。戈德华特的经济政策也是如此。弗里德曼与戈德华特很少会面，但是在与其进行了充满热情的通信之后，弗里德曼发现这位亚利桑那州的参议员对于经济学简直一无所知，这使弗里德曼可以按照自己的目标来塑造这位候选人的经济政策。

当《纽约时报》请他细述戈德华特对于经济的想法时，弗里德曼介绍了自己有关经济应当如何运行的观念。这篇篇幅很长的稿子[4]雄辩有力、通俗易懂、思想深刻，开始将戈德华特的各种想法整合成一套连贯的理论。它尝试说服普通美国民众，戈德华特并非像自由主义媒体和其专横的民主党竞争对手林登·约翰逊总统描述的那样，是一个反动、暴躁、鲁莽的来自山地州的叛乱分子。弗里德曼强调，尽管戈德华特不相信大政府，但他并不想取消所有联邦政府对经济的干预，这位候选人甚至没有建议要实现联邦年度预算的平衡。但是，在戈德华特总统的统治下，在财政刺激政策的使用方面将会有一个明显的改变，弗里德曼写道。受凯恩斯主义影响的政策思路的一个重要内容，即自动引发的公共支出，以促进经济走出经济周期低谷，将被严格的货币纪律所代替。

借助于自己对大萧条成因的广泛研究，弗里德曼写道，"飘忽不定的货币政策经常导致经济不稳定，使私人经济疲于应付。尽管总在讲要利用财政政策来稳定经济，但是政府自己的支出和收入却是国民经济中最不稳定的因素之一，它在总体上是增加了而不是抵消了经济的不稳定"。

通过改变政府政策的优先次序，"戈德华特将第一次倚重货币政策，这一政策反应迅速但要逐渐发挥作用。过去在很多出现衰退的时期，货币政策经常是收紧的，从而使衰退变得更加严重。与之相反，货币和信贷的数量应当有所增加，并使利率处于较低的水平"。实际应用弗里德曼的货币数量思想，将会提供一个"稳定货币"的规则，目的在于确保实现货币供给缓慢的、可预测的增长，而不论每天的经济状况如何。这也会使通货膨胀出现稳定的、可预测的上涨。

在 1964 年 11 月的总统选举中，戈德华特以美国历史上最惨痛的选举失利被约翰逊击败，后者斩获了60%的普选票。但是，弗里德曼改变共和党经济政策方向的努力并未随着戈德华特的竞选失败而停止。无论谁是共和党下一位总统候选人，弗里德曼都决心说服他，令其相信货币主义政策的优点。同时，戈德华特的竞选活动确立了弗里德曼货币主义政策理念的突出地位，这也产生了一定的影响。越来越多的保守主义知识分子和拥护“稳健货币”的共和党政治家将货币主义作为他们的首选政策。其他一些弗里德曼在戈德华特竞选活动中极力倡导的理念也引起了人们的兴趣，并得到了一些人的拥护，比如福利制度改革、终结征兵制度、政治权力归还给各州。

不久之后，弗里德曼就获得了第二次影响联邦政府经济政策的机会，他同意作为经济顾问团队的主席参加理查德·尼克松1968年的总统竞选。

哈耶克一直提醒弗里德曼，不要与政治家走得太近，但是弗里德曼需要看到一个结果。只要他的思想还没有被尝试，政府就会继续用财政政策来调控经济。弗里德曼不得不找这位他能够与之共事的共和党总统。

在1968年尼克松竞选总统时，弗里德曼成为他的经济顾问。弗里德曼感到，这是一次扭转凯恩斯主义潮流并使货币政策变得更为精准的机会。但是弗里德曼很快就会发现这位政治家的缺陷，他不会尊重任何政治原则。

弗里德曼评价每个人的标准是他们有多么聪明，而尼克松的头脑令他印象深刻。他后来写道，“在我有过直接接触的这些人中，俄亥俄州参议员罗伯特·塔夫脱和理查德·尼克松是头脑最聪明的政治人物”[5]。但是尼克松毫不犹豫地放弃了自己对自由贸易的原则性支持，转为支持对进口纺织品征收关税，而自由贸易是所有经济保守主义固有的内容，因为尼克松相信，他对目标确定的保护主义的支持可以使其在两个南方种棉州赢得大选。对此，弗里德曼感到震惊不已，但是也只能干瞪眼。

弗里德曼不得不继续支持尼克松，因为他是候选人。只有他才有可能当选总统并改变经济政策。在共和党人一片混乱和指责中，夹杂着南方标新立异的种族主义者乔治·华莱士分走了一部分共和党选民的选票，尼克松仍然在 1968 年 11 月的大选中凭借选举人团选票的优势巧妙地打败了自己的竞争对手休伯特·汉弗莱，尽管他仅仅侥幸赢了大约五十万张普选票。弗里德曼发现自己身处获胜的队伍之中，前面等待着他们的是整整四年的任期。

在 1969 年 1 月的一次会面中，就在尼克松的就职典礼之前，弗里德曼获得了一次向候任总统推销自己观点的机会。他把自己的货币主义理论放在一边，敦促尼克松实施另一项他所热衷的想法，直接挑战约翰·梅纳德·凯恩斯留下的遗产，即废除布雷顿森林固定汇率协议。1944 年，在凯恩斯主持下建立了这一制度，放弃了金本位并代之以法币，目的在于缓和世界主要货币价格的剧烈波动，这种波动曾在 30 年代引发了经济动荡。布雷顿森林体系同意限制外汇交易时价格的波动范围，从而确保各国经济步调一致，没有任何国家总想着让本国货币贬值，以便使本国商品在世界市场上的定价更便宜并赢得短期优势。

弗里德曼告诉尼克松，“上任的前几周……是让美元自由浮动的绝佳机会，这会消除未来数年贸易平衡对美国经济政策的制约”[6]。弗里德曼警告说，如果尼克松不在上任以后立即让美元汇率自由浮动，由于管理汇率是一个极为敏感的问题，他“将再也没有这么好的机会采取如此重要的行动了”[7]。对于美元的浮动，萨缪尔森持有更为实用主义的观点。“我并不是说政府永远都不应该干预外汇市场，”他在 1978 年告诉《新闻周刊》的读者，“然而在实践中，绝大多数的干预都是在愚蠢地尝试捍卫那些原本无法捍卫的东西，比如，中央银行通常干预得太晚，因此除了保护货币无法维持的高价格以外，起不到任何作用。”[8]

弗里德曼的朋友、当选总统的首席顾问亚瑟·伯恩斯坚决反对让美元在市场上自由交易，因此尼克松决定无视弗里德曼的建议，保持原来的政策不变，至少在当时是这样。然而，不久之后，美国在布雷顿森林体系中的伙伴国开始担忧他们的外汇政策过于依赖美国。

尼克松似乎忽略了弗里德曼关于放弃布雷顿森林体系并让美元自由浮动的建议，他似乎对弗里德曼的第二项建议也不感兴趣，即引入负所得税，这项政策将与福利和税收评估一起实施，给予那些没有收入的人或低收入者“退款”。

尽管一开始的建议遭到了冷落，弗里德曼还是对尼克松的总统任期全心全意地表示欢迎，并且热切期待一位富有活力的保守主义者入主白宫能够有所建树。但是他很快发现，用他的话讲，“尼克松随时准备将自己的政治利益置于公共利益之上”[9]，这会阻碍政府采纳完整的保守主义解决方案。

尼克松并没有为弗里德曼在自己的政府中找到一个职位，但是新总统周围的一些人可以很好地表达弗里德曼的观点。新政府中一些具有一定影响力的人物不仅熟悉弗里德曼的货币主义理论并对此表示赞同，而且大部分人都与弗里德曼有私交。在评价尼克松任命的官员持有何种意识形态立场时，是否遵循弗里德曼的观点成了记者们的某种基准点。

当尼克松经济顾问委员会新任主席保罗·麦克拉肯[10]被问到他是否是一名弗里德曼货币主义的支持者时，他小心翼翼地回答道，他的观点是“弗里德曼式的”。麦克拉肯的建议在细节方面可能有所不同，可以发现他认同弗里德曼对通货膨胀的货币主义解释背后的逻辑，但是更为关键的是，他相信货币供给只是影响通货膨胀的诸多因素中的一个。

当亚瑟·伯恩斯在1970年2月被任命为美联储主席时，弗里德曼可能期待能对经济政策发挥更大的影响力。他在罗格斯大学认识的伯恩斯，正是后者在1937年邀请他加入国家经济研究局，研究货币在经济周期中的作用。事后看来，伯恩斯远不只是一名雇主，他成为弗里德曼主要的导师。他鼓励弗里德曼要抱有信心，相信集中关注货币数量论是一条正确的道路。也正是伯恩斯对宏观经济的分析影响了弗里德曼和施瓦茨《美国货币史》这部著作背后的逻辑。弗里德曼在准备自己1967年美国经济学会的演讲时，他咨询了伯恩斯以及其他一些人[11]的意见。

但是到了两人一起为尼克松政府提供咨询意见时，伯恩斯开始怀疑弗里德曼更为简化的货币主义理念。赫伯特·斯坦因[12]经由弗里德曼推荐成为经济顾问委员会成员之一，并于1972～1974年担任主席。他解释说，“伯恩斯不认为货币政策可以承担起促进经济无通胀扩张的重任”[13]。尽管弗里德曼的货币主义对乔治·舒尔茨这位行政管理与预算局的新任领导很有吸引力，而且后者认为自己是“米尔顿·弗里德曼的亲密朋友、仰慕者和门徒”[14]，就像经济顾问委员会[15]的多数人一样，但是伯恩斯仍然认为货币供给仅是通货膨胀的成因之一。为了对抗通货膨胀，伯恩斯依旧偏爱财政措施，比如削减公共开支。

尽管对弗里德曼的理论很感兴趣，伯恩斯还是看不出如何才能将货币主义应用于实践。对于货币数量还有经济中的货币流通速度，甚至一些明显非常简单的问题都很难回答。比如，准确地说，弗里德曼所讲的货币是指什么？如何度量货币？政府能够精准地增加或减少货币的数量吗？在到国会作证时，伯恩斯这样解释他的困惑，数据存在很大的差异，这取决于你要度量的货币的准确含义。“让我们以2月为例，”他说，“我们公布的货币供给的增长速度是6.5%。如果按照不同的季节调整方法，这一数据可能是零，也有可能是 10.6%。不仅如此，这些数字都会被订正。”[16]

尼克松对经济学或经济理论不太感兴趣，但是他知道一件事，经济中的坏消息对他的再次当选是一个威胁。他是从惨痛的教训中明白这个道理的。在 1960 年与约翰·肯尼迪激烈的总统竞选战中，他将自己失利的责任归咎于自己的前任德怀特·艾森豪威尔。艾森豪威尔在自己总统任期的最后一段时间，决定自己应当负起责任，让联邦政府预算实现平衡，而不是通过减税使经济实现有助于再次当选的繁荣，而这本来会增加他的副总统尼克松入主白宫的机会。在选举日，尼克松和肯尼迪之间的差距薄如刀刃，尼克松赢得了半数以上的普选票，但是在选举人团投票时被击败了。他经常抱怨说，如果艾森豪威尔不是弥补赤字而是实现再选繁荣，他本来可以在 1960 年就入主白宫的。

作为总统，尼克松面临大量经济问题。约翰逊遗留下来的越南战争和为了减贫而实施的“伟大社会”政策导致了大量的公共支出，这令经济问题进一步恶化。通货膨胀率上升，以及由于美元走弱并且根据布雷顿森林协议美国有义务以低价向其他国家出售黄金，贸易赤字恶化了。

尼克松对失业的担忧远大于通货膨胀。约翰逊离任时实现了充分就业，或者说失业率只有 3.3%，通货膨胀率为 5.3%，利率为 4.25%，尼克松认为其中最重要的是保持低失业率。正如他对总统国际经济事务助理皮特·彼得森[17]所讲的，“在美国，我从未见过任何人由于通货膨胀而被击败。但我见过很多人由于失业问题而被击败”[18]。

但是在尼克松第一个任期的第三年和第四年，通货膨胀增速越来越快，成为一个致命的政治议题。工会开始要求签订能够抵御通胀的薪金合约。150 万名通用汽车的汽车工人联合会成员举行了一次罢工。这次罢工开始于 1971 年 9 月，持续了 67 天，赢得了报酬在三年内增加 30% 的条件，“生活成本”

费用也会增加，作为对通货膨胀的补偿。在 1970 年 11 月的中期选举中，民主党人扩大了他们在众议院的优势并保住了在参议院中的多数党地位，这令尼克松感到恼火。由于自己的支持率降至 50% 以下，尼克松计划摆出一副夸张的架势，以向选民们表明他正在采取行动以控制价格的上涨。对于弗里德曼的货币主义理论而言，这是将其付诸实践的天赐良机。但是，尽管据白宫一位圈内人透露，“对经济进行凯恩斯主义调控的思想正在退潮，越来越多的人认为货币具有关键作用”[19]，然而弗里德曼的货币主义并不在尼克松的思考范围之内。

这一点在 1971 年 1 月初期变得非常明显，此时尼克松在其国情咨文中宣布了“一份充分就业预算”[20]，即预算的目的是使经济运行实现最大的潜力。“支出的规模要像我们处于充分就业时那么大，从而促进充分就业。”[21] 他继续说：

通过充分就业预算提供的刺激和引导，通过独立的美联储承诺充分满足增长的经济所需的货币，通过劳工和管理者付出更大的努力，使他们的工资和价格决策既满足国家利益，也满足自己的个人利益，以及满足工人、农民、消费者和全国各地的美国人的利益，我们将会实现新的繁荣目标，即更多的就业、更高的收入、更多的利润，没有通货膨胀，也没有战争。

弗里德曼痛苦地发现自己被逐出了决策圈。就在发表国情咨文之后，尼克松在一次访谈中宣称“现在我是一名凯恩斯主义者”，弗里德曼对此感到震惊不已。他写信给加尔布雷斯说，“知道尼克松成了你的门徒，你一定和我一样感到失望”[22]。尼克松说，尽管从理论上来讲，他仍然致力于依靠市场来解决问题，但是他感觉自由企业已经无法完成自己的职责了。他告诉自己的两位高级经济顾问，“在我们所生活的世界中，市场已经不再奏效了”[23]。

一些秉承保守主义的共和党人认为，对凯恩斯的偏爱就是总统在意识形态方面已经转向另一方的证据。为了安抚这些人，总统的助手们宣称他只是承认经济衰退会产生预算赤字，此时不应由于加税而使衰退变得更加严重，他并不支持通过对经济的全面干预来“纠正”萧条。尽管他们否认要这样做，但是很明显尼克松已经下定决心，为了能留在白宫，公共开支会增加到必要的规模。

1971 年 6 月，为了让美联储像他在国情咨文中所要求的那样，“充分满足增长的经济所需的货币”，尼克松让弗里德曼去游说伯恩斯，通过降低利率来大幅增加货币供给，以促进经济活动的繁荣。此时弗里德曼不过是总统的一名非正式顾问。弗里德曼强烈反对这一行动，他直截了当地告诉总统，增加货币供给肯定会导致通货膨胀率的提高。“尼克松同意这一点，”弗里德曼回忆说，“但是他说首先要促进经济增长，并确保经济在 1972 年选举之前一直扩张。”弗里德曼问尼克松，他是否认为为了赢得大选，即使出现“严重的通货膨胀”也在所不惜。尼克松的回复是，“在事情发生以后，我们再为它操心”[24]。

尼克松没有偃旗息鼓。1971 年 8 月，他召集高级经济顾问们到戴维营开了一次峰会，讨论内容广泛的一揽子新经济政策，表面上是为了将通货膨胀降下来。这些顾问包括伯恩斯、他的新任财政部部长约翰·康纳利[25]，以及财政部负责货币事务的副部长保罗·沃尔克[26]，后者不久就代替伯恩斯成为美联储主席。新闻界将这次会议称之为“尼克松冲击”。弗里德曼再一次被有意识地排除在外了。

尼克松面临的最为紧迫的问题是，越南战争、贸易赤字的增加、愈演愈烈的劳工问题以及货币供给以 10% 的速度增加，这些因素使得美元极度疲软，并且削弱了布雷顿森林体系的基础，而这一体系有赖于强势的美元。布雷顿森林协议规定美国有义务按照每盎司35美元的价格向其他国家出售黄金，随着美元持续走弱，美国黄金储备将会枯竭的警报已经响起。这表明随着其他国家倾售他们持有的不断贬值的美元，并从美国按照约定的价格购买黄金，以保护他们的资产，存放在诺克斯堡[27]的大量金块很快就会用完[28]。1971年5月，西德退出了布雷顿森林体系，而不是让马克贬值。7月，瑞士购买了5000万美元的黄金。8月初，法国将一艘战舰派往纽约港，运送它购买的1.91亿美元的黄金。这些黄金之前存放在纽约联邦储备银行的金库中。尼克松最后同意了弗里德曼的观点，凯恩斯的布雷顿森林协议应当迅速终结。

弗里德曼与其他市场经济学家始终倾向于让美元自由浮动，也就是让市场而不是政府来决定一国货币的价格。尼克松在1971年8月的声明实际上终结了布雷顿森林体系，他允许美国货币当局不再履行以美元交换黄金的承诺。1973年3月，尼克松正式终结了布雷顿森林体系，允许美元价格在公开市场上自由浮动。尼克松还在1971年8月宣布，对所有进口商品立即实施10%的关税，以解决贸易赤字问题，这是由于美国人从国外购买的商品超过了他们出口的商品金额。

已经有人警告过尼克松，终结布雷顿森林体系并让美元自由浮动，可能导致美元价格下跌或者说贬值，这可能被爱国的美国人认为是一种软弱的表现。于是，为了有意识地分散人们的注意力，尼克松增加了一项政策，意在向选民们保证他正在解决他们最为关心的一个问题，即价格的快速上涨。随着反通货膨胀被列入议事日程，弗里德曼对于自己抗击通胀的货币主义理念将被付诸实践抱有乐观态度。但是在1971年的戴维营会议上并没有讨论弗里德曼的建议，也没有提及货币供给。总统一直在盯着他的再次当选，更感兴趣的是对正在上涨的价格采取惹人注目的直接行动。

尼克松选择的政策是在九十天内冻结所有工资和价格并且立即生效，接着就是由联邦政府永久性地控制所有工资和价格。其他受到类似的商品和工资价格飙升损害的国家[29]也求助于以法令冻结价格和工资的政策，这样做的主要目的不在于治愈通货膨胀，而是为了争取时间，以向选民们表明他们正在采取大胆而有效的措施来遏制工资－价格的螺旋式上升。民主党国会已经在 1970 年通过了允许价格管制的法案，并且希望尼克松采取这一措施，但是他不愿意动用这些赋予他的权力。对于价格管制，他有亲身经历。1942 年他曾经在战时价格管理办公室工作过，这一部门可以合法地控制价格。但是这一经历让他明白，价格管制可能无法奏效。“正像你非常清楚的那样，工资－价格管制和工资委员会的困难在于，糟糕透顶的事是不会有好结果的，”他告诉舒尔茨，“甚至直到二战结束它们也没有奏效。在和平时期它们永远也不会奏效。”[30]

尼克松也担心这些控制可能会“让我们整个自由经济严重窒息”[31]，而且这个过程只不过就是“一个使美国走向对立面的方案”[32]。但是尼克松说伯恩斯、康纳利和沃尔克[33]都督促他实施工资和价格管制，他把这一政策视为有助于赢得选举的大花招。于是尼克松引入了价格管制，尽管他知道这些政策会失败。“从原则上来讲，尼克松强烈反对工资和价格管制，”弗里德曼回忆说，“但是正像我们都知道的，只要有政治需要，尼克松有放弃原则的能力。”[34]

弗里德曼对他亲眼看到的这一切感到震惊。作为一名拥护自由贸易的学者，他不喜欢任何限制贸易的关税。他看到的美国通货膨胀数据表明，当前的通货膨胀率低于自 1967 年以来的任何时期，因此此时并没有反通胀的压力[35]。弗里德曼相信尼克松沉迷于政治，引入工资和价格管制的目的在于掩盖其令美元自由浮动的决定，尽管他知道工资和价格管制不会奏效。“我强烈反对价格指导和管制，”弗里德曼写道，“这些措施曾被尝试过很多次，但是从未奏效过。一旦失败，他们只会让经济扭曲，并传递通货膨胀成因的错误信息。通货膨胀的根源在华盛顿，而非其他地方。”[36]弗里德曼认为尼克松对工资和价格的管制“对国家造成的危害远远大于此后导致他辞职的任何举措”[37]。萨缪尔森也对价格管制的效果没有信心，但是认为有些时候这些政策被证明是有帮助的。

但是，就在尼克松的新经济政策实施之后，是弗里德曼而不是萨缪尔森在《新闻周刊》[38]上撰写长文，炮轰尼克松干预自由市场的力量。在标题为“为何冻结是一个错误”的文章中，弗里德曼将尼克松的价格和工资管制描述为“‘极度似是而非’的方案之一，这是引用埃德蒙·伯克在不同情景下说过的话，即‘有着极为令人愉悦的开端，却经常得出可耻和可悲的结论’”。他认为，冻结价格和工资以遏制通货膨胀就像固定住一艘船的船舵，这就使它无法被操控。“最后的结果如何？或迟或早，而且越早越好，这种政策将以完全的失败和受到抑制的通货膨胀公开出现而结束，就像以前所有冻结价格和工资的尝试一样，从罗马皇帝戴克里先时期直到现在，莫不如此。”弗里德曼写道[39]。他批评伯恩斯在尼克松的督促之下使货币供给在 6 个月内增长了 10%，这会使通货膨胀火上浇油。

超级自信的弗里德曼并不畏惧告诉这个世界上最有权势的人，他正在犯下错误。1971 年 9 月，即戴维营的危机峰会和价格管制实施一个月之后，尼克松在椭圆形办公室告诉弗里德曼，他知道冻结工资和价格是糟糕的政策，他将尽早废除这些政策。然后，尼克松指着乔治·舒尔茨这位实施这些管制的负责人说，“不要因为这桩丑事而责备乔治”。对此，弗里德曼迅速回复说，“我不责怪乔治。我责怪的是你，总统先生”[40]。

在10月18日出版的《新闻周刊》中，弗里德曼继续讨论这一灾难性的议题。他写道，“在价格管制之下，通货膨胀的压力将会积累起来，管制措施将会崩溃，通货膨胀将会重新爆发，可能是在1973年的某个时候，抗击通货膨胀的措施可能引发一次严重的衰退”。他认为，如果这使得大家纷纷调高工资和价格，以弥补在冻结期间未能提价的损失，恶性通货膨胀就有可能扎下根来。

尼克松干预价格机制的自由运行让弗里德曼感到愤怒。在这一机制下，市场“出清”时供给与需求相等，从而实现“自然”价格。弗里德曼15年前就曾经警告过，“在高通胀时期，甚至公开的恶性通货膨胀对产出造成的损害也要小于受到抑制的通货膨胀，在后面这种情况下，各种各样的价格都被控制在远低于市场出清的水平”。

在10月18日《新闻周刊》的专栏中，弗里德曼认为对于恶性通货膨胀只有两种疗法，而且他发现这两者都不会让人感觉愉快：“再次实施管制，这次需要范围更广、规定更细、执行更严；或者采用严厉的反通胀货币和财政措施。前者充其量是一种暂时性的应急措施，将导致经济和社会结构变得极为紧张；后者会引发一次衰退。”[41] 弗里德曼准确地预见到了在这个10年的后半段，尼克松的继任者吉米·卡特在应对飙升的通货膨胀时所面临的严重的政治困境。

萨缪尔森很荣幸自己成为尼克松最痛恨的政敌之一[42]。对于他而言，尽管同情那些希望价格和工资管制能够奏效的人的本意，但是他不相信这些措施真的管用。1970年12月，在被问到是否应当采取管制措施时，他的回答是，“就目前的证据来看，我无法赞同价格管制”[43]。接下来的一年，当尼克松采取价格抑制政策时，萨缪尔森并不认为情况已经发生了变化，并足以保证这些措施能够成功。他取笑那些左派人士，比如加尔布雷斯，后者要求进行价格管制，即使来自十几个国家的证据都表明这些政策没有效果，或者只是在短期内有效，但是很快就崩溃了。

但是，正如我们在上一章中已经看到的，萨缪尔森不同意弗里德曼对滞胀的解释。滞胀是指价格上涨、增长停滞、失业增加，这一现象不仅逐渐在美国显现出来，在很多其他发达国家也出现了。他将这种“成本推动型”的严重通货膨胀归咎于“外生因素”，比如全球范围的粮食严重歉收，以及伴随着高通胀的经济“过热”。他对像弗里德曼这样的教条主义者进行了旁敲侧击，这些人对通胀的解释过于简单，并且提出了貌似简单的解决方法。“哈耶克主义者认为自由市场加上对货币供给的控制是解决滞胀的唯一方法，”他写道，“但是他们中的大部分人将会发现，现代世界的证据表明，与这些理念所幻想的结果相比，这些政策会产生更大的成本，更少的收益。”[44]

1971 年 9 月，弗里德曼和萨缪尔森作为美国最知名的经济学家，被邀请来到国会山一间宏伟的参议院委员会会议室，为国会联合经济委员会提供他们对尼克松新经济政策的看法。这次听证会提供了一次宝贵的机会，让这两位老朋友和老对手肩并肩地坐在一起，在电视镜头前进行直接辩论。尽管与当初凯恩斯和哈耶克的辩论一样，这次辩论的结果也不是结论性的，但是它还是揭示出弗里德曼和萨缪尔森之间明显的区别不仅表现在经济政策方面，还在于他们相互冲突的哲学理念和极为不同的脾气秉性。

保守主义政治家喜欢将价格上涨归咎于工会，因为工会会在劳动市场上运用自己的垄断势力，先是驱动工资上涨，进而导致一般价格水平的上涨。但是，如果猛烈抨击工会的人期待弗里德曼在出席听证会时能够支持他们的观点，他们只能失望而归了。弗里德曼告诉议员们，无论工会有什么过错，通货膨胀并不是他们造成的。“我相当不习惯为工会辩护，”他告诉委员会，“在我看来，他们造成了很大的损害，让那些低收入者失去了工作机会，这是指他们采取的那些限制性措施。但是我认为他们对于通货膨胀的产生没有责任。”他援引了通用汽车最近达成的一项薪酬协议，在这项协议中，工会对高工资的要求得到了满足，这是因为“之前的协议是在对通货膨胀小得多的预期下签订的”。工资要努力赶上价格的上涨，这是不可避免的，确保其成员的工资赶上价格水平，这正是工会的职责。萨缪尔森同意弗里德曼的观点，但是他警告委员会要注意这类协议的后果。他说，“如果每个人都想着始终赶上之前的情形，那么你就会落入鸡生蛋、蛋生鸡的困境，这会使通货膨胀率永远持续下去”。

弗里德曼赞扬了尼克松提出的削减在健康、教育和城市复兴等方面公共开支的建议，尽管他不相信总统能够令民主党掌控的国会做出这样的削减。然而，对于联邦政府干预劳动力市场和消费品价格，弗里德曼还是表达了明确的反对。他在证言中说，“我强烈反对冻结工资和价格，以及对工资和价格进行更有限的控制，毫无疑问，冻结解除之后就会这样做”“这些都纯属表面措施，不会影响通货膨胀产生的根源。根源在于政府的货币和财政政策”。他继续说：

如果工资和价格管制真的奏效，就会扭曲经济结构并造成损害。如果这些措施被规避，他们就不会造成多大的损害，但是这会轻微地削弱对法律的尊重，而这正是我们一些社会问题产生的根本原因。

萨缪尔森告诉委员会，他不同意弗里德曼对尼克松价格管制政策的悲观态度，他认为这些政策“两相比较来看……有助于减缓今年和明年价格和工资上涨的速度”[45]。尽管从其他国家的经验来看，这些管制通常只不过在短期内起作用，但他的观点是“美国社会和美国经济不会容忍永久性的收入政策，即像很多西欧国家现在一样，联邦政府和劳工对一个精心制订的年度工资增长目标达成共识”“我认为你无法像克努特国王那样，通过颁布法令来降低价格和工资”[46]。他承认1971年8月采取的紧急措施可能有助于实现某种程度的经济增长，这些措施也有可能通过克制工资涨完价格涨的循环，抑制工资和价格的上涨。“不能指望最终的目标和指引能够降低价格和工资或者使价格稳定下来，但是有望缓和价格和工资的上涨。”[47]他在一份提交给委员会的声明中写道。

尽管萨缪尔森同意弗里德曼关于管制无法确保遏制工资或价格上涨的观点，他还是忍不住公开向弗里德曼叫板，否认无论在何种情况下都不能采取这类措施。“在睡不着觉时我常会做一些思想实验，我问自己，如果我是弗里德曼教授的话，该怎么办？”他说，“是否通货膨胀公开上涨7%，也就是在政府没有干预的情况下通货膨胀率达到这一水平，会让我转而同意某项收入政策？在这个问题的第一关时，我的回答是否定的。接着我又试了一下8%，答案仍然是否定的。到这时候，我就睡着了。”[48]

弗里德曼相信，价格管制措施将会产生适得其反的效果，对于通货膨胀是火上浇油而不是将火扑灭，因为在管制措施取消时，企业和工会会极力获得“补偿”，而且国会和政治家们认为他们现在不用再为价格上涨操心。他预测，如果管制措施实施的时间太长，这些措施就会崩溃，就像相似的措施在其他地方的最终结果一样。“管制可能会在一定的时间内控制住价格上涨的压力，也就是让公开的价格水平保持稳定，”他说，“但是随着这种压力不断增加，这些管制几乎肯定会崩溃。”他警告说，一旦崩溃，“你不得不再次考虑要狠狠踩下货币和财政扩张的刹车，以抵消价格上涨的压力”。

萨缪尔森猛烈抨击了弗里德曼对于公共支出和税收的教条主义观点。他争辩说，尼克松8月的政策已经暗示了要同时削减政府支出和税收，但是弗里德曼号召削减公共开支是出于政治目的，而不是经济目的。“弗里德曼教授曾经说过，任何时候都是削减开支和税收的好时机，”萨缪尔森说，“这不是基于宏观经济的理由，而是由于根深蒂固的哲学或其他方面的原因。我无法同意这一判断。我认为我们有大量的公共需求，我们也需要征税，以为满足这些需求而筹集资金。”[49]

对于萨缪尔森的指控，弗里德曼的回应幽默而得体，避免了让争论涉及的范围太广，并主要关注萨缪尔森的一个观点，即弗里德曼的预测总是过于悲观。“我无法说明保罗·萨缪尔森自讨苦吃的天性是正当的还是一种借口，”弗里德曼告诉委员会，“但是我乐于纠正他有关我所做预测的声明。事情就这么巧，他的声明是错误的。”

弗里德曼解释了他为何拥护削减公共支出和减税：

> 我认为，有关减税是否对企业偏心的讨论是在蛊惑人心。企业不缴任何税，它无法缴税。只有民众才缴税。这个问题可以这样来问，如果你推行了某一种税，然后企业开了一张支票来付税，那么税是谁缴的？或者是那家企业的员工，或者是那家企业的消费者，或者是那家企业的持股人。是民众缴的税。企业本身是没有缴税能力的。[50]

在作证的最后几分钟时间，萨缪尔森和弗里德曼面对面交流，并相互攻击。或者更准确地说，在回答对私人企业应当征收多少税合适时，在弗里德曼口若悬河地表达自己观点的过程中，萨缪尔森偶尔插上几句。他提出的建议是，“就像对价格的共识一样”，利润也应当受到法律的控制，作为对工会同意控制工资的补偿。由于从实际情况来看，冻结利润即使不是不可能的，也是很难实现的，他相信应该代之以企业税的提高，这反过来也会降低利润。

弗里德曼极力反对。“我相信现在企业税太高了。应该将企业税降低。对我来说似乎这又是……”他的话还没有说完，萨缪尔森就打断了他，“你知道我不相信这一点，有组织的劳工也不相信，总体而言低收入阶层的反应也不像是他们相信企业税太高了”[51]。

尼克松在多大程度上推进了弗里德曼的事业？他可能忽略了弗里德曼关于货币供给和通货膨胀的命题，也没有理会弗里德曼对价格和工资管制的反对。但是弗里德曼对尼克松政府的影响是相当大的。他的两个成就是：说服尼克松让美元自由地发现自己的价格，以及在1973年1月终结了征兵制度，这是另一个弗里德曼始终坚持的目标。

但是，尽管赞同弗里德曼的货币主义理念，尼克松和他的政府成员随时准备实施强制性的工资和价格管制、征缴贸易关税，从而放弃自由市场。“作为秉持‘弗里德曼式’观点的人，尼克松的经济学家们都将货币供给作为通货膨胀最为重要的原因，”后来斯坦因回忆道，“然而，凭借这一立场反对共和党和凯恩斯主义的传统观念，对此他们还没有充分的信心。”[52]

斯坦因继续评价弗里德曼对尼克松政策产生的影响，指出了弗里德曼的理论在应用于实践时具有重大缺陷，即如何准确地从一个货币供给不断变化的经济转变为一个货币供给平稳、确定、可预测或者以每年2%左右的速度增长的经济。斯坦因写道：

“弗里德曼式”的稳定货币增长政策，这一理念遇到了大量困难。在经济应当保持稳定状态时，这一政策可能最适宜实现这一目标。但是1969年的问题不是稳定经济，而是抑制正在上涨的通货膨胀。这需要降低货币增长的速度，但是对于货币增长速度应该降低多少，“稳定货币”规则无法提供指导。[53]

最终，尼克松还是让弗里德曼大失所望。“我在1968年时强烈支持尼克松，”他回忆说，“现在回想起来，我必须承认，我怀疑这种支持是否正确。”然后他列出了尼克松让他失望的原因：

很少有总统表达的理念更为契合我自己的思想；即使有的话，也没有几个拥有更高的智商；然而实际表现难以与其言辞和能力相符。最为明显的例子是工资和价格管制，但这绝不是唯一的事例。

尽管尼克松本应支持一个规模更小、干预更少的政府，但是在他任期结束时，联邦政府支出占国民收入的比例与任期开始时一样大。

重新考察一下这些证据，我发现联邦规制活动的扩张开始于尼克松政府时期，这令我感到震惊……记录所有政府规制的联邦公告的页数，从1968年的2万页增加至1974年的4.6万页，也就是尼克松辞职的那一年。[54]

弗里德曼列举了尼克松设立的一些新的政府机构，环境保护局、职业安全与健康管理局、消费品安全协会、法律服务委员会、能源部、经济就业机会委员会。

弗里德曼憎恶规制本身，这源自他的信念，即只有企业不被规章和法律义务束缚住，经济增长才能有所进步。与弗里德曼所追求的很多其他目标一样，放松管制成为保守主义一个的共同论点，以反对多管闲事的人和空想的社会改良家。他斥责这些人用数量过多、成本高昂的规则让市场束手束脚。

萨缪尔森承认，“正如以往报告的那样，安全规章和污染控制降低了生产率，但是更长的寿命和更清洁的空气是一个富足的社会合理要求的一部分”[55]。然而，萨缪尔森认为这些规制是为了解决市场失灵问题。在出现市场失灵时，作恶之人从来不会完全承担污染的成本或不安全的操作造成的成本。

2002 年，弗里德曼以不乏偏见的态度回顾了他与政府的第一次冲突。他称“在尼克松执政时期，政府对产业的规制和控制比整个战后时期增加得都更多”。

第十章

芝大小子

弗里德曼为一位智利将军提供建议，而这位将军推翻了本国的总统，这让弗里德曼领取诺贝尔奖的瑞典之行蒙上了一层阴影。

尼克松政府可能错过了将货币主义理念付诸实践的机会，但是不久之后弗里德曼就找到了另外一位总统，他急需帮助以治愈失控的通货膨胀。1955年至1964年，芝加哥大学热情接待了一批来自智利天主教大学的经济学专业的研究生，他们得到了美国国际发展署的资助。这些人回到智利之后就自称“芝加哥小子”，其中一些人参加过弗里德曼“货币与银行讲习班”的课程。

1970年，萨尔瓦多·阿连德当选为智利总统，[1]尽管尼克松做出的种种努力和美国中央情报局[2]的颠覆行动都试图阻止他当选。至1972年，糟糕的经济管理和尼克松旨在“让其经济吃些苦头”[3]的惩罚性贸易禁运，使得智利年通货膨胀率达到200%，财政赤字飙升至GDP的13%，实际工资下降了25%。包括食品在内的一些基本物资出现了短缺。1973年9月，在美国中央情报局的帮助下[4]，阿连德在奥古斯托·皮诺切特[5]将军领导的一次军事政变中被罢免了。阿连德和4000名支持者被暗杀，其中1500名受到了折磨并遭到立即处决。智利经济像自由落体一样下滑。至1974年4月，每月通货膨胀率处于10%～20%。借助于他们从弗里德曼和其他人那里学到的知识，芝加哥小子制定了经济复苏方案并将其呈送给皮诺切特。

1974年3月，弗里德曼与芝加哥大学和智利天主教大学之间的特派员阿诺德·哈伯格[6]访问了圣地亚哥，用一系列研讨会和公开讲话鼓励他们以前的学生，一些军政府的官员和军队人员也出席了。弗里德曼很高兴地报告说，“由于他们受到的训练，我们的学生几乎是智利仅有的与阿连德政府没有瓜葛或者拥护该政府的经济学家”[7]。在总统府，弗里德曼私下会见了皮诺切特，建议智利采用“休克疗法”[8]来限制货币供给的增长。皮诺切特告诉弗里德曼，他赞同这一想法，“但对这一方法可能导致的暂时失业，感到非常忧虑”[9]。

皮诺切特请求弗里德曼就其修复智利经济的建议寄给他一份简报，这位经济学家一回到芝加哥就照办了。在列出拥有八个要点的计划之前，弗里德曼感谢了皮诺切特“对我们的热情款待”。这一计划旨在创造“一个奇迹”，并涉及对货币供给立即进行严厉的限制。该计划还包括在六个月内将公共开支减少25%，弗里德曼说这会导致“严重的转型困难”，数千名政府员工会被解雇[10]。正如弗里德曼后来回忆的，“事实证明，这六天的访问和我作为一名教授发挥的重要作用对我和智利都产生了一些我们从未预料到的后果，在接下来的十年我们不得不设法应对这些后果”[11]。

1970年的一个早上，萨缪尔森在黎明前被一通电话吵醒了，来电问道，“获得诺贝尔奖的感受如何？”“辛勤的工作有了回报，感觉很好。”他回答道。“我女儿说，那样说让人听起来有点虚伪，”萨缪尔森回忆说，“我说不，实际上确实如此。”[12]

无论是萨缪尔森还是弗里德曼都不会对他们的成就表现得过分谦虚。但是赢得诺贝尔奖是一件非常特别的事，即使对那些天赋特别突出的人也是如此。用任何标准来衡量，萨缪尔森可能都会赢得这项荣誉。作为美国最重要的经济学家，发表了大量重要的学术论文，编写的教材成为全世界最著名的供大学生使用的宏观经济学手册，如果他没有获得这一奖项，反而是一件奇怪的事。此时诺贝尔经济学奖只设立了一年的时间，之前只有两名获奖者，一名挪威人和一名荷兰人在 1969 年分享了这一荣誉。将第二届诺贝尔经济学奖授予萨缪尔森，有很多理由可供诺贝尔委员会选择，但是他们决定集中关注“他用数学方法将经济学研究规范化了”，并且注意到现在“他的研究实际上已经影响了现代经济学的所有分支”。[13]

罗丝·弗里德曼回忆道，当第一届诺贝尔经济学奖还在讨论时，“对于即将获奖的人选，两个名字出现在每个新闻故事或谈话中，即保罗·萨缪尔森和米尔顿·弗里德曼”。在猜测谁会赢得第二次经济学诺贝尔奖时，罗丝·弗里德曼说，“最常提及的两个名字还是一样的”[14]。然而，当萨缪尔森获得这一奖项时，这让他有点惊讶。“我确实没有想到在这一奖项颁发的第二年自己就会获得诺贝尔奖。”他说。考虑到由于当时经济学教工中存在制度性的反犹太主义，使得哈佛未能给他提供一个与其能力相当的职位，诺贝尔委员会以其在哈佛撰写的博士学位论文为基础出版的《经济分析基础》一书作为他的获奖理由，这让萨缪尔森特别开心。

1970 年 11 月，弗里德曼以对他的老朋友和老对手的赞颂作为开篇，开始撰写《新闻周刊》的专栏。“本专栏的读者知道保罗·萨缪尔森是一位机智、博学，经常还很辛辣的时事评论员，也是肯尼迪和约翰逊时期经济政策的一位秉承‘自由主义’的支持者，还是一位当今尼克松经济政策的批评者。”他写道。萨缪尔森是“一名聪明绝顶且具有原创精神的数理经济学家”，他“帮助重塑和改善了我们这个学科的理论基础”。而且，“在将麻省理工建成经济学学习和研究重镇的过程中，萨缪尔森发挥了领导作用，将一个普通的经济学系提升为世界领先的经济学系之一”。

萨缪尔森私下里写信给弗里德曼说，“感谢你好心的关注和友好的专栏文章。当你的光荣时刻到来时，你会发现来自老朋友的这些话是最无价的”，至少在对诺贝尔奖奖金要缴纳的个人所得税发表评论之前是这样的。“任何收入属于70%分位并且确定能获奖的人，在获奖之后都会变得富有”[15]。按2020年的美元计算，每项诺贝尔奖的唯一获奖者都会获得110万美元和一枚价值10 000美元的金质奖章。

仅在一个月前，芝加哥大学校友事务部仔细询问了弗里德曼对萨缪尔森的看法，他们正考虑颁发一项“职业成就奖”。弗里德曼在其热情洋溢的回复中说道，“萨缪尔森显然是世界上最卓越的经济学家之一”，并且已经“做出了重要的科学贡献，对我们当今的经济学理念有着显著的影响”[16]。

1970年，萨缪尔森和妻子玛丽安飞往斯德哥尔摩，去参加一场盛大的正式宴会，按照惯例，他发表了一篇获奖感言。“对我而言，任何一位学者获得这一奖项都是梦想成真的时刻。”他告诉尊贵的瑞典听众。他列举了很多位影响过自己的老师、同事和学生[17]，暗示自己只是引导他赢得这一奖项的一大群人中的一部分。“对于科学而言，令人高兴的一件事就是我们每个人都是踩着前辈们的肩膀向天空攀登，”他说，“皇家科学院委员会将这项荣誉授予我，实际上是在表彰我这一代同一领域的所有人，他们一直在辛勤地工作。”

第二天，萨缪尔森做了一场题为“经济分析中的最大化原则”的演讲，讲稿中布满了复杂的方程，让那些对经济学或数学了解不多的人一头雾水。在解释他的“显示偏好”理论时，他讲述了消费者在购买商品时如何做出选择，并且禁不住顺便攻击了一下奥地利学派，其领袖人物是哈耶克和冯·米塞斯，后者现在在纽约大学任教，即将步入 90 岁高龄：

奥地利经济学家可能坚持认为人们行动的目标是最大化他们的效用，但是如果追问他们这到底是指什么，他们就会发现自己的答案只是在重复问题，即无论人们的行为如何，除非能够使他们的满足感最大化，否则他们可能都不会这样做。就像我们能够根据相等数字之间的比率消除这两个数字一样，我们也可以根据奥卡姆剃刀法则将效用完全从论证中去掉，最后只能以一句愚蠢的话告终，即人们做他们做的事。

在很大程度上，他最后的评论是说给美国人听的，这反映了他终其一生与弗里德曼之间关于经济学未来的竞争。他引用了美国经济学家、资本主义的主要批评者索尔斯坦·凡伯伦[18]的一句话：“为何理论经济学应当被反动分子所垄断，这毫无理由。”“在我一生中，我都努力将这句警告铭记于心，”萨缪尔森说，“我也大胆地请求在座的各位留意这句话。”

在萨缪尔森获得 1970 年诺贝尔奖之后四年，弗里德里希·哈耶克获得了第七届诺贝尔经济学奖，但是对他的提名争议如此之大，以至于他不得不和贡纳尔·缪尔达尔一起分享这一奖项。后者是一位左翼瑞典经济学家和社会学家，以揭露美国种族问题的作品而闻名。萨缪尔森为哈耶克感到高兴。“根据我的判断，他的研究配得上这一奖项，”萨缪尔森说，“然而，1974 年在哈佛和麻省理工的教师联谊活动室中，多数人似乎对这位新任诺奖得主的名字闻所未闻。”[19]

弗里德曼获得诺贝尔经济学家的时间比萨缪尔森晚了6年。罗丝·弗里德曼怀疑其中有黑幕。“我丈夫在接下来的5年中都被弃之不顾，在我和我的很多同事看来，决定是否获奖除了考虑对经济科学的贡献以外，似乎明显还有其他的东西。”[20] 她回忆说。《新闻周刊》也为弗里德曼造势：“如果是他的同行在投票，弗里德曼可能早就获奖了。大家都说，瑞典皇家科学院迟迟没有将这一奖项颁发给弗里德曼，只是因为他偏向于有争议的右翼政治激进主义。”[21]

正如萨缪尔森曾经说过他感觉自己配得上诺贝尔奖，弗里德曼在讨论这一他即将获得的荣誉时，也没有表现出太多的感激之情。1976年10月14日上午，一名广播记者在底特律一家停车场找到了弗里德曼，问他“是否将诺奖视为职业生涯的巅峰”。弗里德曼回复道，“我更关心未来50年我的后辈们如何看待我的专业工作，而不是碰巧为诺贝尔委员会服务的7个瑞典人做出的判断”。美国新闻界乐于报道弗里德曼的失言。他的回应带着“特有的怨气”，他“粗鲁而坦率”的反应“是纯粹的弗里德曼式的，在其他很多人都努力保持谦逊的地方也总是显得很傲慢”[22]。

罗丝·弗里德曼极力捍卫她丈夫的好名声。“没有人说过我丈夫是一个谦卑的人，”她说，“但是只有那些不认识他的人或者希望故意曲解他的人，才会认为他是一个‘傲慢’的人或者带着‘特有的怨气’。”[23] 罗丝·弗里德曼可能和她丈夫一样容易生气。当被问到是否对她丈夫获得诺奖而感到自豪时，她怒气冲冲地说，“我始终都为我丈夫感到自豪，不需要诺贝尔奖来说服我”。

在颁奖词中，弗里德曼的获奖理由是“在消费分析、货币史和货币理论等领域的成就，以及他阐明了稳定化政策的复杂性”。官方的公告继续说：

对于重新重视货币对于通货膨胀的作用，以及相应地更新对货币政策工具的认识，米尔顿·弗里德曼厥功至伟。随着作为芝加哥学派一部分的货币主义的兴起，他告诉我们，“货币重要”，甚至“只有货币重要”。这种对货币作用的极力强调应当从如下角度来看，即很长时间以来，在分析经济周期和通货膨胀时，经济学家几乎完全忽略了货币和货币政策的意义，他们通常拥护对凯恩斯主义理论做一种狭隘的解释。远至 20 世纪 50 年代初期，弗里德曼就是一位有理有据地反对早期后凯恩斯主义片面性的先驱。主要得益于他的独立思想和卓越才华，他发动了一场生机勃勃、成果丰硕的科学争论，持续时间超过 10 年……

对弗里德曼理论的广泛争论还导致了对中央银行所采取的货币政策的评估，这首先出现在美国。一位经济学家产生如此之大的直接或间接影响，不仅改变了科学研究的方向，还改变了实际政策的方向，这是极为罕见的。

但是对弗里德曼所取得成就的过分赞誉掩盖了闭门会议时发生的激烈争论，即弗里德曼为《新闻周刊》撰写专栏以及作为巴里·戈德华特的首席经济顾问，是否削弱了他的学术地位。这些指控明显也适用于萨缪尔森，因为他也曾为肯尼迪工作过。

当委员会产生分歧的新闻泄露以后，罗丝·弗里德曼将其归咎于诺贝尔总委员会的自由主义观念和对经济学的忽视，他们不得不赞同弗里德曼获奖。“更大范围的委员会的批准仅仅是一种形式，但这次明显不是。”她写道。在她看来，存在政治分歧的双方都很尊重弗里德曼的经济学，“从极端右翼到极端左翼”，但是“委员会中的非经济学家只知道他公开的角色，即一个政治上令人生厌的人”。就像哈耶克获得诺奖表明的那样，很难说瑞典科学院具有左倾倾向，保守主义者也未必比自由主义者更难获得提名。

萨缪尔森迅速对弗里德曼表示了祝贺，并在《新闻周刊》上撰文，极力称赞他的聪明才智，称这一奖项“恰如其分地认可了弗里德曼的科学贡献和学术地位”。萨缪尔森称赞弗里德曼的天赋使其“在很多方面都成为我们保守主义传统最好的建筑师，而不仅仅是那种观点的阐释者”。接着，萨缪尔森颂扬了弗里德曼散发的人性光辉。“我之前从未讲过的是米尔顿·弗里德曼的活力与快乐，他的机敏与聪慧，以及在辩论中一贯的礼貌。全世界都钦佩他的成就。他的密友则爱他这个人”[24]。弗里德曼也很快写信给萨缪尔森，“你的贺电和你的专栏是这个奖项最宝贵的红利之一”[25]。

《金融时报》对弗里德曼获得诺贝尔奖表示欢迎，其社论作者断言他“毫无疑问是我们这个时代最有影响力的经济学家”。对弗里德曼在道德方面拥有正直品质的证明出自一个意想不到的来源：史蒂夫·拉特纳[26]，他是《纽约时报》的经济学通讯记者。“在坚持自由放任原则和货币经济学的这么多年里，甚至他的批评者也认为他从未牺牲自己知识分子的正直品质，”他写道，“他拒绝了大量的政府职位，部分的原因就是他不相信那样还能坚持自己的原则。”[27]

经过思考，弗里德曼认为自己对于这一奖项的最初反应过于尖刻了，在讲话之前他本应更仔细地思考一下。“我不是有意在贬低诺贝尔委员会，”他说，“总体而言，他们非常认真地完成了自己的工作。但是，与此同时，对一位科学家而言，真正重要的是他的研究对科学产生的长期影响。”[28]弗里德曼现身全国广播公司的《与媒体见面》栏目，他试图解释为何自己似乎在贬低授予他奖项的诺贝尔小组成员。“我希望对我的研究做出判定的陪审团不是当前的经济学界，主要是从现在开始的 25 年后或 50 年后的经济学界，”他说，“真正的巅峰之作应当体现在我所做的某些研究对经济分析总体的影响。”[29]

接下来的 7 月，在于胡佛研究所所做的一次访谈中，弗里德曼继续批评诺贝尔奖本身存在的问题，实际上所有的评奖都是一样的。“整个诺贝尔奖制度产生的危害可能比带来的益处多得多，”他说，“它使得公众极为重视这一特别奖项获得者的观点，这完全没有道理。”他承认，对他做出评判的委员会成员是一些杰出的、有才干的学者，然后继续说：

在任何领域，几名在本领域做出过贡献的学者有权决定某项研究受人尊重，而如果其他学者想要自己的成果被认定为重要的，就应当集中精力从事该项研究，这是大家想看到的吗？在一些基础领域，权力高度集中并有效地指引课程或研究，这是大家想看到的吗？这种影响不仅限于经济学，对于物理学、化学或其他任何领域，都是一样的。[30]

1976 年 12 月，弗里德曼夫妇飞往斯德哥尔摩接受诺贝尔奖，有人警告他们说，已经发现因他们现身瑞典引发了街头游行示威，以抗议弗里德曼给智利皮诺切特军政府提供的帮助。抗议者的威胁被认为极为严重，以至于弗里德曼夫妇无论去哪儿都有武装警卫伴随左右。

抗议者仔细审查了弗里德曼 1975 年智利之行的详细情况，以及他与皮诺切特的谈话泄露的信息。陪同弗里德曼去圣地亚哥的同事阿诺德 · 哈伯格写信给诺贝尔基金会的主席，试图澄清是非。“我们并非以政府顾问的身份访问那里，我们两个也都没有与现在的智利政府有过任何的官方联系，”他写道，“无论过去还是现在，我们对智利的访问并不意味着对现任智利政府有任何的支持。”

就在宣布弗里德曼获得诺贝尔奖之后不久，《纽约时报》发表了几封言辞激烈的书信往来。四名诺奖得主，包括 1954 年化学奖得主莱纳斯 · 鲍林以及分别于1967年、1975年和1969年获得诺贝尔生理学或医学奖的乔治·沃尔德、大卫·巴尔的摩和卢里亚，他们写信指责弗里德曼在智利的顾问工作，抗议其获奖。尽管曾经写信为皮诺切特提供经济建议，弗里德曼坚称他“那时并没有也从来没有成为智利军政府的一名经济顾问”，他质问这些对其提出批评的诺奖得主，当他在苏联和南斯拉夫做讲座时，他们为何不反对。“由于使用了双重标准，你们对我个人有偏见。”他写道。两位诺奖得主写信重申了他们的指控，“你与休克疗法政策的关联将你和经济政策与镇压行动联系在一起，这些都是智利军政府体制不可分割的一部分，而你的智利之行又强化了这一点”。

弗里德曼再次写信，抱怨诺奖得主竟敢批评他所提供的经济建议的性质，他们并不具备使其可以做出这种判断的经济学专长。他正确地强调，智利根据他的建议所采取的政策是有效的，通货膨胀得到了控制，经济总体上正在复苏[31]。工作机会涌现出来，出现了增长的迹象。“我推荐的经济政策可以与政治局势分开，我对后者感到遗憾。”他写道。“你支持识别科学成就时需要进行政治检验，这与很多世纪以来知识界言论自由、思想自由和学术自由的传统背道而驰。”[32]他说。

在1976年12月10日弗里德曼发表他的获奖演说时，抗议者们在宴会厅外高声辱骂，他试图让气氛轻松一些，集中关注在他获奖过程中发生的他所谓的潜在“利益冲突”。弗里德曼说：

> 我对货币的研究使我得出结论，即中央银行可以被计算机所代替，旨在实现货币数量以稳定的速度增长，这样做是有益处的。对我个人以及一群优秀的经济学家而言，幸运的是这一结论还没有产生实际的影响……否则就不会有瑞典中央银行了，也就无法建立我现在荣获的这一奖项。我应当汲取这

样的教训吗，即有些时候有失才会有所得?

他讲述了这一奖项已经对其产生了哪些影响。“不仅没有免费的午餐，也没有免费的奖项，”他说，“宣布一个奖项会立即使获奖人变成一个无所不通的专家，也会引来一群群全世界各种杂志和电视台贪婪的记者和摄影师。每件事人们都会请我发表自己的看法，从如何治愈感冒到一封约翰·肯尼迪签名信的市场价值。”[33]实际上，尽管受到众星捧月一般的追捧，弗里德曼感觉这一奖项来得太晚了，对他的职业生涯没有太多用处。“在我获奖时，我年纪已经太大了，对我没有产生太多的影响。”[34]他后来评论说。

似乎是为了反驳那些批评他为皮诺切特提供通货膨胀治疗方案的人，弗里德曼为其诺贝尔纪念讲座选择的题目是“通货膨胀与失业问题”[35]。他身着不太搭配的白领结和燕尾服，再次攻击了菲利普斯曲线，并阐释了“自然失业率”。他指出，在二战以后的30年中，“为了使失业率保持在低水平，需要的通货膨胀的剂量似乎越来越大了”。但是他观察到“以目前的形式表述的自然率假说还不足以解释一个最近出现的发展动向，即从经济停滞与通货膨胀共存转变为经济衰退和通货膨胀共存，后者这种伴随着高通胀的衰退是一种罕见的现象”。

在如此引人瞩目的演讲中谈论恶性通货膨胀的兴起，这似乎是一件自然而然的事。弗里德曼再次清晰地阐明了自己的标志性理论，即“通货膨胀时时处处都是一个货币现象，因为只要货币数量的增速超过产出的增速，通货膨胀就会产生，也只有这时通货膨胀才有可能产生”[36]。但是对于如此广泛的听众，他选择了一个更为简单的表述。“我撰写演讲稿的主要目的是要讲清楚，经济学是而且可以是一门像物理学或化学那样的实证科学，一门‘实证科学’是以证据和数据为基础的，而不是基于哲学思考。”[37]他说。

当然，在他获得诺贝尔奖时，弗里德曼已经在经济理论史上留下了显著的印记。按照他在芝加哥大学的同事乔治·斯蒂格勒的说法，“对于1960年至1975年的宏观经济学而言，弗里德曼是一个特别突出的人物，尽管他身处占统治地位的凯恩斯主义之外并对其抱有敌意……我曾经说过，他掌控了剑桥大学和耶鲁大学。他们投入很多精力，试图驳斥他刚刚写完的东西”[38]。由于弗里德曼的观点统治了各种经济访谈，有人直接问萨缪尔森，是否凯恩斯已经死了。他回复说，“是的，牛顿和爱因斯坦也是如此”[39]。

理解弗里德曼对经济思想影响力的日渐增大，最好的办法就是看一下萨缪尔森如何被迫修改自己的《经济学》教科书，承认弗里德曼对古典经济学研究兴趣的复兴所做的重要贡献。在1955年的版本中，萨缪尔森写下了如下一段话，“今天，很少有经济学家会将美联储的货币政策作为控制经济周期的灵丹妙药”[40]。

有超过十年的时间，萨缪尔森在其教材中完全无视弗里德曼的观点，他在1961年的第六版中找到了一点地方，两次提到了自己的老朋友。在题为“货币数量论与价格”的部分[41]，萨缪尔森称价格直接反映经济中货币的流通速度这一观点是“粗糙的”，但是“在考察恶性通货膨胀时期时是有用的”。他写道，尽管“那些信奉原始货币数量论的人绝大多数已经过世了”，他感觉这一理论仍然值得研究，因为“近些年来，诸多很有能力的美国经济学家都重新燃起了对货币数量论的某种兴趣”。在这些“有能力的”经济学家中他就提到了弗里德曼。

至1973年，萨缪尔森尽管仍将货币主义贬低为“一种极端观点”，但是承认“财政政策和货币政策都很重要”[42]。1985年，萨缪尔森更进一步，第一次承认弗里德曼秉持一种独一无二的经济学。他在自己的《经济学》教科书中称之为“芝加哥自由主义”[43]，并认为其思想与冯·米塞斯和哈耶克的奥地利学派有着密切的联系。到了 1995 年，他承认“财政政策在美国已经不再是一种稳定化政策的重要工具了。在可以预见的未来，稳定化政策将主要由美联储的货币政策来实施”[44]。

他还承认，货币数量论有某种优点。萨缪尔森说，“由于通货膨胀的飙升对于民主社会是一种不堪忍受的负担，它有利于粗略的货币数量论年复一年的传播”“因为在那些混乱的年代当这一理论风头正劲时，它所包含的寓意是人们所急需的”。他写道：

今天大家总体上都认同的是，政府影响货币供给的措施、货币在投资者借款时的可得性以及这种借款的利息成本，对于消费、投资和政府支出的总和会产生重要影响，由此也会影响价格和工资水平。[45]

到了 2005 年，专门有一节内容是有关弗里德曼和哈耶克的，即“经济自由的捍卫者”。弗里德曼被认为发动了“货币主义革命”。萨缪尔森对自己的老朋友不乏溢美之词，他说全世界的钟摆已经摆向了自由市场理念：

对于这一转变的形成和诠释，在经济学界中没有人比米尔顿·弗里德曼的作用更重要。他在经典著作《资本主义与自由》(1962 年）中论证了为何一个理性的思考者除了拥护自由的国际贸易和最大限度地放松管制以外，可能会强烈反对最低工资、由州来发放外科医师的许可证。所有深思熟虑的经济学家都应该仔细研究他的观点。[46]

萨缪尔森的《经济学》也承认弗里德曼取得的其他成就。弗里德曼最喜欢的一个议题就是福利制度的缺陷，他认为这一制度证明人们的良好意愿会使其罔顾明显的、已被证实的失败。萨缪尔森在其1970年的教材中坚持认为“现代福利国家既符合人道主义，也是可以负担的”[47]。然而十年以后，在弗里德曼指出很多反贫困项目不仅考虑欠妥而且会取得适得其反的效果之后，萨缪尔森承认有些福利项目“实际上代价不菲”，并且“通常缺乏效率”[48]，他花了一些篇幅来解释弗里德曼提出的替代福利支出的方案，即负所得税[49]。到了1995年，萨缪尔森提出了弗里德曼数十年前问过的问题：“反贫困项目是有助于……还是会产生适得其反的反应？”[50]至2004年，萨缪尔森用一节的内容来描述“福利国家的黄昏”[51]，在那一部分中，他准确地概括了弗里德曼的观点。

政府的批评者认为，国家干预得太多；政府创造了垄断；政府失灵与市场失灵一样普遍；高税负扭曲了资源的分配；社会保障在未来数十年中将使工人负担过重；环境规制抑制了企业家精神；政府稳定经济的尝试最好的结果就是无济于事，最糟的结果是使通货膨胀变得更加严重。简而言之，在某些情况下，政府本身是问题所在，而不是解决问题的办法。[52]

尽管萨缪尔森喜欢将弗里德曼比作一匹独狼和一个局外人，但他很难否认这位老朋友的很多议题改变了经济学，并使得政治家在增加货币以刺激低迷的经济时要三思而行。“就在这一刻，到处都有人在努力证明米尔顿是错误的，我可以举出很多例子，”萨缪尔森说，“在某些方面，另外一些人则在努力证明他是正确的。这就是我所讲的影响力。”[53]随着时间推移，尽管弗里德曼的货币主义理论在实践中失败了，他反对政府的一些观点也没有产生太大的影响，比如政治领导人必须放弃将公共项目和公共工程支出作为刺激经济的手段。相反，减税成了可供选择的政策工具。

第十一章

联储上位

当新任总统吉米·卡特将制服通货膨胀的重任交给美联储时，弗里德曼的货币数量论得到了第二次机会。

当吉米·卡特这位极为聪明的前美国海军潜艇军官和来自佐治亚州的花生农民在1976年11月的总统大选中面对尼克松偶然产生的继任者杰拉尔德·福特时，选民们关心的主要议题并不是尼克松的水门丑闻和辞职[1]，而是高失业和高通胀。1975年，价格一年上涨了6.9%，失业率达到8.2%的峰值，这是自二战以来的最高失业率。1976年是选举年，情况略有好转，失业率为7.8%，通货膨胀率为4.9%，但是不足以挽救福特的失利。

成功入主白宫后，卡特的任务是修复千疮百孔的经济，尽管他正是由此而赢得了大选。但是，在犯下了一系列错误之后，到1978年卡特已经深陷经济危机之中，通货膨胀率高达9%，失业率高达6%。外汇市场上美元疲软，只有在美联储的干预下货币才保持了稳定。通货膨胀似乎已经在经济体系中扎下根来，人们普遍预期它将继续高速增长，这使得工人要求的工资进一步增加，价格也进一步上升。

卡特在民意调查中的支持率继续下滑。萨缪尔森认为卡特预期会出现不利的经济新闻。如果还希望有机会连任，总统就需要有大动作，以打破通货膨胀的循环。萨缪尔森猜测卡特可能会引发一次衰退，从而将通货膨胀从经济中清除出去。“对通货膨胀的恐惧是我最为关心的事，”萨缪尔森告诉《新闻周刊》的读者们，“恐惧会使我们惊慌失措，从而试图发动一场‘预防性衰退’。”[2] 这正是泄露出来的消息。1978 年 11 月 1 日，为了阻止美元价格下跌，卡特召开了一次新闻发布会，宣布将利率提高至 9.5%，包括萨缪尔森在内的很多人认为这一举动将引发经济衰退。一年之后萨缪尔森在撰写《新闻周刊》的专栏时，将这场此时已如滔滔洪水的衰退归咎于卡特一年前提高利率的决定。“1978 年 11 月 1 日，卡特向世界承诺美国将会发生一次衰退。”[3] 他写道。

在 1979 年 6 月之前的三个月，通货膨胀率达到了令人震惊的 13%。1979 年 7 月 15 日，卡特通过广播向全国坦率地宣布了对美国当前状况的评估。事后证明这是一场政治灾难。卡特并没有激发美国民众的希望，反而让他们充满了绝望。他称这个国家出现了“一场信心危机”“使美国的民主面临重大威胁”“有可能摧毁美国的社会和政治结构”。他将美国人正在经历的这次经济动荡归咎于产油国于 1978 年 12 月将石油价格蓄意提高了 18%，接下来又在 1979 年进一步提高了 14.5%。他的应对方案是计划让美国尽早实现能源独立。

但是，尽管卡特的发言理性而准确，但是产生的影响却被证明是毁灭性的。美国人并不习惯总统告诉他们不加掩饰的真相，而是更偏爱令人激动的战斗号角，并乞灵于伟大的国家精神。在他的演讲中，卡特督促美国民众："只要有机会，就多赞颂我们的国家。"然而，他自己的这些话起到的作用却是相反的。在1976年11月的总统选举中，卡特以50.1%对48%的得票率击败了杰拉尔德·福特。到了1979年7月底，总统的支持率降至30%以下，仅有28%，只比尼克松在水门事件闹得沸沸扬扬，极不受人欢迎时的支持率（24%）高4个百分点。

在这次所谓的"抑郁"广播之后，隔天卡特请所有的内阁成员和白宫高级工作人员提交辞呈。这包括卡特挑选的美联储主席威廉·穆勒[4]，他代替了伯恩斯的职位。7月24日，卡特在椭圆形办公室面试一名被认为能给美联储带来新思维的人，这就是保罗·沃尔克[5]。此时的沃尔克已经是美联储理事会的成员之一，他是一名不同寻常的政府公务员。这位57岁的银行家身高2米，已经谢顶，说话轻声细语，抽廉价雪茄，在私人部门和公共部门进进出出，包括曾做过一阵纽约联邦储备银行主席。在此期间，他与弗里德曼一样，支持终结凯恩斯最后的遗产之一，即将美元与黄金价格挂钩。

在椭圆形办公室举行的工作面试似乎进行得不太顺利。即将离职的美联储主席穆勒也在现场，这使得沃尔克无法坦率地回答卡特提出的问题。"我坐在总统旁边，他坐在一把高背椅上，"当晚沃尔克告诉他的朋友说，"我说，我高度重视美联储的独立性，我也偏向于更严厉的货币政策。为了强调这一点，我指了一下挨着我坐着的穆勒，又加了一句，我希望实施比他更严厉的政策。"[6]卡特保持了沉默。这场面试持续的时间不到一个小时。沃尔克相信总统将会选择其他人。

第二天早上7：30，卡特给沃尔克打电话，邀请他担任这一职务。可能是沃尔克作为一名坚定的民主党选民的纪录让总统下定了决心。卡特选择沃尔克，似乎本意并不是更加重视货币因素对通货膨胀的影响，他对经济理论并不感兴趣。但是对沃尔克的任命显示出美联储有改变方向的迹象，将一改以往的作风，认真地抑制通货膨胀。正如《纽约时报》注意到的，“沃尔克是一位技术娴熟的市场分析师……在货币领域人脉很广……在应用正统货币政策方面将比穆勒先生更为严厉”[7]。

国会要求美联储同时实现两个重要的目标，即为美国经济实现充分就业创造最佳条件和为美联储控制通货膨胀。现在这一几乎无法完成的任务落在了沃尔克的身上。菲利普斯曲线表明，在失业与通货膨胀之间存在可以预测的权衡取舍关系。自从这一曲线存在的问题暴露以后，美联储发现就业保持了稳定而通货膨胀飙升。沃尔克如何在不采取提高利率等政策的条件下治愈通货膨胀？因为这类政策会降低经济增长速度并导致失业率上升。对于那些密切追踪美联储决策的人来讲，有证据表明沃尔克准备采取以货币政策为基础的严厉措施：1979 年 3 月和 4 月，沃尔克在两次投票赞同提高利率以遏制恶性通货膨胀的趋势时都成了美联储理事会的少数派。

对于弗里德曼而言，沃尔克的任命为将其货币供给与通货膨胀之间存在直接联系的思想转变为行动，提供了绝佳的机会。但是还有一个障碍。尽管沃尔克赞同货币数量论，然而他曾经在普林斯顿、哈佛和伦敦政治经济学院学过经济学，他并不认为货币像弗里德曼断言的那样，发挥着至高无上的作用。

1957 年，弗里德曼遍访各州储备银行以推销他的货币主义理论。在他访问纽约联邦储备银行时，沃尔克细心地倾听了他的理论。当时，这位经济学家解释了他研究的含义，即对货币供给的糟糕管理导致了大萧条。在干预主义盛行的 20 年中，沃尔克始终未被弗里德曼大胆的结论所打动，即货币数量是导致通货膨胀的唯一原因。“米尔顿相信他已经发现了绝对真理，”沃尔克回忆说，“对于任何一个如此自信的人，我都抱有怀疑态度，无论他是来自芝加哥还是来自剑桥。”[8]

尽管沃尔克明显持怀疑态度，弗里德曼仍把沃尔克的任命视为一件好事：一位心气相投并且了解他货币主义理念的伙伴，升至这个国家最为重要的经济职位。弗里德曼是最早给沃尔克写贺信的人之一，督促他抑制货币供给。他写道：

我对你的“晋升”表示慰问。不要说1930～1933年这几年，可能1920～1921年也是如此，美联储从来没有这么迫切的需求，也没有这么重要的机会，即通过逐渐地、适度地实施勇敢而稳定的货币紧缩政策，服务于这个国家。你知道，我不相信美联储不对运作方法进行重大改变就可以应对这一挑战。我给予你最美好的祝愿，希望你能够成功地推动这些改变，并获得预想的结果。[9]

沃尔克回复道：

我不知道我是否就是那个在最困难的情况下被选中的替罪羊，但是要朝着哪个方向进行必要的变革，似乎已经非常清楚了……我完全相信你会发现很多需要批评之处，但是我还是不太确定你是否知道，在我们努力前行时，由你来传授保持货币稳定的教义，令我倍感欣慰……无论如何，检验即将到来，正如以往一样，我们对你的评论很感兴趣并将始终关注。[10]

沃尔克无法同意弗里德曼“通货膨胀时时处处都是一种货币现象”的观点，因为就像萨缪尔森和其他人一样，他相信其他因素也会起作用。沃尔克对通货膨胀最佳治愈方案的理解，部分基于他于 1945 ～ 1949 年在普林斯顿学到的货币数量论，在那里，他的老师是杰出的德国经济学家奥斯卡 · 摩根斯坦[11]和弗里德里希 · 卢兹[12]，以及其他一些人。在他的毕业论文中沃尔克写道，“一次货币供给的扩张会产生严重的通货膨胀，对经济造成威胁。如果要避免价格急剧上涨引发的灾难性后果，就有必要控制货币供给”[13]。他还承认，不仅是通货膨胀，消费者和企业对未来通货膨胀趋势的预期也会导致价格的上涨。

在几种经济学风潮中，货币主义是唯一一种沃尔克不得不努力应对的理论。这场源自芝加哥的运动认为，市场力量准确地反映了那些金融交易参与者的“理性预期”。尽管并不赞同“理性预期”的整个逻辑，沃尔克还是相信在美联储做决策时，必须将广泛的市场心理考虑在内。“对于在现实生活中通货膨胀心理改变的程度有多大……我自己印象深刻，”在作为主席召开的第一次会议上他告诉美联储理事会说，“这并不是说我们之前不知道这回事，但是我认为人们根据预期来采取行动……比他们过去要坚定得多……外部的美元明显让情况变得更加困难……没有人知道美元会发生什么，但是我确实认为心理极为脆弱，这是一句公道话。”[14]

正如英国当时的财政大臣丹尼斯 · 希利[15]解释的那样，货币交易和金融的世界在很大程度上是由少壮派在运作的，他们通常没有接受过经济学训练，从而容易出现一时的狂热。“在金融市场上提供建议的都是一些聪明的年轻人，他们很容易受学术思潮风向改变的影响，”希利回忆说，“这些咨询师大多转向了米尔顿 · 弗里德曼所宣扬的货币主义理论。他们开始关注货币统计数据，相信通货膨胀完全取决于货币供给。”[16]根据希利的观点，这导致了在金融业和财政部门中，凯恩斯主义顽固分子与不相信凯恩斯主义的货币主义者之间发生了一场错误的和不必要的智力大战。“我从未遇到过一个私人银行家或中央银行家相信货币主义的胡言乱语，”希利写道，“但是，只要市场认真对待货币主义，就没有银行家承受得起忽视货币主义的代价。于是反对变革的凯恩斯主义者和对其持怀疑态度的货币主义者就在英国财政部发生了冲突。”[17]

由于很多年轻的经济学家和华尔街的交易员对于弗里德曼的通货膨胀单一成因论感到激动不已，而他们的交易决策又部分地取决于对沃尔克是否会遵循弗里德曼开出药方的“理性预期”，因此沃尔克不得不认真对待弗里德曼的观点。

三年前，沃尔克了解了弗里德曼这股将通货膨胀完全归因于货币数量的风潮背后的逻辑，这源自 1976 年 9 月弗里德曼在美国经济学会的主席致辞[18]。借助于他在负责确定基准利率的美联储公开市场委员会担任委员时的经验，沃尔克解释了这一体系那时是如何运转的。

服膺弗里德曼观点的货币主义者们恢复了“经济思想史上一个最古老的命题……即在长期……过多的货币供给不会增加实际的收入或财富，只会导致通货膨胀”[19]。为了回应货币主义者的崛起，委员会按照国会一项强制性的法令，采纳了沃尔克所讲的“实际的货币主义思想”，定期公布美联储的货币目标。他认为公布目标是“有用的。这有助于与当权者和市场交流我们的意图”。委员会每月的会议会考察“下次开会之前关键的货币总量‘可容忍的’数量范围”，以及与之类似的联邦基金利率所处的区间，并且“考虑我们所拥有的有关利率与货币供给之间关系的证据”。

尽管沃尔克断言“从正在流行的思想中找出哪些是真实有效的，从来不是一件容易的事”，他还是承认自己在思想方面具有某种保守主义倾向。他认为“最近这些年，对于很多宏观经济政策制定和分析而言，货币主义带来了一种明显不同的偏好”。这一思想的回归伴随着一种一般性的认识，即“对于操纵财政政策和货币政策的某种组合以实现我们的目标，存在切实的限制”，这削弱了“我们有能力进行短期调整即对经济进行‘微调’这一信念”。

在国会的推动下，美联储公布货币目标的决定受到了欢迎。对此，沃尔克又加了一句，只要美联储保留“在出现紧急情况时可以改变目标的权力”，尽管他强调“对于哪种货币总量最为紧要，还没有形成共识”，甚至在货币主义者中间也是如此。但是他注意到，仅仅“承认更长期的货币政策目标对很多人都很重要而且也广受欢迎，还是留下了一些重要的技术问题悬而未决，比如应当如何实现这些目标”。另外，“无论使用何种程序，在估计经济中流通的货币时出现的预测误差都可能很大，特别是在一到三个月以上的时期”。

简而言之，沃尔克认为即使每个人都同意货币的重要性并且同意采用何种货币总量目标，如何实现这一目标仍然没有定论，因为无法知道怎样才能影响未来的货币供给。他的结论是什么？“这些不确定性可能使得无论遵循何种程序，精确地控制货币都无法实现。”他说，尝试改变货币供给如此危险，以至于“通过改变可用的准备金并允许货币市场突然收紧或放松，从而试图立即做出反应……”，很容易导致市场不知所措。

他发现即使在货币主义者中间，不包括弗里德曼，也很少有人试图找到在短期内控制货币的方法。“就每个月都让货币增长速度保持正常而言，现在几乎没有人还在认真地强调这样做的必要性和可行性。”他说。无论如何，引导货币增长的可行性应当与评估是否这一行动是必要的或重要的一并考虑。他说，“关注追求总量目标不应该让我们忽略这样做的局限性”。他最近分析了一系列亟待解决的金融危机，包括“节俭机构和抵押贷款市场、宾州中央铁路公司和商业票据、赫斯塔特银行和欧洲美元市场、纽约市和市政债券市场以及商业银行贷款损失水平的上升”。这些经验表明，对于这些美联储必须解决的经济问题的解释，并不是以货币为基础的。“可能对类似这些问题的解答最终都会追溯至货币的运转。但是，我对此表示怀疑。”他说。这表明他并不相信货币主义是一剂灵丹妙药。

然后，他又质疑了弗里德曼的简单论断，即“通货膨胀时时处处都是一种纯粹的货币现象”。沃尔克同意，从表面上来看，货币与通货膨胀有联系。他赞同“为了服务于某些预定的短期目标而增加货币供给的压力，是通胀压力形成的基本原因”“过度的货币膨胀是形成通货膨胀的充分条件”“如果货币增长的速度没有显著地超过实际收入，即经过通货膨胀调整以后的收入，没有任何严重的通货膨胀能够持续”。他同意“从原则上来讲，总是存在某种货币增速能够实现价格的稳定。当然这一增速也可能是零。但是，我仍然认为，依据这些原则我们并不能充分地说明当前的状况如何，也无法将其作为如何实施政策的指南”。

他举了自20世纪60年代以来通货膨胀加速的例子。比如，20世纪70年代的价格上涨是由于“石油危机、某些作物歉收、工会扩展到某些新领域、特定产业供不应求，在经济总体上实现充分就业之前，这些产业的生产能力就接近了上限”“我们必须自问，一些经济的、社会的和政治的力量和态度似乎加剧了同时实现充分就业和价格稳定的困难，其本质原因是什么，而不是只用货币变化作为对持续高通胀的解释”。

接着他提出了一个警告。就像弗里德曼倡导的那样，中央银行家根据某些自动的规则，严格限制货币供给，可能最终会与民主原则相悖。中央银行总是可以通过直接拒绝为其提供足够的资金，来抵御通货膨胀的压力，但是这种做法可能与经济增长和充分就业的目标相冲突，而这些目标对于国家而言非常重要。“在一个民主社会中，”沃尔克写道，“这样做的风险不仅在于会威胁某个特定政府的政治生命，而且还会威胁政府自身的民主形式。”

沃尔克说，一种理论如果只是表明货币供给变化是长期通货膨胀的唯一原因，就像弗里德曼所宣扬的那样，那么这种理论不仅是不充分的，也有不利于探索应对恶性通货膨胀的真正方案。他认为导致恶性通货膨胀的原因除了货币数量以外，还有很多其他因素。他说，弗里德曼过于简化地强调货币供给的作用，这一观点太过简单，用处不大。他理解为何一种如此简单的解释会变得流行起来。“有关经济政策的一种简单而统一的观点是一件令人欣慰的事，这在一个不确定的世界里提供了某种安全装置。”他说。但是世界实际上是复杂的、令人费解的，简化的解释通常没有太大意义。沃尔克说，最终简单的教义都要面对复杂而严酷的现实。

两年以后，沃尔克在1980年的《货币经济学季刊》上表达了他对弗里德曼简单的货币主义的保留意见。这篇论文的题目是“货币目标在通货膨胀时代的作用”[20]。借助于他在美联储实施其制定的货币目标的经历，沃尔克详细说明了他与弗里德曼的差别。他同意，“没有与之相适应的货币足够快速增长，通货膨胀就无法长期持续下去”“同样的道理，如果不相应地消除过多的货币，通货膨胀也无法得到长期有效的抑制”[21]，但是货币供给不是导致通货膨胀的唯一原因。“我相信实际上有各种各样的非货币因素可以影响短期的通货膨胀率，而且这里所说的短期也并非太短……我自己支持使用货币‘目标’，并非始自一种‘货币主义’的观点”。

他直接否定了弗里德曼关于货币与通货膨胀之间因果联系的绝对论断。类似弗里德曼的这些人相信货币供给是所有事情的答案，这是错误的。他再一次承认“在更长的时期，货币的表现与价格的表现之间存在一种一般性的对应关系，这毫无疑问”，但是根据美国经济中最近一段时期货币的经验[22]，沃尔克指出衡量一个经济中的货币或货币流通速度存在实际困难，也难以确定哪一种衡量方法能够较为准确地预测通货膨胀率，甚至可能没有任何衡量方法能够满足这一要求。“货币本身的定义依然模棱两可，含糊不清”，他写道，货币流通速度的变化经常“看上去令人费解”。

尽管美联储相信设定货币目标有所助益，从而在坚定的货币主义者和像萨缪尔森这样的主流经济学家之间“采取了一条中间路线”，后者认为货币主义不过是一种转移注意力的幌子而已，但是在争论中保持中间立场——“这本身并不能保证采取的行动是明智的”。然而，沃克尔确信单独的货币因素并不是抑制通货膨胀的关键。

他写道，由于一些导致通货膨胀的因素深刻地嵌入国民经济结构、国家社会政策和美国的政治生活中，因此通货膨胀很难消除。尽管沃尔克曾经在1971年强烈地支持尼克松将美元从1944年的布雷顿森林体系中脱离出来，但是他希望美联储公布货币目标可以在一定程度上恢复某种确定性，凯恩斯在布雷顿森林会议上力图为外汇市场找到的正是这种确定性，而他也做到了这一点。金本位、年度预算平衡原则和固定汇率制度曾经起到了稳定未来价格预期的作用。他希望公布货币目标是一个信号，表明美联储正在认真地承担起抑制通货膨胀的责任。

正如沃尔克后来在回忆录中写到的，“当时，有一件事对我来说很清楚。如果要全力应对导致通货膨胀的各种困难，那必须要借助于货币政策。这不仅是因为其他政策似乎都陷入了某种政治泥潭之中，比如财政政策，也是因为如果无法令公众相信货币紧缩会持续下去，那么其他方法都无法成功”[23]。

美联储是影响美国经济氛围的首要因素。政策最微小的变化或者美联储主席最轻微的暗示，都会引起市场的震动。1979 年 8 月 6 日，在沃尔克开始执掌美联储时，选民对滞胀和高达 11.09% 的通胀惊恐不已。他在思考如何走出自己的第一步棋。沃尔克告诉人们，他相信货币是重要的，即使他不认为货币是唯一重要的。但是，他会带来自己认为必要的货币政策的显著变化吗？对他会迅速转向货币主义的预期日渐增加，这将导致利率的大幅提高，从而遏制流入到经济体系中的新货币。

圣路易斯联邦储备银行主席劳伦斯・鲁斯是货币主义坚定的拥护者，他领导着美联储理事会中的一批货币主义者。由于他们的支持以及通货膨胀率现在已经高达 11.3%，沃尔克开始在美联储采用更为强调货币约束的新方法来应对通货膨胀，这一政策在美联储理事会 9 月 19 日的第二次会议上正式得到批准。但是沃尔克将要做什么？市场、经济学家和评论人对他的第一步翘首以待。

沃尔克命令将“联邦基金利率”由 5.75% 提高一倍至 11%。这一利率是商业银行之间隔夜贷款的利率。以美联储的联邦基金利率作为指导，商业银行大幅提高了他们的最低利率，这使得企业和消费者都普遍遭受了紧缩之苦。这还造成了进一步的影响。由于任何利率的变化对美元的价格和企业的活跃程度都会产生复杂的影响，因此这一决定最好取得一致同意。但是沃尔克提高利率的决定使美联储理事会出现了分裂，有八名成员赞同，四名成员反对。人们预期沃克尔会极为严厉地收紧货币，当他最终宣布提高利率的决定时，这一新闻受到了商业媒体的欢迎，这不是因为将这一举动视为朝着货币紧缩迈出的第一步，而是因为将其视为对这一目标的背离。记者们很快就开始质疑沃尔克的决心。由于有三分之一的理事会成员反对美联储的方案，一些评论员并不将利率调整到 11% 视为新货币政策的开始，而是认为这是沃尔克短暂的货币主义实验的第一步，也是最后一步。

“这次投票使人们对保罗·沃尔克……能否为自己的高利率政策继续赢得多数票产生了疑问，”《纽约时报》的报道说，“这次分裂被视为一个信号，表明理事会对于通货膨胀是否仍是比衰退更为紧迫的问题，存在重大分歧。”[24]这一证据表明沃克尔可能并未掌控全局，这使得黄金价格飙升。正如沃尔克所承认的那样，“这次投票的分裂表现出了犹豫不决，也使人产生了这将是理事会紧缩货币的最后举措的印象。因此，整个策略产生了适得其反的效果，这似乎在发出一个信号，即通货膨胀不可能也不会得到极为严厉的遏制”[25]。沃尔克犹豫不决的第一步被证明是一次灾难。他解释说，“我意识到，我们遇到的可信度问题比我原来想的还要糟糕”[26]。

沃尔克在上一周的表现被视为暴露了自己的弱点，这让他感到震惊。他决心必须做一些更为大胆的事情，而且马上就要去做。第二天，沃尔克指派斯蒂芬·阿克西尔罗德和彼得·斯滕莱特这两名美联储工作人员，研究一下使美联储关注的焦点由失业转向通货膨胀的最佳方案。他们一周之后提交了秘密报告，声称“美联储公开市场委员会将力图控制基础货币和其他准备金总量的增加数量，以满足货币目标的要求并帮助限制银行信贷的增长。他们承认这一程序将会导致最短期的货币市场利率（利息率）出现更大幅度的波动”。

根据新政策，美联储不再通过调整利率来促进或平抑市场，而主要致力于影响具体的货币目标。根据法律，美联储已经负有报告其对货币的估算的责任，无论有多么的不准确，这些估算结果将成为“目标”，哪怕这些估算现在还不存在。[27]

在 10 月份通货膨胀的数字高达 12.83% 的紧要关头，10 月 6 日沃尔克在埃克尔斯大楼举行了一场紧急安排的新闻发布会，他在会上宣布美联储由利率完全转向了货币目标。“通过强调准备金的供给，并通过准备金机制限制货币供给的增长，我们认为美联储能够在更短的时期内更严格地控制货币供给的增长，”沃尔克告诉记者们，“但是，与此同时，以这种方式提供准备金，与近些年来的实际情况相比，市场每天的利率（短期利率）……将会倾向于在更大的范围内波动。”[28] 重点由控制联邦基金利率转向控制银行准备金，这就使得美联储可以通过提高再贴现率一个百分点，即商业银行向美联储借款的利率，来限制银行提供的贷款数量，并且要求银行永久性地持有更多的准备金，这笔钱也就无法出借给借款人。接着，银行就可以将利率设定在他们认为合适的水平。

沃尔克明白，他正在进行一次巨大的冒险：

我既怀疑弗里德曼货币主义学派的极端主张，即保持货币增长恒定不变是有益处的，也怀疑浮动汇率拥有使我们摆脱外部约束的功效。但是，除了某些极端主张以外，货币数量论这一视角……似乎有必要再认真考察一下。[29]

他希望转向强调货币目标能够削弱人们持有的一种普遍观念，即价格肯定要上涨，这会影响对未来通货膨胀的预期，而这一预期将会为工资要求和购买决策设定标准。正如他所解释的那样：

更关注货币供给……将会告诉公众，我们是认真的。人们不用上经济学高级课程也能明白，通货膨胀与货币过多有关。如果我们能透露出这样的信息，即当我们说美联储将会控制货币时，就意味着我们将会处理通货膨胀问题，那么我们就有可能影响人们的行为。[30]

沃尔克一直认为，民众有一个共同的观点，即通货膨胀是由于过多的货币追逐过少的商品导致的。因此，为了解释制止通货膨胀需要做什么，一个很好的办法就是告诉人们应该通过提高利率让货币变得更为稀缺[31]。然而，他忍不住要对弗里德曼及其门徒“过度简化的”货币主义理念旁敲侧击一番。

于是，在很短的时间内，美联储关注的对象就从失业、通货膨胀和经济总体的健康运行转向了追求不精确的货币目标。采用这一方法存在两个复杂的问题。一是不清楚美联储应该采用哪种货币衡量方法，也不清楚控制按这一方法衡量的货币是否足以减缓货币数量的增长速度。是用 M1，即流通中的现金与支票账户的余额，还是用 M2 或 M3，这两者包括储蓄账户的余额和具有流动性的其他货币形式，还是三者同时使用？对于哪一种衡量方法是正确的货币目标，就连弗里德曼也有点含糊。“从长期考虑，需要将货币增长速度降至一个与零通胀相一致的水平，即 M1 大约每年增长 0% ～ 2%，M2 大约每年增长 3% ～ 5%。”[32] 他写道。

第二个缺点是变化无常的利率会使企业和持有抵押贷款的人付出代价。正如很多弗里德曼的批评者指出的那样，通过货币主义的方法降低通货膨胀，在理论上要比在实践中更容易。试图使货币数量保持稳定，意味着由美联储设定的短期利率会出现令人难以捉摸的而且经常过度的变化，有时急剧下跌，有时迅速飙升。变化不定的利率会让人以为美联储不知道自己在做什么。希利回忆，“沃尔克曾经不无苦涩地抱怨说，作为美联储主席，人们期望他在只有油门这一个装置的情况下开好经济这辆车，而方向盘和刹车都在其他责任较小的人的手中”[33]。不久之后，沃尔克准货币主义的新方法就引发了利率下一步将朝着哪个方向变化的不确定性，这使市场陷入了一片慌乱之中。他写道：

从理论上来说，后来证明在实践中也是如此，坦率地讲，关注对银行准备金和货币供给的直接控制将会导致利率远为剧烈地波动，在短期内，在通货膨胀得到控制和信心得以恢复之前，利率的整体水平将会上升。[34]

为减缓货币供给而实施的高利率到了何种程度会让沃尔克担心这会窒息信贷的自由流动，从而对经济产生毁灭性的打击？他解释了自己面临的困境：

即使有世界上最优秀的工作人员，并把我们所有的计算能力都给了他们，也无法确定联邦基金利率处于何种水平能够使货币供给保持在正确的路径上，并规制经济活动。中央银行的艺术在很大程度上在于，从经验和渐进的意义上尽量接近正确答案。但是，提高利率的风险似乎总是超过降低利率的风险，在现实生活中，这种心理也确实存在。毕竟，没有人喜欢经济衰退的风险，在这种时候，政治抨击也就在所难免了。[35]

为了确保能够从不可避免的政治热潮中生存下来，沃尔克需要卡特支持自己新政策的方向。但是总统仍不确定沃尔克的货币主义方案是否会奏效。他的经济顾问委员会也持怀疑态度，并且更偏向于坚持传统方法，如果有必要的话，可以同意将利率大规模提高 2 个百分点，以展现美联储的政策意图。萨缪尔森认为总统本人希望看到美联储采取严厉的政策。“1978 年 11 月 1 日，卡特向世界承诺美国将会发生一次衰退，”他在《新闻周刊》上写道，“1979 年 10 月 6 日，在保罗·沃尔克实施‘午夜屠杀’时，总统开出了支票为此买单。”[36] 但是，尽管预料到利率会持续保持在高位并变化不定，这肯定会让美国人承受一些痛苦，但卡特并没有敦促沃尔克改弦易辙。

“总统没有要求直接会见我，这对我来说意义重大，”沃尔克回忆说，“我对形势的理解是，尽管总统可能强烈地希望我们不要朝着我们所建议的方向前进，因为前景并不明朗，但是在这个他不熟悉的领域，他没有对自己新任命的美联储主席的观点弃之不顾并坚持自己的判断。”[37] 相反，“在回答相关问题时，总统对我们所做的事情表达了明显的支持”[38]。

至 1980 年 3 月，沃尔克将政策重点由利率转向准备金的决定对经济造成的严重损害已经很明显了。利率现在已经达到令人难以置信的 15.28%，经济呈暴跌之势。萨缪尔森预言的一次人为的衰退正在变为现实。沃尔克不理解为何事情发展得如此之快，如此糟糕。“尽管之前的六个月利率一直在增加，但是经济仍在增长，”他回忆说，“现在没用几天时间，经济就跌入了低谷。”[39]

1980 年 3 月 14 日，白宫召开了一次盛大的仪式，卡特和沃尔克宣布要进行消费信贷控制，这将限制个人能够借款的数量。有人认为对企业借贷的限制将被证明是很难实施的，尽管信贷增长大部分来自企业信贷，因为企业将用债券和商业票据交易来规避这些控制。这一药方似乎奏效了。接下来的 4 月通货膨胀达到最高点 16.32%，然后势头开始逆转，5 月份、6 月份、7 月份分别为 14.26%、12.71% 和 12.19%。令沃尔克惊讶的是，货币供给也急剧下降了。在这三个月中，按照盯住货币目标的政策，在货币供给再次迅速增加之前，联邦基金利率由 20% 猛跌至 8%。

由于 1980 年 11 月决定卡特命运的总统大选日益迫近，沃尔克承受着不要让步履蹒跚、捉摸不定的经济进一步恶化的压力。利率处于高水平以及提高利率会妨碍经济活动，使美国人或者削减消费，或者背上高昂的债务。然而，他很快发现自己不得不再次提高利率，尽管货币供给的数据已经远低于美联储的目标，而这意味着利率已经降到位了。随着大选的临近，通货膨胀仍然处于两位数的高位，达到 14.21%。

很久以前萨缪尔森就批评过美联储新政策的逻辑。“是的，通货膨胀是件坏事，”他在十年前曾写道，“但是，通过引发一次实际增长的减速和失业的蓄意增加来治愈通货膨胀，却是一件更大的坏事。一次普遍的衰退会使贫民区中的年轻人失业如此严重，以至于导致骚乱和暴力。”[40]他发现美联储引发一次不必要的衰退也有一个好处。当沃尔克的措施开始发挥作用时，萨缪尔森在1979年12月的《新闻周刊》上写道，“与由盲目的自然母亲引发的衰退相比，我认为由美联储主席保罗·沃尔克和卡特总统有意引发的衰退要好得多”“人类做的事，人类也能复原。天灾和外来的灾祸则很难诊断和修复”[41]。但是，他怀疑沃尔克的政策是否能够奏效。“令人对当前的小规模衰退感到沮丧的是以下明显的事实，即美国经济仍未显示出任何通货膨胀率有所放缓的迹象。”[42]萨缪尔森告诉《新闻周刊》的读者。

对于所有这些混乱，弗里德曼只能作壁上观。他的货币主义理论终于要付诸实施了，然而沃尔克以货币目标之名采取的政策却引发了高利率和经济灾难。令弗里德曼大为恼火的是，沃尔克拒绝了他有关货币主义的观点，却选择了某种低劣版本的货币主义。更令他愤怒的是，沃尔克以货币主义的名义使经济走向了衰退。弗里德曼一直认为，为了使货币主义奏效，美联储应当被剥夺有关货币供给的所有自由裁量权，让某种计算机算法控制新货币的创造，这样就可以使之摆脱美联储主席的个人意愿、突发事件或公众意见的影响。

这件事情发生数年之后，弗里德曼回想沃尔克的动机，他重申了自己的想法，即沃尔克向货币主义思想的明显转变，是为一种尽管不流行但更为传统的抑制通货膨胀的方法打掩护，这种方式就是使利率急剧升高。“沃尔克真正想做的是让利率升高到极高的水平，高到足以反映通货膨胀的严重程度，”弗里德曼回忆说，“但是，如果他公开表明自己不是在控制利率，而是在控制货币数量，他本来可以做得更好。当时正确的政策是限制货币数量的扩张，这意味着利率上升。”弗里德曼相信，沃尔克公开声称自己服膺货币数量论不过是掩人耳目而已。就像弗里德曼所讲的，“美联储口头上承诺要改变自己的程序，但是它一次又一次地未能履行自己的承诺”[43]。

萨缪尔森注意到沃尔克蓄意使经济陷入低迷以清除通货膨胀的举动得到了“保守主义经济学家”的喝彩，后者想要通过令大量美国人失去工作的方法来遏止价格的急剧上涨，他称之为“牺牲失业人员的小规模杀戮”[44]。萨缪尔森写道：

我引用保守主义经济学家朋友们在华盛顿会议上曾经说过的话：“如果你在为我们引来一场微不足道的衰退，那就不要麻烦了。它完不成这项任务。现在需要的是一个可信的宣言，宣布为了让我们回到价格稳定的道路上，只要有必要，华盛顿支持任何程度的失业。同时要表明坚持这一解决方案的意愿，无论短期内的失业、生产下滑和利润下降在政治上多么不受欢迎。”[45]

萨缪尔森不相信沃尔克的方法会产生奇迹。“尽管一次衰退不会治愈通货膨胀，”他写道，“但是某种程度的经济放缓有助于不让通胀变得更糟，也会轻微地抑制通货膨胀率。”

如果沃尔克不相信货币主义，在他蓄意让经济陷入衰退时为何要使用货币主义的表述？普林斯顿大学经济学教授艾伦·布林德[46]的解释如下：

沃尔克决心制服通货膨胀，而且知道反通胀需要经历痛苦的高利率。他无法想象自己去到国会，抽着雪茄，争辩说这个国家需要21%的最低利率。货币主义提供了美联储所需要的免受政治攻击的盾牌。如果人们抱怨高利率，美联储官员就可以躲在货币主义教义的身后，他们确实也是这样做的……美联储与货币主义的联姻是一种权宜之计，而不是真的信仰。[47]

弗里德曼被沃尔克的花招激怒了，他决定与美联储的行动公开决裂。1980年6月，沃尔克和弗里德曼受邀在由美国银行家协会在新奥尔良主办的货币会议上致辞。沃尔克这个显眼的大高个子在听众席中弓背而坐，特别引人注目，而弗里德曼则精神饱满地爬上讲台，对他和美联储展开攻击。

弗里德曼说，美联储的货币目标是“一个言语和行动之间相互冲突的特别糟糕的例子”。尽管沃尔克“口头上”说要控制货币供给，实现稳定的增长，美联储的很多人却一直在“操纵利率”，这使得真正的货币主义失去了意义。美联储又犯了它在1931年曾经犯过的错误，当时过于严厉的货币政策使大萧条雪上加霜。弗里德曼相信，1979年有必要让货币供给变得更为宽松，从而令步伐放缓的经济得以恢复，然而沃克尔领导下的美联储却采取了“严厉程度令人难以置信的”货币政策，使经济出现了资金匮乏，导致衰退变得更为严重[48]。

精心准备的伏击是弗里德曼最招人反感的地方，特别是残暴且毫无理性地攻击一位朋友和同事，而和蔼可亲的沃尔克还是在一群由顶级银行家和经济学家组成的听众面前受到了攻击。然而弗里德曼似乎毫不关心他刺耳的言辞伤及他人的颜面。与以往一样，他对自己的高见深信不疑，并且感觉这一思想不是被误解了，而是被忽视了，这更糟糕。

沃尔克应该如何回应弗里德曼的公开指责？记者们热切盼望这两头金融丛林中的猛兽之间令人尴尬的冲突进一步扩大，一位是美联储主席，另一位则是货币主义自命不凡的高级牧师。于是他们邀请沃尔克进行反击。但是沃尔克的大块头默默承受了这些攻击，而不是与弗里德曼展开公开争论。沃尔克明智地低下了自己的头，轻声说道，“唉，米尔顿”[49]，然后到此为止。弗里德曼对沃尔克的攻击让萨缪尔森感到可笑。“我不是一个不愿意批评美联储的人，”他写道，“但是别的行动都不会像这样能够增加一名经济学家的专业知名度并增强他的自尊心。”[50]

弗里德曼在1980年7月再次攻击沃尔克，指出失业的大幅增加是货币增速急剧下降的直接后果。他认为，“美联储货币增长的目标是合理的”，但是“问题在于未能实现这一目标。如果一家企业的实际生产像这样经常偏离计划，而且偏离得这么多，很多人是要丢掉饭碗的。美联储至少也应该坚持这样的高标准”。那么他的结论是什么？“美联储的失败使我们不得不经历经济衰退，而且比我们本来应该承受的更为严重”[51]。

1980年9月，卡特试图通过政府刺激来促进工业生产率的提高。《新闻周刊》的编辑出版了一期“生产率特刊”，邀请萨缪尔森和弗里德曼回答同样的问题。萨缪尔森认为卡特的措施“部分是为大选年提供的安慰剂，部分是为了促进资本积累而做出的可取的新努力”，而弗里德曼则认为这不过是“各种政府政策的大杂烩，这些声称旨在改善生产率和就业状况的措施都是错误的”。

就财政政策而言，两个人之间的分歧早已根深蒂固。弗里德曼相信，“长期以来的财政微调政策产生的效果适得其反，增强了不稳定性和不确定性，因此阻碍了增长”“政府赤字消耗了资本资金，而这些资金本来可以用于具有生产性的私人投资”。高边际税率使得人们将更多的进取精神和聪明才智用于规避税收，而不是提高生产效率。

然而，萨缪尔森批评为了形成“一个高消费、低投资的社会”而进行的“政治内斗”。他写道：

1. 我们利用财政赤字来治愈失业和滞胀问题。

2. 然后我们采取紧缩性的利率政策来消灭通货膨胀。

3. 结果就是鼓励了消费，抑制了投资。[52]

由于未得到沃尔克的足够重视，弗里德曼感觉尊严受到了很大的伤害，但是在其他方面，他和他的思想影响越来越大。1980 年，弗里德曼成了自己电视节目中的明星。费城公共电视台的总裁热切期待着制作一个宣扬保守主义经济学的系列节目，以对抗由最著名的凯恩斯主义者加尔布雷斯出品的经济学系列电视节目《不确定的年代》。尽管很多公共广播协会的工作人员认为弗里德曼是“一名极右翼的法西斯分子”[53]，该公司的自由主义者们还是忍不住争辩说，公共网络应该为其观众提供各种不同的观点，以作平衡。1977 年，弗里德曼欣然同意签约一个宏大的项目，包括讲座、与公众讨论和环游世界，以为他的观点提供一个适当的平台，还包括一本名为《自由选择》的专著，这本书后来卖了超过 100 万册。

《自由选择》㊀中的语调比《资本主义与自由》更受人欢迎，尽管在其封面上印着“具有争议的畅销书”的字样。它将弗里德曼反对政府、“治愈通货膨胀”和给予父母教育券的请求等各种古典自由主义的观点综合在一起。此时，弗里德曼在 1967 年美国经济学会演讲中提到的有关通货膨胀成因和对策的所有注意事项都被置之脑后了，以追求一种更为简单的语言风格。他断言，“显著的通货膨胀时时处处都是一种货币现象”[54]“货币数量的过快增长是形成通货膨胀的一个也是唯一一个重要原因，同样的道理，治愈通货膨胀可以而且也只能靠降低货币增长速度”[55]。

这一电视节目和专著于 1980 年播放和出版，后来证明这是弗里德曼影

㊀ 本书已于 2020 年 11 月 1 日由机械工业出版社出版。

响力的巅峰。尽管他能够将其专著的最后一章命名为“潮流正在改变”，认为“西方政府未能实现他们原来所宣称的目标，这导致了对大政府的普遍反对”[56]“朝向费边主义和新政自由主义的浪潮将会由盛而衰”[57]，但是他还是不愿意承认自己的“布道”已经功德圆满了。即使在其最受欢迎的时候，他依然对公众观点转向保守主义的方向表示悲观。“这种反应可能被证明只是短期现象，接下来，在短暂的中断之后，偏向于更大规模政府的潮流可能会卷土重来。”[58]他说。

第十二章

结局不佳

罗纳德·里根这位二战后最为保守的总统又给了弗里德曼的货币主义一次机会，但是沃尔克仍然执掌着美联储。

1980年11月，吉米·卡特在总统大选中被彻底击败。对卡特的失利而言，同样重要的还有保罗·沃尔克在美联储实施的高利率政策。正如哈耶克已经预料到的，“政治家的行动准则可以用一句稍加修改的凯恩斯名言来概括，即在长期我们都会离职。因此，他们不关心现在成功治愈失业的政策是否会在将来产生更多的失业。由于通货膨胀而受到谴责的政治家并非创造通货膨胀的人，而是要制止通货膨胀的人”[1]。

选民们感觉需要一个新的开始，美国经济状况不佳仅是原因之一。他们选择了罗纳德·里根这位曾经的演员和加州州长做总统。他了解一点经济学，尽管只是凯恩斯革命之前的版本。在大萧条即将席卷美国时，里根这名来自伊利诺伊州的年轻人在尤里卡学院学习古典经济学和社会学，取得的成绩仅为C。与弗里德曼一样，里根通过支持1964年戈德华特标新立异的竞选活动建立了自己保守主义者的声誉。在一次名为“抉择时刻”的精彩电视演讲中，他阐明了自己极端保守主义的计划。这次节目使他成为戈德华特明显的继任者。1980年赢得大选之后，里根的经济政策协调委员会立即在洛杉矶召开了一次会议，讨论尚不明确的行动计划，讨论的结果形成了所谓的里根经济学。弗里德曼、乔治·舒尔茨、亚瑟·伯恩斯和艾伦·格林斯潘还有其他一些人参加了这次会议。

从这次会议一回到华盛顿，激动异常的伯恩斯打电话给沃尔克，要求去他在美联储的办公室见他，越快越好。沃尔克回忆说，伯恩斯“在会谈结束时面色通红，以至于我感觉他快要中风了”。

“米尔顿想要废除美联储，”伯恩斯告诉沃尔克，“他想要用一台电脑代替你。”

“亚瑟，这是一个比喻，”沃尔克说，“有关美联储独立性的争斗不是一件新鲜事。”[2]

由于沃尔克没有严格遵循自己货币主义的限制条件，愤怒不已的弗里德曼在里根的政策讨论会上重申了消除货币供给控制中的人为因素的重要性，因为人类太容易受各种事件的影响而偏离正道。对于这种人类的错误，弗里德曼的解决方案半开玩笑半认真地提出，美联储和美联储主席应当由一个计算机算法来代替，这一算法可以按照固定规则将新货币注入经济中。萨缪尔森这样看待这件事：“他想要一台可以往外吐M0这种基础货币的机器，M0是很多衡量经济中货币数量的方法中的一种[3]，而且吐出货币的速度恰好等于这个体系实际的增长速度。他认为这可以起到稳定作用。”[4]

当伯恩斯提醒沃尔克要警惕弗里德曼提出的建议时，令沃尔克警觉的是随着一位保守主义的共和党人入主白宫，生活将变得更糟心。他的朋友以及有时候的敌人弗里德曼之前从一个旁观者的角度不断横加指责，现在则希望成为里根政府中的一个重要角色，而里根政府将很快使用弗里德曼的思想来直接反对沃尔克的行动。

当里根于 1967 ～ 1975 年担任加州州长时，弗里德曼曾与其紧密合作过。在弗里德曼的鼓励下，里根推动了一条州宪法修正案，对位于萨克拉门托的州政府每年能够支出的数额做出了限制。随着里根入主白宫，弗里德曼感觉自己处于非常有利的位置，即使不是操控新政府的经济政策，也可以发挥重要的影响。在竞选期间，弗里德曼批评里根支持联邦政府对克莱斯勒汽车[5]和纽约市的救助，并且扩大了对汽车和钢铁的进口配额[6]。尽管如此，舒尔茨作为里根由 13 人组成的选前经济政策协调委员会的主席，还是邀请弗里德曼加入里根的经济团队，并为接下来的政府新经济战略列出建议清单。弗里德曼还被邀请加入总统经济政策顾问委员会[7]。

然而，弗里德曼很快就发现，总统经济政策顾问委员会差不多就是一个气氛融洽的清谈俱乐部，里根喜欢在这里与密友们聊聊应当追求的保守主义经济政策。但是在这些会议上讲过的话很少变成具体的行动。正如里根的助手马丁 · 安德森回忆的：

> 那些组成总统经济政策顾问委员会的老朋友们为里根所做的最主要的工作，就是确保他所遵循的道路是正确的。正是这些人劝说他抵制任何的增税，也正是这些人越来越强烈地督促他削减联邦政府的支出，也正是他们努力催促他放松更多的管制。[8]

弗里德曼曾经令里根相信货币主义具有的种种优点，这一理论成为新政府官方正统的经济学说，尽管具体政策要由沃尔克领导下的独立的美联储来执行。弗里德曼回忆说：

里根对货币政策很有见地，懂得货币增长的关键作用，也完全明白反通胀政策一开始的影响可能是一次衰退，甚至是相当严重的衰退，实际上也确实如此。为了获得降低通货膨胀的长期利益，他准备承受相应的压力。[9]

在接下来的两年中，里根全力支持沃尔克通过急剧提高利率来抗击通货膨胀的努力，这也人为地引发了1981年和1982年衰退。沃尔克的反通胀策略最终取得了成功。通货膨胀率陡然下降，恶性通货膨胀得到了控制。但是，弗里德曼对于击败通货膨胀没有起到什么作用。他被排除在美联储的决策之外，对于沃尔克没有完全接受真正的货币主义理念，他依旧耿耿于怀。弗里德曼承认自己“对美联储捉摸不定的操作方式极为不满，这让货币增速在短期内发生了剧烈变化”[10]。对于弗里德曼而言，沃尔克的背叛不仅是思想方面的。他总是忍不住要对这位美联储主席进行个人攻击。

弗里德曼最主要的抱怨是沃尔克对货币供给抓得不够紧，通过集中关注利率，他让货币供给在两种极端情况之间摇摆。弗里德曼承认美联储用来影响货币供给的工具是不充足的，他也很快提出了一些能够更好地控制货币供给的方法。沃尔克为控制货币而付出的努力摇摆不定，弗里德曼轻蔑地将其比作“在用一个存在很多缺陷的方向盘开一辆车。沃尔克在一条两边都是墙的路上开车。一般来说，只有先从一边墙上弹开，然后又从对面的墙上弹开，他才能沿着路中间走下去。无论对于车辆还是乘客或旁观者来说，这都不太好，但是这也是走出去的一个方法”[11]。他抱怨说，“1979～1982年，我们经历了历史上货币增长最为起伏不定的一段时期”“人们还见证了最为起伏不定的利率，经济也同样如此。所有这一切都是相互关联的”[12]。

弗里德曼警告说，恶性通货膨胀可能会卷土重来。沃尔克在 1983 年 4 月曾发表评论，表示“如果以后的通货膨胀像我预想的那样好，长期的利率就太高了”。为了回应这一评论，弗里德曼在《新闻周刊》上批评美联储主席厚颜无耻，他引用列奥 · 罗斯腾[13]的话来形容沃尔克，称其“身上蕴涵的品质就像一个人杀掉了自己的父母，然后以自己是一个孤儿为由，请求法庭宽大处理”[14]。弗里德曼坚持认为美联储允许货币供给猛增，如果它想要阻止这一增长，本来是可以做到的。他警告，如果任由货币以类似的速度增长，最晚 1984 年或 1985 年就会出现通货膨胀的高涨，而长期利率的上升还要早得多。与以往一样，弗里德曼很快就开始谴责沃尔克。“过去的经验让我们没什么理由相信这位美联储主席的判断力。”他抨击说。

弗里德曼认为沃尔克嘴里讲的是货币主义的一套说法，但是却忽略了自己所赞赏的纯粹的、严格的货币主义，因此他担心沃尔克虚假的货币主义会使真正弗里德曼式的货币主义名誉受损。沃尔克“1979 ～ 1982 年的货币主义实验”使美联储的目标由通货膨胀转向了货币。在对此进行评估时，弗里德曼断言，“尽管美联储使用了‘货币主义’的语言，但是它实际遵循的政策却是反货币主义的”。沃尔克做得还不够。“货币主义政策不仅要以货币总量为目标，还要实现货币总量稳定的、可预测的增长，而不论确定的总量目标是多少，后者才是最为主要的核心要义，”弗里德曼写道，“货币增长率的大幅波动……那些天真的人原本以为美联储所讲的话是在保证货币稳定和可预测的增长，这使得他们的幻想很快就破灭了。”[15]

很多年以后，弗里德曼将他所认为的沃尔克的背叛概括如下：

所谓的货币主义实验是指 1979 年沃尔克宣布他将以货币数量而不是利

率作为自己的指引。但是他并没有这样做。如果你看一下货币总量，它们在沃尔克时期的变动比之前历史上任何时期都要更大。因此他并没有遵循货币主义路线[16]。

尽管如此，沃尔克牌的货币主义不管是真是假，如果按照它自己所阐明的将通货膨胀从美国经济中清除出去的目标，已经取得了相当可观的成功。这一成就应该完全归功于沃尔克，而不是弗里德曼。

同时，另外一种经济风潮席卷了里根政府，而弗里德曼与此没有什么关系，这就是供给经济学[17]。自 1975 年以降，强调供给的观点在保守主义经济学家和评论家中间风靡一时，1978 年裘德・万尼斯基出版的关于供给经济学的入门读物《世界的运作方式》对此起到了重要的推动作用，而货币主义被认为已经过时了。萨缪尔森发现经济学家总是容易受最新时尚的影响，他略带嘲讽地说道，“据说经济学家之间的分歧太多，但是在某些方面则非常相似：如果有八个人睡在同一张床上，你可以确定的是，就像因纽特人一样，如果他们翻身的话，所有人会一起翻身”[18]。

正如“供给经济学”这一名称所表明的，其拥护者反对凯恩斯通过人为刺激总需求来拯救陷入低迷的经济的方法，尽管凯恩斯在其 1936 年的《通论》中已经预见到了这一思想的精髓所在：“在任何产出和就业水平上，总需求的价格都与总供给的价格相等，从这个意义上来讲，供给创造自己的需求。”供给经济学家断言，商品和服务供给的增加将会提供一种无通胀的刺激经济的方法。凯恩斯所倡导的一种促进总需求的方法就是减税，这能够使个人有更多的支出，从而增加需求。供给经济学的逻辑在很多方面与凯恩斯的减税政策很相似，不过是萨伊定律的一种变形[19]。萨伊定律是指，“一件商品在生产出来的那一刻，就提供了对其他商品的需求，且金额与其自身完全相等”。换句话说，总产出会创造相同数量的总需求，生产商品这一行为本身就会形成对这些商品的需求[20]。供给经济学家的方案是，通过取消规制和减税为商品和服务的供给创造适当的环境，进而促进经济增长，这会让经济更具生产力，而且没有通货膨胀的风险。或者说至少这一理论的追随者们是这样想的。最让他们感到兴奋的是，想象大幅降低个人税率所产生的神奇作用。萨缪尔森对供给经济学家不屑一顾。“冷静的共和党人不会基于这种幻想的奇迹来经营他们自己的企业，即只要把商品生产出来，需求肯定就会出现”[21]，他告诉《新闻周刊》的读者。“事发之前，一个人永远不应该相信奇迹。事发之后，人们就很难再相信奇迹了”[22]。

当时的保守主义英雄是亚瑟·拉弗[23]。1974 年，当他与万尼斯基、时任杰拉尔德·福特幕僚长的唐纳德·拉姆斯菲尔德和拉姆斯菲尔德的副手迪克·切尼共进午餐时，在一张餐巾上画了一条钟形的曲线[24]，表明提高税率并不会自动地带来税收的增加，因为在面对高税率时，他们会调整自己的行为。在这条曲线上存在一个税率的“甜点区”，这时提高税率并不能带来更高的收入，降低税率反而会使总税收增加。

正如发明“供给经济学”这一术语的赫伯特·斯坦因所解释的那样：

按照供给经济学的观点，大幅地、全面地和平等地削减所得税税率将不会降低税收，而会使之增加，因此就不会使赤字增加，而是使之降低。之所以产生这种绝妙的效果，是由于税基大幅增加，大到尽管税率降低了，但是税收却会增加。税基大幅增加主要是由于国民总产出和总收入有很大的增加，而这又是由于劳动和资本的供给数量增加了，因为税率降低时工作和储蓄的税后收益增加了[25]。

斯坦因相信，有些人为的花招可以将注意力由他所讲的“长期以来对减少政府开支的迷信”转移到减税上面。

共和党人需要表明，既不会大幅降低政府开支也不会导致赤字大幅增加的大规模减税是可能的。基本的供给经济学命题为了他们提供了实现这一点的方法[26]。

在其《经济学》教科书第七版中，萨缪尔森承认拉弗减税能增加税收的观点可能有些道理。“如果减税能够成功地刺激经济达到某种程度，我们的累进税制就能够从更高的收入水平征缴额外的税收，”他写道，“因此减税在长期可能意味着联邦政府的税收损失很小甚至没有，从而在长期并不会导致公共债务的显著增加。”[27]1992 年，在这部入门教材的第 14 版中，萨缪尔森纠正了这一假定，写道“拉弗曲线预测减税之后税收会增加，这被证明是错误的”[28]。

在这场有关拉弗曲线功效的辩论中，萨缪尔森曾经有过极为精彩的表现。1971 年，他在芝加哥做了一场题为“为何他们取笑拉弗”的讲座。“在我的一篇文章中，我称他为亚瑟・拉弗博士，因为我自然而然地认为他是一名斯坦福的博士，”萨缪尔森写道，“华盛顿的一位人士，可能是约瑟夫・佩奇曼[29]，随后和我开玩笑说，是我给拉弗戴上了博士这一顶不光彩的帽子，其实他不是。我立即改正过来说，‘我的意思是拉弗先生’。然后就有各种各样的纸条递到我所在的讲桌上，说他就是一名博士，于是我再次纠正了自己的错误。”两小时后，斯坦福的经济学教授埃米尔・德普雷[30]联系了萨缪尔森，告诉他“不要再挤兑阿特・拉弗了。他是个好孩子，他和他的博士学位之间只差了一个正式手续”[31]。

芝加哥大学经济学系急匆匆地雇佣了这名冉冉升起的保守主义明星，并在 1970 年授予他终身教职，以免他另寻高就，对于拉弗声称自己拥有斯坦福的经济学博士学位，他们并没有仔细核实。但是拉弗没有完成自己的博士论文[32]，这件蠢事使得经济学家在评价供给经济学时很难给予拉弗很高的地位，也让芝加哥学派的学术声誉受损。拉弗不光彩地被芝加哥大学扫地出门。“这太糟糕了，”拉弗回忆说，“我知道普天之下在学术界再也没有我的容身之地。于是我只能另谋出路，新闻界、政治领域、咨询业。”[33]

萨缪尔森本人喜欢拉弗，他知道这个名字是因为拉弗是他女儿简在斯坦福的老师，所以对于是否要摧毁这个年轻人提出的理论，他有点犹豫不决。“我当时面临的一个道德问题是，一个人如果在学术界拥有我这样的地位，当他严厉地批评一位 30 岁的年轻人所做的研究时，是否会使他的声誉受到无可挽回的损失，”萨缪尔森写道，“我的想法是，这事关国家政策，而且如果他的预测被证明是正确的，尽管我怀疑这一点，但是并非完全不可能，那么贻笑大方的人就是我，这是一名负责任的评论者应该准备承担的风险。”[34]

保守主义经济学家转向供给学派的思想，最终使得弗里德曼及其孜孜以求的货币主义不再是大家关注的焦点。在里根执政时期，弗里德曼对货币主义理论的贡献及其在终结滞胀的过程中所发挥的作用，在立法者、评论家和经济学家的脑海中逐渐褪去，取而代之的是关于里根大幅减税的政策能否成功促进经济增长的争论。所得税最高税率在 1981 年由 70% 降至 50%，又在 1986 年由 50% 降至 38.5%。[35]

即使弗里德曼并不认为政策效果会像供给经济学所设想的那样好，他依然认为大幅降低所得税本身是一件好事。与拉弗一样，他相信降低所得税会使联邦政府税收收入增加，而不是减少。“个人所得税给纳税人带来的成本远远超过它给政府带来的收入，”他写道，“然而……如果最高税率降至 25%，申报的净纳税收入的增加将远远超过抵消税率降低 13% 所需要的水平。”[36]

对于弗里德曼而言，供给学派所倡导的减税还有另外一个好处。他认为，即使减税导致政府税收减少，只要公共支出下降得足够多，它也不一定会产生通货膨胀。如果政府规模由于减税而缩小了，这就在凯恩斯留下的大政府遗产的棺木上又多钉了一颗钉子。他写道：

在短期，税收和公共支出相同数量的减少产生的影响是中性的，只不过使政府支出转为了私人支出。在长期，这是一种刺激，但不是对通货膨胀，而是对产出。由于一部分用于投资的私人支出增加了生产能力，从而增加了未来商品的供给，这将倾向于降低通货膨胀。

萨缪尔森认为弗里德曼所陈述的过去很多年来有关政府支出和通货膨胀的事实是不正确的。“对各个级别的政府而言，他们现在所消费的实际商品和劳务要比五年前通货膨胀开始时更少。”他在 1973 年写道。近些年来公共支出甚至还赶不上通货膨胀的步伐，这意味着按实际值来计算，公共支出是减少的，而不是像保守主义者所断言的那样，始终都在增加。“不仅按照比例计算，国民生产总值中公共部门所占的份额在下降，”他写道，“甚至按照货币值计算，公共部门的支出还赶不上公共产品和服务价格的上涨。”[37] 他还严厉地批评可耻的立法者将减税作为减少政府支出的一种手段。“对于保守主义者来讲，这是一笔没有损失的交易。如果生产率和资本形成增加，很好。即使它们没有增加，你仍然缩小了政府的范围。但是如果一些穷人受到了伤害，你能说生活是公平的吗？”[38]

对于那些认同拉弗曲线逻辑的人来讲，减税似乎就是一剂灵丹妙药，能够解决税收和支出之间的冲突，却不会让人们感觉有太多的痛苦。弗里德曼警告说，真正能够促进经济增长的不是减税，而是减少政府支出。尽管一些拥护降低税率的人声称这样做能够产生更多的税收，但是最终的目标不是增加税收，而是降低税收并缩减政府支出。如果一项减税政策能够带来更多的税收，这只能证明税率降得不够低[39]。

弗里德曼一直热切地推广自己的理念，即货币增长时时处处都是导致通货膨胀的唯一因素。他预测里根减税政策最主要的问题是，与供给学派的观点相反，联邦政府的支出可能不会减少以弥补税收的降低。减税是否会引发通货膨胀，这取决于由此导致的赤字是由政府借贷来弥补的，还是由公共开支的减少来弥补的。他写道：

只有通过创造新货币的形式来为赤字提供资金时，赤字才绝对会产生通货膨胀，在这种情况下，政府支出超过税收的部分没有被私人支出的减少所抵消。但是赤字不一定要靠这种方式来提供资金。如果发生了这种情况，这是货币政策的失败，而不是财政政策的失败。[40]

结果，里根减税所导致的结果恰好相反。他使所得税低于20世纪20年代以来的任何时期，但是并没有伴随着政府支出的缩减。归根到底，他通过在国防开支方面超过苏联来终结冷战的雄心壮志，使得预算平衡是不可能实现的。因此，尽管有拉弗曲线和“涓滴经济学”的承诺，即这些理论声称富人少缴的税最终会使那些在经济食物链上处于更底层的人受益，里根减税并没有带来税收的增加，而是产生了联邦政府赤字的大幅增加，因为赤字是由借贷或印钞来提供资金的。不久之后，随着联邦税收的实际值在里根的第一个任期下降了6%，按照2020年价格计算至少下降了2000亿美元，里根承认税收应当悄悄地增加。在之前多次提到的1981年减税之后，接下来的三年税收都在增加。里根在 1986 年进一步减税之后，1987 年税收也有所增加。[41]

弗里德曼关于赤字的货币主义观点，与他对政府行动的普遍憎恶极为契合，特别是政府耗费纳税人金钱的行为。正像他解释的那样：

> 根据我的观点，赤字之所以糟糕，是因为这鼓励了政府的过度支出，而这一过度支出又是通货膨胀和经济增长放缓的罪魁祸首。如果通过创造货币的方式来为政府支出提供资金，从而弥补赤字，政府支出和通货膨胀之间就存在直接联系。如果政府支出是由政府借贷或税收来提供资金的，两者之间的联系就是间接的，但是仍然确实存在。借贷和税收都会挤出私人支出，耗费本来可以用于私人消费或生产性资本投资的资源。[42]

弗里德曼对联邦赤字的严厉批评，预见到了后来的保守主义总统所采取的很多政策，即通过减税来促进经济增长，但是国会反过来并没有削减公共支出。两者之间的割裂导致了赤字飙升，这成为保守主义经济学叙事的焦点所在，特别是在 2008 年金融市场陷入极度低迷之后，共和党人抨击民主党人未能削减昂贵的公共项目支出以适应税收的缩减[43]。在很久以前，保守主义者坚守的信条之一就是，国会应当要求“预算平衡”，即按照货币值计算，税收要与政府支出相等[44]，即使这种状态只实现过一次，还是在民主党总统比尔·克林顿执政时期[45]。

与以往一样，弗里德曼将宣扬赤字之恶以及以“预算平衡”作为解决之道视为己任。

> 实现“预算平衡”的政治呼吁经常产生适得其反的效果。花钱大手大脚的人大力推动政府的社会保障项目，从而导致更大规模的赤字。已经败下阵来的财政保守主义者的回应是，支持增税以缩小赤字。财政保守主义者被

赶下台，部分的原因在于他们拥有增税的勇气。花钱大手大脚的人则赢得了选举，部分的原因是他们不负责任地增加政府支出。然后他们就开始再一次沉醉于大规模支出的狂欢，并开启新一轮支出更多、赤字更大、税率更高的周期。

他写道，正是这种情景在很多年前就使他几乎在任何情况下都拥护减税。如果减税产生了赤字增加的危险，为了实现预算平衡，政治家有动力采取削减政府支出的方式来做到这一点，而不是增税[46]。

对于弗里德曼而言，关注的焦点由货币主义转向了减税和平衡联邦预算，是一件应受欢迎的转变。美联储的沃尔克努力控制货币供给，按照弗里德曼的说法，这预计会带来经济增长，但实际上希望越来越渺茫。甚至连应当控制住按哪种标准衡量的货币，都还处于激烈的争论之中。弗里德曼坚持自己所偏爱的衡量标准，即 M1，这是现实中的通货与硬币、活期存款、旅行支票、其他可开支票的存款、可转让支付命令活期存款的总和。但是有证据表明，M1 很难预测未来的增长[47]。

在沃尔克的货币主义政策实施三年之后，美国经济陷入了深度衰退，失业率超过了 10%，并且还在上升，然而货币主义的应对之策不是扩张货币供给，而是进一步收紧。利率出现了急转弯，先是急剧上升，然后又猛降。之后沃尔克做出了一个重大决定，即美联储将会放弃它的准货币主义实验，恢复对利率的管理，不是通过限制货币供给的流通速度将利率作为控制通货膨胀的手段，而是根据它可能产生的刺激或抑制经济增长的影响。

1982 年 10 月 5 日，在一次与美联储公开市场委员会讨论危机的会议中，沃尔克正式终止了货币主义政策，当着委员会中三名地地道道的货币主义者的面，降低了再贴现率，这将降低货币的价格，这与弗里德曼货币主义的建议恰好相反。沃尔克回忆说，“货币增长与原本预期的经济数字之间似乎没有关系”[48]。

为了不让市场以为美联储已经放弃了自己对控制通货膨胀的探索，沃尔克的声明以 M1 的度量方法发生了技术变动为掩护，但是结论是明确的，即美联储的行动不再以货币主义为指导。里根政府本身对经济政策也有不同意见，因而并没有质疑沃尔克的决定。他们也放弃了货币主义这项目的崇高但却失败了的实验。

放弃货币主义的决定深深地激怒了弗里德曼，哪怕这只是一种杂牌的货币主义。但是不久之后，他的判断力就受到了质疑，质疑他的人甚至包括货币主义者。尽管在美联储的公告宣布以后股市猛涨，弗里德曼仍然警告说，沃尔克放弃货币主义的逻辑将会付出极高的代价。他预测美联储通过降低利率来增加货币供给，将会使通货膨胀达到两位数。1983 年他又预测当年 M3 增速放缓将会在来年引发经济衰退。M3 是衡量流通中货币的最广泛的指标，包括现金、支票账户、旅行支票以及像大额存单[49]这类“具有流动性”的金融产品。

然而，令弗里德曼尴尬的是，这些预言都没有实现。通货膨胀进一步下降了，1984 年也没有出现衰退。这一次弗里德曼无话可说。“我错了，绝对错了，”他承认说，“至于我为什么预测错了，我也没法很好地解释。”[50]威廉·普尔[51]这位圣路易斯联邦储备银行的总裁是一位忠实的货币主义者，正如他所说的，“我们中间那些开创了强大理论的人，努力让世界适应这一理论，而不是相反”[52]。

尽管沃尔克的货币主义遭遇了公开的失败，弗里德曼仍然坚持认为，自己版本的货币主义仍然是正确的。他相信控制货币供给是管理通货膨胀的关键，他愿意为此押上双倍的赌注。“我感觉这一理论并未被否定，”他说，“如果我们把某些事情弄错了，它们必须得到纠正。”[53]但是，保守主义经济学家和政治家对弗里德曼的信心严重受损。美联储理事查尔斯·帕蒂[54]认为货币主义在实践中的结束主要还不是某个经济理论的失败，而是弗里德曼的人生悲剧，他已经步入70岁了。“我为他感到难过，”帕蒂说，“他现在已经是个老人了。他的一生都花在了这个理论上面。现在，这一理论被摧毁了。”[55]

对哈耶克而言，弗里德曼的货币理论在实践中的失败没什么好惊讶的。他总是说自己不愿意对弗里德曼吹毛求疵，“我不喜欢批评米尔顿·弗里德曼，这不仅是因为他是一位老朋友，更是由于除了货币理论以外，我们意见完全一致”[56]。然而在1983年，当美联储抱怨自己没有任何方法能够准确地衡量或管理美国经济中的货币时，哈耶克问道，“货币政策曾经做过什么好事吗？我不这样认为。我想它造成的只有损害”。他继续说：

价格水平由货币数量决定，这是正确的。但是我们从不知道从这一意义上来讲，货币的数量是多少。我想规则应该是这样的，即不管是谁发行货币，都必须调整货币数量，从而使价格水平保持稳定。但是，相信你可以保持某种可以度量的货币数量并产生有益的影响，这就大错特错了。[57]

哈耶克明确了货币主义的致命缺陷。即使弗里德曼的主张是正确的，也很难确定以哪种方式度量的货币可以控制，以及如何对其进行调整。正如哈耶克在1980年所解释的那样：

问题在于，以货币主义的最初形式来看，它并没有充分说明如何度量货币数量，而且决定货币价值的不仅有各种形式的货币的供给，还有货币需求。然而，这并不会改变如下事实，即只有中央银行通过限制现有体系中基础现金的供给，才能够控制货币的价值，并对其进行足够的限制。

由于货币是一种政府制度，所有的通货膨胀都是由政府造成的，其他人都对其没有影响。然而，这就使得弗里德曼派提出的计划是不切实际的，即通过法律将货币数量能够保持和应该保持的增长速度固定下来。这可能会造成有史以来规模最大的金融恐慌[58]。

弗里德曼的货币主义已经被尝试过了，但是被发现是有缺陷的。终其余生，弗里德曼都在抱怨说他的通货膨胀单一原因理论是正确的，但是沃尔克并未给它付诸实践的机会。

尽管这场有关美联储应当遵循何种货币主义的晦涩难懂的争论以弗里德曼的失败而告终，但他对尼克松的那种失望并未在里根身上重演。他"曾经抱有极大的期待，希望1980年成为迈向更小政府的决定性转折，但是这一希望落空了"。然而，至少里根支持沃尔克阻止通货膨胀在经济中死灰复燃，即便他允许弗里德曼派的货币主义被置之不理。

至1982年，货币主义在美国已经寿终正寝了。它成为经济思想史中一个尴尬的脚注，除了几个真正的信徒以外，其他人都将其遗忘了。然而，在大西洋对岸，玛格丽特·撒切尔这位自1975年以来保守党的领袖却对弗里德曼极为尊敬。与里根一样，她放弃了英国保守主义者自二战结束以来所遵循的政治共识。撒切尔相信，通货膨胀是一个远比失业更为迫切的问题，作为首相，她决心要将失控的价格上涨从英国经济中清除出去。与里根不同的是，她可以掌控所有自己所审察的部门。她能够坚持让自己的财政大臣和英格兰银行这一由政府运作的英国中央银行的行长以货币主义作为他们的指导纲领。她与弗里德曼成为好友，并给了他第二次机会，以证明他正牌的货币主义能够治愈通货膨胀。

第十三章

长路尽头

萨缪尔森在其《经济学》中对苏联经济有很多描述。在为《新闻周刊》撰写了18年专栏文章之后，萨缪尔森和弗里德曼终于停笔了。

像弗里德曼这样的古典自由主义者相信，只有自由市场资本主义制度才能保障全面的政治自由。[1]弗里德曼认为，二战以后由于连续几届政府采用了凯恩斯主义政策，政府部门迅速壮大，这让美国经济失去了活力。只有让自由市场的力量发挥自己的作用，资本主义才能在美国繁荣起来。“最近这些年的经历……提出了一个疑问，即如果我们继续授予政府越来越多的权力，个人的聪明才智是否还能克服政府控制对活力的抑制作用。”[2]他写道。

尽管如此，借助自己的教科书，萨缪尔森给自己设定的任务是不仅要描述设想中的资本主义是如何运转的，还要描述它实际上是如何运转的。他还认为自己应该在其教科书中解释可以替代不受约束的资本主义的选项，这些体制或政策已经被包括英国在内的很多国家所采用。但是萨缪尔森小心翼翼地坚持认为，“作为一门科学，经济学所关注的只是实现预定目标的最佳途径，它无法对这些目标说三道四”[3]。在他看来，弗里德曼的问题在于“他认为自己保持了科学的态度，但实际上他的研究充满激情，远不是他自己所想的那样客观中立”[4]。

萨缪尔森认为资本主义制度在美国的运转并非完美无缺，而且有能力进行改进，但是和温斯顿·丘吉尔对于民主所讲的那句话一样，“除了所有那些曾经被尝试过的政府形式以外，它是一种最糟糕的政府形式”[5]。萨缪尔森的表述与之类似，即“自由市场体制所实现的结果，没有什么神圣之处；没有，即使它是在完全没有摩擦并且在能够想象出来的最完美的竞争条件下运转的，也是如此”，这让很多保守主义者质疑萨缪尔森对美国方式的热爱是否真诚。

从 1948 年《经济学》这本入门教材的第 1 版开始，萨缪尔森就在努力地理解苏联经济的逻辑。[6] 从理论上来讲，苏联在日常生活的各个方面已经放弃了自由市场，取而代之的是一个自上而下的、高度计划的命令经济。

对萨缪尔森而言，他并没有排除一个计划经济在适当的条件下能够正常运转的可能性。然而，很少有人试图去评估苏联体制中“黑市”的极端重要性。人们在黑市上非法地交易商品和劳务，从而使一些比较富裕的俄罗斯人可以克服物质匮乏的窘境。冷战让萨缪尔森的努力被歪曲。这一运动涉及美国 20 世纪 50 年代太多的政治争论，很多保守主义者认为大量的学者和理想主义者对美国在意识形态方面的死敌抱有太多的同情。因此，弗里德曼抨击萨缪尔森和加尔布雷斯这样的“杰出知识分子”给予了暗中的支持。[7]

弗里德曼认为自由主义知识分子过于愚蠢，无法理解市场的复杂性。“我认为，知识分子之所以有集体主义倾向，主要原因是集体主义者给出的是一个简单的答案”。1974年，他告诉《理性》杂志说：

如果哪儿出了问题，是因为存在一些无用的懒人，这讲述的是一个非常简单的故事。写这种东西，你不需要很聪明，接受这种东西也同样如此。另外，个人主义的或者古典自由主义的观点则复杂而精妙。如果社会出了问题，如果真的有某种罪恶，让人们自愿努力去消除这种罪恶，可能会取得更大的社会进步。因此，我认为知识分子预先会有一种倾向，容易去宣传集体主义思想[8]。

在萨缪尔森1961年的第5版《经济学》中，他小心翼翼地指出了公民个体由于被剥夺了利用自由市场的机会而付出的代价。他举了一些例子，说明一个计划当局无法依靠价格来决定民众需要什么，这会导致生产缺乏效率。无法在商店里进行自由的选择，这一定会让美国人逃之夭夭。“如果本地的商店或杂货店卖的鞋子没有你需要的号码，你会很高兴地接受大一点的号码，而不是一双都不买。”萨缪尔森写道。

在《经济学》中有一张惹人注目的插图，萨缪尔森比较了美国和苏联未来可能的经济规模，表明苏联很有可能在20世纪90年代中期超越美国。这个猜测没有成真。但是萨缪尔森通过断言他相信哪一方会胜利而扳回一局。“我们混合的自由企业制度惊人的生命力很容易被人忽视，它尽管有各种各样的缺陷，但是给整个世界带来了一个世纪的进步”[9]。

在1980年出版的第11版《经济学》中，萨缪尔森做了大幅的修改，以反映南斯拉夫、波兰、匈牙利、捷克斯洛伐克以及其他一些地方的领导人所做的很多尝试，他们试图以自由市场的力量来调和。他修改了自己引发争议的经济增长插图，表明至少在2010年之前，即使在最有利的情景下，苏联也不可能超过美国经济。

在第 11 版最后一章最后一段话中，萨缪尔森评论了弗里德曼的一个观点，即只有借助绝对的经济自由，才能保障政治自由。首先，他质疑美国公民是否真的享有那种与经济自由相伴而生的政治自由。他讲到了“年轻一代”的疑虑，他们怀疑在美国市场经济下，那些没有取得成功的人是否享有真正的自由：

对他们来说，重要的是即使垄断仍然太过普遍，即使自 1945 年以来垄断没有出现大规模的缩小，20 世纪 80 年代的垄断也不像 20 世纪初那么普遍。

对他们来说，重要的是穷人的数量不要像过去那么多，也不要像过去那么穷，但是，如果经济机会的不平等依旧顽固地存在下去，自 1945 年以来没有出现收入不平等的大幅下降，这如何能够实现呢？

在他们看来，一个仍然支持种族歧视、性别歧视、宗教歧视和民族归属歧视的社会，怎么能够令人满意呢？

为了以这种担忧来反对像弗里德曼一样的那些人，他们相信政治自由和经济自由是不可分开的，萨缪尔森解释了哈耶克、弗里德曼及其同道中人为何反对政府旨在使美国人在物质方面更为平等的措施，他称这些人追求的是“自由放任的理想世界”：

为了更好地分配蛋糕，你会由于扭曲而导致低效率，从而减小蛋糕的规模。但是更重要的是，个人自由和财产自由是一体的和不可分割的。你会发现赫伯特·斯宾塞[10]的自由放任社会是如此令人厌恶，但是只有在这样的社会中，人们才能自由地说出自己的想法，并选择他们的统治者。

尽管弗里德曼想要让尽可能多的权力回到个人的手中，但是即便是他也无法回避以下事实，即拥有庞大的公共部门的美国经济在很多方面更多的是一个混合经济，而不是自由市场经济，而且可能永远都是这样。联邦政府和州政府可以按照自己的意图利用规模庞大的预算，并通过这种方式来管理经济，特别是在凯恩斯主义甚嚣尘上的时期。包括养老金计划、医疗保障制度和为穷人设立的社会安全网在内的社会保障制度，一旦削减就会引发巨大的政治痛苦。尽管存在自由市场的思想，政府仍然拥有一个复杂的规制、征税、补贴和征收关税的体制，而且这些政策很多时候还是在私人企业的强烈要求下才制定的。

美国的私人部门是不受约束的资本主义的一个糟糕的例子，合法的垄断企业制定的价格要高于自由市场的定价，政府体制允许企业借由成本高昂的对国会的游说，修改法律以增加它们的利润[11]。甚至弗里德曼的标志性政策，即主张美联储应使货币供给稳定而缓慢地增长，以保持通货膨胀处于低位并可以预测，也承认一个未经选举的政府机构为实现经济稳定性而发挥重要作用是恰当的。

到了 1981 年，为《新闻周刊》撰稿已经成为一件令萨缪尔森讨厌的工作。他同意冒险从事新闻写作，最初的理由是这本杂志在全世界拥有数百万读者，给他的报酬也非常优厚。在 1968 年刚一开始时，每篇专栏文章的报酬是 750 美元，相当于 2020 年的 5756 美元，到了 1974 年 12 月，艾略特写信告诉他，“《新闻周刊》工资价格控制委员会这台磨盘转得很慢”，但是从新年的第一天，他的报酬上涨了 15%，给他带来了每年 23 000 美元的收入，相当于 2020 年的 170 383 美元。此外，从 1976 年以后，萨缪尔森和弗里德曼每次参加《新闻周刊》的市场推广活动还能再获得 1000 美元。然而，在 14 年之后，萨缪尔森无论对于名声还是金钱，都没有需求了，很多年前他的教科书就已经让他成为百万富翁，他也不再需要一个表达自己观点的窗口。他的名气和声望意味着任何一个严肃的出版物都乐于为他提供发表意见的平台。

接下来一件偶然的事件让他考虑自己是否还需要再和《新闻周刊》合作下去。1974 年，萨缪尔森写信给《新闻周刊》的总编奥斯本 · 艾略特，要求澄清有关他的专栏及其内容的基本规则。“我曾经以为文章是由我署名的，我自己为其内容负主要责任，亵渎神灵和危害国家的内容除外”。他讲了自己遇到的一个插曲。两名《新闻周刊》的编辑撤下了他的一篇专栏文章，这篇文章讨论了由罗伯特 · 福格尔和斯坦利 · 恩格曼这两位经济学家撰写的《苦难的时代：美国奴隶制经济》一书。因为该杂志在三周前曾经刊登过对这部著作的评论，所以他们请萨缪尔森另写一篇文章。“到了我这儿，我的反应没法再友善了，”他告诉艾略特说，“我周六早上就开始工作，写了一篇全新的专栏。”但是他对这个决定并不开心。

他的专栏文章“包含了之前那些外行的公告所没有的内容，也就是说，这是我在读了数百页福格尔和恩格曼精选的数据及其分析之后所受的教益”，他写道。“我不愿意对一些细节问题斤斤计较，但是我仍然希望能够澄清一些基本规则。如果对我写的专栏有些大惊小怪，从而影响到我未来可能的选题以及从更早的专栏中获得的反馈，那么我就无法像原来设想的那样低调地处理这件事”[12]。《新闻周刊》的编辑部主任也参与了撤下专栏初稿的决定，他拦下了写给艾略特的信件，因为后者“正在亚洲旅行”，并向萨缪尔森做了解释。“专栏内容主要由您来负责，您的这一想法是完全正确的。”他写道。“不管对您还是对杂志而言，我肯定没有任何意愿来改变这种本来富有成效的运作模式[13]。”在重申自己相信原稿是不合适的之前，他这样说道。

然而，新闻业变幻无常，经常把刚刚过去的事情弃之脑后，没有时间保留太多的记忆。在七年之后的 1981 年，萨缪尔森评论了加尔布雷斯的回忆录《我们时代的生活》。加尔布雷斯是他的一位老朋友，在某种程度上也是他的对手。对一本新闻杂志而言，萨缪尔森评论加尔布雷斯是一个完美的“得分项”，读者会认为评论对象和作者是一对绝佳的搭档。但是《新闻周刊》的新任总编莱斯特·伯恩斯坦并不这么想。他重复了曾经让萨缪尔森在 1974 年感到如此沮丧的不当行为。“我无法联系到您，告诉您我撤下了这周您有关加尔布雷斯回忆录的文章，因为我们在三周前相当细致地对这部著作做了评论……我认为再去评论一次是不合适的”。萨缪尔森被激怒了。“我的理解是，以我的名义发表的专栏文章，内容也应由我负责，”他写信给伯恩斯坦说，“现在有必要终止我与《新闻周刊》的合作。”他坚持了自己的决定。

萨缪尔森的离去令《新闻周刊》的老板和他的私人朋友凯瑟琳·格雷姆感到非常痛苦，她写信告诉他，“你不再为《新闻周刊》撰写专栏，并且源于这样一个糟糕的误解，我真的感到非常难过”“专栏极大地提升了杂志的名望和思想内容。我们和《新闻周刊》的读者都将非常怀念它”。隔年，伯恩斯坦离开了这个杂志社。

到了 1983 年，弗里德曼也被《新闻周刊》对待他的方式激怒了。他写信向总编小威廉·布罗伊尔斯[14]抱怨。在过去，由于版面短缺，弗里德曼撰写的专栏偶尔会延期至下一周出版。现在这样的延期成了家常便饭。“我的专栏按时出版的时候比推迟出版的时候还要少，”他写道，“我总是尽量让我的专栏紧追当前的热门议题。如果我不知道专栏是下周出版，还是两周后或者三周后出版，我就无法做到这一点。我在专栏中炒冷饭。”接着，他威胁说，“我与《新闻周刊》一起所做的各项活动，对我而言是一件极大的乐事。我们之间的关系曾让我感到非常开心”“我不希望终结这一关系，但是坦率地说，这已经不值得继续下去了，除非继续合作的情况能让我们都满意”[15]。

专栏写作适合弗里德曼。他天生是一个刺头，对某件事发起短暂而猛烈的攻击被证明与他的脾气秉性完全契合。他很享受这项工作，并且很高兴地感谢该杂志的编辑们“为我提供了一个如此高效的与公众交流的平台”。

这项任务很有挑战性，也富有回报……我得到了读者源源不断的反馈，有些是过誉之词，也有人恶语相向，但总能引人思考。在这个过程中，我懂得了被人误解是件多么容易的事，或者换句话说，完全讲明白一件事是多么困难。我还明白了看待任何一个问题都可以有无数的视角。根本就没有纯粹的经济学问题这回事。[16]

1984年年初《新闻周刊》新任总编理查德·史密斯终止了弗里德曼的专栏，同时终止的还有替代萨缪尔森写专栏的莱斯特·瑟罗[17]，后者大概在同一时期还担任麻省理工斯隆管理学院的院长。弗里德曼承认“情绪有点复杂”。“我必须坦率地说，我为终止这项工作感到遗憾。”[18]弗里德曼写信给史密斯说。倾向于保守主义的《华尔街日报》和鲁伯特·默多克掌控的美国和英国的保守主义报纸立刻邀请他撰写专栏，但是他决定还是暂停为有交稿时限的新闻界撰写文章。从那以后，与萨缪尔森一样，在有心情时他偶尔还写写专栏。[19]

第十四章

小店之女

弗里德曼在美国的货币主义实验以悲剧收场。但是在伦敦，撒切尔给了他另一次机会。而且，与沃尔克不同，她是一名真正的信徒。

英国的货币主义并非始于玛格丽特·撒切尔。在撒切尔1979年赢得大选之前，詹姆斯·卡拉汉领导的工党政府深受债务与通胀之苦。至1975年，与上年相比，英国的通货膨胀率高达26%，基本小时工资上涨了32%。卡拉汉的财政大臣丹尼斯·希利发现传统的凯恩斯主义工具不像过去那么有效了。他解释说：

需求管理的基本理念已经变得靠不住了。凯恩斯相信，通过调整税收和政府支出以降低对产出的需求，政府可以维持该国生产能力的充分利用并且不产生通货膨胀。但是，精确地计算出政府需要往经济中注入多少额外的需求才能实现充分就业，已经是不可能的了。

同样地，也不可能知道有多少人会使用你通过减税或增加公共支出注入的货币。或者这可能会导致更高的工资或利润，形成更高的通货膨胀，而不是创造更多的工作机会。它也可能被用来购买外国的商品而不是英国的商品，由此就会导致国际收支的恶化，并且为国外而不是为英国创造就业。它还有可能被储蓄起来，而不是被花掉。[1]

与理查德·尼克松以及全世界的其他一些人一样，卡拉汉和希利为了抗击通货膨胀采取了收入政策，以限制工资上涨，因为他们相信自己对于工会运动的影响力，这些运动为工党提供了资金，他们可以利用这种影响力来克制对于高薪的要求。对希利而言，道理显而易见："无论政府说什么，没有人能够避免采取某种收入政策，因为它们就雇用了数以百万的男男女女。"对于一个像英国这样拥有一个庞大的公共部门的国家，实施收入政策是一个明显的选项。在一年内，这项政策似乎奏效了。通货膨胀从 1975 年的 26.9% 的高点降至 1976 年 7 月的 12.9%，降幅超过一半。但是希利明白将来会有麻烦。"采取一项收入政策就像是从三楼的窗户中跳出去，"他写道，"没有一个神志清醒的人会这么做，除非楼梯着火了。但是在战后的英国，楼梯一直在着火。"[2]

卡拉汉的女婿彼得·杰伊[3]是伦敦《泰晤士报》的经济学编辑。与很多同一行业的和在金融部门工作的年轻人一样，他也较早地接受了货币主义。他甚至给经济学家们做过一次讲座，赞扬货币主义的优点。[4]在《泰晤士报》的编辑中，杰伊为自己的货币主义论点找到了一位现成的门徒，这就是威廉·里斯－莫格，他一直致力于传播美国最新的保守主义思想。里斯－莫格尽可能按着原文来理解弗里德曼的思想，并将货币主义简化为一种简单的不言自明的真理，由此他试图表明在货币供给的增加和价格上涨之间存在一种一一对应的关系。这在他文章的标题中显露无遗："货币供给增加 9.4% 如何使英国的通货膨胀上涨了同样的比例。"[5]

来自《泰晤士报》的支持让弗里德曼深感震撼。但是对于深怀戒心的凯恩斯主义与不知所云甚至有些神秘色彩的货币主义之间的冲突而言，意义远为重大的是，很长时间以来这个国家都是沿着卡拉汉的路线在前进，但是杰伊说服了首相，英国在依靠国外借款度日的时期产生了通货膨胀，而财政节制是有可能重新实现的。

卡拉汉将杰伊的话牢记在心。1976 年 9 月，在黑潭市召开的工党大会上，他发表了演讲，这标志着英国不再将凯恩斯主义作为制定经济政策的主要指引。杰伊亲自撰写了卡拉汉演讲稿的关键段落，内容如下：

太长时间以来，英国都靠着借来的时间、借来的金钱、借来的思想过日子……太长时间以来，这个国家总是满足于从国外借钱来维持我们的生活水平，而不是努力去解决英国工业中存在的根本问题……有人告诉我们，这种惬意的日子可以一直过下去，财政大臣大笔一挥、减税、通过赤字增加公共支出，这就能够保障充分就业。这种日子一去不复返了。

我们曾经认为，你可以通过花钱来走出衰退，借助减税和扩大政府支出来增加就业。恕我直言，这一选项已经不存在了，而且即使它在战后存在过，每次起到的作用也仅仅是往经济中注入了更大剂量的通货膨胀，接着就是下一阶段更为严重的失业。

人们并没有注意到卡拉汉传递的明显信息。工会领导人无法克制基层要求更高薪酬的压力。由于工党的收入政策开始陷入困境，工会领导人无视他们的政府对暂缓工资上涨的要求，而通货膨胀也卷土重来，希利发现评论家和金融分析师的建议如雨点般向他飞来，敦促他接受弗里德曼提出的简单的解决方案。

在英国，弗里德曼的形象是一位疯狂的美国经济学教授，观点不循常规。他成了英国电视上的名人，与头脑聪明的顽固的保守主义分子一样，每次出场都保证会引发争议。1983年，伊丽莎白女王在停泊于圣巴巴拉之外的皇家游艇不列颠尼亚号上为罗纳德·里根举行了宴会。在这次宴会上，女王热情地和弗里德曼打招呼说，“我知道你。菲利普（即女王的丈夫爱丁堡公爵）总在电视上看你的节目”[6]。

在英国广播公司的一次电视访谈中，弗里德曼为自由市场击鼓助威，“如果脱下这件你自己绑在身上的束身衣，给人们一个激励，由此产生的结果会让你大吃一惊”。他警告说，英国面临“民主与自由的崩溃，计划经济将会代替自由经济”，除非它放弃福利国家制度。他注意到格拉汉在黑潭提及货币主义，并称自己由于首相明显的思想转变而深受鼓舞。“如果这不只是停留在口头上，而是意味着政策方向出现了重大改变，那么我必须改变自己的预测。”他说。

接着，在很短的时间内，弗里德曼的货币主义就成为英国的官方政策。很多凯恩斯主义经济学教授还没有认识到他们已经遭受了一次重大打击。学术界洋溢着的自满情绪让某些人很难理解。伊恩·吉尔摩于1979年成为撒切尔政府的一名重要成员，他从货币主义政策的角度对其进行了无情的抨击。他相信主流的凯恩斯主义经济学家未能对弗里德曼的理论予以足够有效的回应。“绝大部分学术界的经济学家追求的是自己晦涩难懂的研究不要被打扰，”吉尔摩后来写道，“在伦敦新闻界，在伦敦金融城，在保守党中，已经发生了重大的思想转变。”[7]

希利收到了一大堆货币主义的建议，他立即抓住了将货币主义付诸实践时存在的关键问题。“直到现在还没有人找到对货币的恰当定义，没有人知道怎么去控制它，除了弗里德曼自己以外，也没有人确信对货币供给的控制是如何准确地影响通货膨胀的，而这原本就是它的唯一目的，”希利写道，“而且，与货币有关的统计数据与所有其他数据一样不可靠。”[8]希利发现，为了安抚左右英国经济气候的伦敦城中气势正盛的货币主义者，只能像大西洋彼岸的沃尔克那样，表面上密切关注货币供给，除此之外，别无选择。

与沃尔克一样，希利开始公布对货币的预测，由于这些数据在很大程度上没有什么意义，所以直到此时仍处于保密状态。“在我在任的五年中，我成功地将 M3 控制在平均每年增长 10% 左右，这也让市场保持了平稳。”他写道，M3 是当时英国最喜欢使用的度量货币的方法。然而，弗里德曼仍然对希利付出的努力无动于衷。1976 年 10 月，他在全国广播公司《会见新闻界》节目中说，“英国已经到了崩溃的边缘”[9]。一周之后，他告诉一家报纸，“我非常担心，正如我们已经看到的那样，英国的自由和民主在五年之内被摧毁的概率至少是一半对一半”[10]。

在工党执政时期，关注的焦点是他们的经济政策。但是，吉尔摩注意到保守党也发生了一个变化。货币主义正在昂首前进。这个西方世界最成功的民主党派数个世纪以来取得了辉煌的成就，因为就像很多英国人一样，它既不理会也不相信思想观念和意识形态。“在保守主义思想传统中，最明显的特点就是怀疑主义，懂得人类理性的局限性，反对抽象概念和抽象的教条，对体制不信任，反而相信经验和‘环境’的重要性。在哈利法克斯、休谟、伯克、柯勒律治、迪斯雷利和索尔兹伯里等人的身上都可以发现这一点，”吉尔摩写道，“对于保守主义者而言，接受货币主义与所有这一切都是相悖的。”[11]

长期以来，传统上保守党所习惯的怀疑主义态度曾经使得该党受益匪浅，现在则要让位给一种会让很多老派的保守党人感觉受到冒犯的理念。温和的保守党人爱德华·希斯在1974年的大选中败给了同样温和的工党领袖和前首相哈罗德·威尔逊，并在接下来1974年10月的选举中再次惨败，这引发了保守党内部深刻的反思。有人质疑所有战后保守党首相都遵循的不成文的协议，从温斯顿·丘吉尔、安东尼·艾登、哈罗德·麦克米兰、亚历克·道格拉斯–霍姆到希斯莫不如此，即1945年克莱门特·艾德礼领导下的工党获得的压倒性胜利所传递的明确信息应当被牢记，不应违背选民对福利国家的要求，包括一个由政府运营的医疗系统。

事后证明，两党之间形成的战后共识让保守党人极为受益。尽管看上去选民想要威斯敏斯特进行温和的干预，以便让他们生活得更为轻松，但是似乎他们更信任由保守党而不是由工党来运作这一体制。在艾德礼1951年的选举失利之后，工党努力赢回英国民众的信任，但在1955年和1959年仍遭遇惨败。受维多利亚时期保守党首相本杰明·迪斯雷利的启发，保守党提出了“同一国家”的口号，积极拥抱所有民众而不仅仅包括富人阶层。这一口号极受欢迎。麦克米兰这位在1959年的大选中上台的首相，甚至用“你从未拥有过这么好的东西”这样一句标语吹嘘混合经济取得的成就，而选民们对此信以为真。

从1964年至1970年，由于遭遇性丑闻的困扰以及领导乏力，保守党人被赶下台，但是刚一赢得1970年的大选，希斯政府很快就遇到了难题。它试图通过采取大胆甚至鲁莽的政策来推动经济更快地增长，从而抑制经济周期起起伏伏的变化。公共支出大幅增加，对企业的管制被放松。但结果却是飙升的通货膨胀，而工会也要求获得更高的工资。

与尼克松、卡特和卡拉汉一样，希斯实施了强制性的工资政策，但是工会不准备放弃自己的要求。1973 年秋天，为了达到工资上涨 35% 的要求，全国矿工工会发布了一个惩罚性的、令人痛苦的加班禁令，切断了对发电站的供应，使全国突然断电。由于没有办法将煤炭从矿厂运送到工厂和发电站，除了重要的工业部门以外，希斯规定其他部门一周工作三天。电视台每晚 10:30 关闭以节省电力。希斯当首相的日子已经屈指可数了。

他作为保守党领袖的日子也同样如此。一群内阁大臣谴责他的经济政策导致了这次灾难，他们依靠政策研究中心团结在一起。这是一个拥护自由市场的智库，由前社会事务大臣基思·约瑟夫[12]和前教育大臣玛格丽特·撒切尔建立。负责中心运营的是阿尔弗雷德·谢尔曼[13]，他是一位标新立异的教条主义者，曾经在西班牙内战期间为反法西斯的共和党人战斗过。

在 1974 年希斯遭遇的两次失败中间的这六个月，约瑟夫在普雷斯顿一次承认自己错误的演讲中，将自己的思想涂上了货币主义的色彩。演讲稿是由谢尔曼、《金融时报》经济学评论员山姆·布里坦和另一位政策研究中心的杰出成员艾伦·沃特斯[14]共同执笔的。稿子的标题回应了弗里德曼，并向战后保守党将通货膨胀归罪于工会的正统观念提出了质疑。这一标题是："政府是造成通货膨胀的罪魁祸首。"

"首先我接受在集体责任中我应当承担的全部过失。"约瑟夫说。对于导致希斯失败的这类收入政策，约瑟夫斥之为"就像力图堵住水流从裂缝的水管中流出来，却不关上水龙头。如果你堵住了一个漏洞，它就会从另外两个洞中流出来"。

接着，约瑟夫令人瞩目地声称自己是弗里德曼派货币主义的真正信徒。这听起来有点像皈依某种宗教信仰。"我曾经相信，我们通货膨胀的主要原因是世界价格飙升的产物，特别是近些年来。"约瑟夫说。但是，他大错特错了，“这主要是因为邪恶的凯恩斯主义的欺骗。就更为具体的经济因素而言，我们的通货膨胀是因为新货币的创造超出了可用的商品和劳务增加的比例，而新货币的创造是为了给财政赤字提供资金”。希斯对此无动于衷，他将约瑟夫的背叛称为“一个好人落入一群货币主义者的包围之中，他们剥夺了他的所有判断力。这不是说他原来就有很强的判断力”。

约瑟夫新发现的原理是纯粹的弗里德曼的理论。他说过一句很精辟的话，“当货币供给增长太快时，通货膨胀就会接踵而至”。按照他的观点，一开始你还感觉不出货币主义这剂良药的全部好处，实际上，情况可能正好相反。但是，最终经济将恢复至自然的健康状态。他和弗里德曼一样，并没有承诺这剂药方一夜之间就可以见效，但是“一两年之内”，所有事情都会好起来。

约瑟夫与作为战后共识核心的那种古老的陈词滥调彻底决裂，即为了避免曾经导致英国 20 世纪二三十年代失业的魔咒卷土重来，必须求助于凯恩斯主义经济学。与 20 年代繁荣昌盛的美国经济不同，英国自 1918 年一战结束之后就深受大规模失业之苦，这是由于保守党政府固守“健全货币”的政策，即将英镑的价格定得过高。英国商品在世界市场上缺乏竞争力，这让数以百万计的英国人失去了工作。保守党人未能拯救这一巨大的人间悲剧，这使得接下来 50 年的英国政治落入一条长长的阴影之中。这引发了 1945 年二战结束时战争领袖温斯顿·丘吉尔选战失败，克莱门特·艾德礼领导的秉持进步主义的工党在选举中取得了压倒性的胜利。结果，艾德礼“从摇篮到坟墓”的福利国家极受欢迎，以至于保守党人自己也不得不接受这一点。“健全货币”的理念受到了冷落。“对于我们而言，以及对于所有的战后政府而言，健全货币原则似乎已经落伍了，”约瑟夫解释说，“对于失业的恐惧统治了我们。长期的大规模失业，令人沮丧和绝望的领取救济金的队伍，死气沉沉的城镇，一直都困扰着我们。”

约瑟夫援引凯恩斯的著作，试图说明他接受弗里德曼的货币主义是正当的，这并不带有任何明显的讽刺：

从凯恩斯的著作来看，对于很多以他的名义敦促我们实施的所谓的凯恩斯主义应对方案，他可能会否认与自己有任何关系，而这些措施已经造成了如此大的损害。他的命题是，即使存在大规模的中长期非自愿失业，正确的应对之策也不一定是增加货币供给或者增加需求。实际上恰恰相反，凯恩斯在其革命性著作《通论》中论述的主题是政府人为地增加总需求，并且忽视了传统上对货币供给的关注。

治愈通货膨胀需要改变货币供给增长的速度，并依靠自由市场达到能够实现繁荣的最优均衡状态。“如果在现实中我们可以逐渐开始缓和货币供给增长的趋势，这也会降低预算赤字，然后降低国际收支赤字，再过一段时间，通货膨胀率也将开始下降。只要及时采取这些措施，不需要借助人为的刺激也不会出现通货膨胀的反复，自发的内在纠正机制就将开始发挥作用”[15]。这样，不用提及弗里德曼的名字，约瑟夫就为保守党设定了弗里德曼派货币主义的路线。

当华盛顿的沃尔克对弗里德曼及其货币主义敬而远之时，弗里德曼在伦敦的行情开始看涨。英格兰银行作为英国的中央银行，要绝对服从英国政府，这一制度安排令美国总统羡慕不已。在希斯由于其失败的收入政策黯然离开唐宁街时，1975 年玛格丽特 · 撒切尔领导的保守党取得了大选的胜利，这帮了弗里德曼的忙。这位已经成为反对党领袖的女人几乎肯定会担任下一任英国首相。

与那个时代英国的保守党政治非常相似，这次改选党魁以代替希斯的选举杂乱无章，这更多地要归咎于圣詹姆斯绅士俱乐部的秘密运作，而不是一个现代政党的正常活动。作为一个大男子主义的堡垒，保守党无意选出一个女人来领导他们。有少数几个明显合适的人选，准备争取提名以代替希斯，但他们都毫无特点。而且希斯并没有放弃，他还要继续参加竞选。领跑的候选人一个接一个地退出了。

首先，这次反对行动的领导人约瑟夫极度焦虑，经常抽搐。他在一篇仍由阿尔弗雷德·谢尔曼执笔的演讲稿中暗示，穷人遭受痛苦是自作自受[16]，这让他失去了参加竞选的机会。不久之后就是后座议员领袖爱德华·卡恩爵士[17]，他在候选人名单上领跑，直到他的金融交易被视为一桩丑闻，就等着曝光了。希斯放弃了竞选，并鼓励他笨手笨脚的密友威利·怀特洛[18]开始追求撒切尔，后者此时已经确立了稳定的领先地位。但是这有点太晚了。讽刺杂志《私家侦探》的封面刊登了一幅怀特洛穿围裙的插图，他的手使劲伸进满是肥皂水的一堆碗碟中，说“如果你想要的是一个女人，那我就是你要找的人”。

撒切尔已经势不可当了。在最终计票时，她是笑到最后的人。人们为选出来一名女领导人而激动不已，然而无论在议会中还是在整个国家，很少有保守党人意识到他们已经通过投票放弃了战后共识，并代之以一系列自二战之前以来一直处于休眠状态的信仰。“很多保守党人从未喜欢过混合经济，”吉尔摩回忆说，“因此，弗里德曼有关政府干预总是会弄巧成拙的观点与他们的成见非常一致。”[19]

希斯持有一种不太宽厚的观点。他为所有的凯恩斯主义者辩护。希斯写道：

货币主义的观点，即认为通货膨胀纯粹是一种货币现象，仅仅是货币供给增加的产物，可能是所有经济理论中最具欺骗性的一种过分简化。就此而言，对于那些对经济学的理解非常有限的人，它可能总是特别有吸引力。[20]

撒切尔致力于弗里德曼派的货币主义不是出于理智的思考，而是发自肺腑的心悦诚服。“对于理解自由市场经济学，一家街角小店的生活经验就是最好的课程。”这位来自林肯郡格兰瑟姆的杂货店老板的女儿后来回忆说，“因此，我对战后英国传统的经济学理念具有免疫力。”她写道：

主要受凯恩斯的影响，这些年来重点都放在了政府通过直接和持续的干预来改善经济状况的能力……如果一个家庭的支出超过了其收入，它就走上了毁灭之路，然而按照新经济学的说法，对于一个国家而言，这却是一条通往繁荣和充分就业的道路……在我根本还没有读过米尔顿·弗里德曼的任何东西之前……我就知道这些论断不可能正确。节俭是一种美德，奢靡是一种罪恶。[21]

尽管约瑟夫鼓励撒切尔去读哈耶克的《通往奴役之路》和弗里德曼的《自由选择》，但她所崇拜的英雄是伊诺克·鲍威尔[22]，从热爱鲍威尔的自由市场理念到皈依弗里德曼的货币主义只有一步之遥。这位智力超群、自命不凡的保守党国会议员的职业生涯于1968年戛然而止，因为他在伯明翰所做的一次演讲中，骇人听闻地暗示有色人种移民会让英国街头暴力横行。鲍威尔是一名古典文学教授，他引用了维吉尔《伊尼特》中的一段话，“我心中充满了不祥的预感。与罗马一样，我似乎看到了‘台伯河已经被血染红’”。对很多人而言，鲍威尔成了主流的保守党内部被遗弃的人，但是对一些极右翼的人而言，他是一种鼓舞。

鲍威尔作为一名坚定不渝的自由市场拥护者的声誉是在 1956 年 11 月树立起来的。当时他是财政部的金融秘书，因为健全货币的问题而辞职。与财政大臣彼得·霍尼戈夫[23]和财政部首席秘书奈杰尔·伯奇[24]一起，鲍威尔选择了辞职，而不是在没有等比例地征收新税的情况下增加政府开支，因为他和其他一些人认为这会引发通货膨胀。他们的观点是一种简单的、传统的货币主义。

撒切尔有着成为一名内阁大臣的抱负，这意味着她不得不把对离经叛道的鲍威尔的崇敬之情很好地隐藏起来。她将鲍威尔 1969 年极为保守的演讲集《自由与现实》[25]视为"我的圣经"。在被选为保守党领袖时，她不用再克制对鲍威尔的健全货币观点的推崇，并极力捍卫这一她所珍爱的原则。

1976 年，约瑟夫所做的斯托克顿讲座结集出版，撒切尔为其代笔撰写了一篇热情洋溢的引言，题目是"货币主义还不够"[26]。在这篇文章中，她的政治领袖对货币主义大加赞赏。"如果我们期待某种货币框架，能够实现稳定的增长和高水平的就业，"他说，"那么，我们别无选择，只有维持稳定的货币供给，这就杜绝了以创造需求作为实现增长和充分就业的捷径。"

约瑟夫倡导实施稳健的货币政策，以此来清除通货膨胀，恢复经济健康。为此，他提出了自由市场伊甸园的理念，在这一伊甸园中，所有事物最终都会达到完美的均衡，并且由此实现无尽的繁荣。他引用了自己 1974 年的一篇讲稿，声称让货币供给处于适当水平将为经济中其余部分的发展提供一个坚实的基础。货币主义将会释放被压制的自由市场力量，让经济更为自由，也更有效率。

"货币控制是我们必需的和想要的所有其他事物的先决条件，"他曾经说，"这是一个解决真正的问题的机会，比如：一方面劳动短缺，另一方面又存在失业；过度的期望；缺乏效率；摩擦和扭曲；失业顽疾；几十万人需要培训或再培训，或者如果他们要想得到稳定和满意的工作，必须说服他们要迁移；世界价格动荡。”

撒切尔这位曾经的化学研究员完全赞同约瑟夫的思想。与罗纳德·里根一样，她也是一位思维独特、阅读广泛的保守主义者，对思想本身感兴趣。她喜爱政治理论，发现它能够鼓舞人心。她最喜欢的莫过于一个好的论点，并且富有进取心，对自己的目标孜孜以求。当她掌握了弗里德曼的观点时，即就通货膨胀而言，货币供给是唯一重要的东西，这一简洁明了的观点让她欢欣不已。她立即将通过货币手段来击败通货膨胀作为自己首要的经济政策。

与其前任不同，撒切尔讲得很清楚，她的保守党将坚定地坚持一些具体的信仰。这些信仰现在处于如此危急的境地，以至于她无法容忍任何异议。为了实现这一目的，她向其影子内阁成员提供了一份由谢尔曼和约瑟夫拟定的书单，作者包括哈耶克、弗里德曼和其他保守主义或古典自由主义的经典作家。

1977 年，随着大选的临近，撒切尔请约瑟夫编制一项与希斯完全不同的新经济政策。这本小册子以《经济的正道》为题出版，主张“政府要严格控制货币供给的增长速度”。

1979 年 5 月保守党赢得了下院的多数席位，从而将撒切尔送上了首相的宝座。她任命杰弗里·豪[27]这位忠诚而能干的出庭律师负责改变财政部降低通胀的方法。一项紧急安排的预算引入了大量的改革，如降低对个人征收的直接税；从所得税转向对商品和服务征收的间接税，即所谓的增值税，这为英国引入货币主义奠定了基础。

弗里德曼对撒切尔取得的胜利欣喜若狂。这让他的货币主义获得了第二次机会，这一次有一位一心一意、斗志顽强的领导人，她获得了议会中数量可观的多数派的支持，并且完全控制了政府的各个部门。如果英国成功地缩小了政府的规模并且将货币主义付诸实践，那么美联储就可能会重新考虑这一政策。希斯从侧面观察到，“这届政府谈到市场就好像是在讲某种绝对不可冒犯的神灵”[28]。萨缪尔森在1980年年初访问了英国，此时撒切尔的货币主义实验几乎还没有开始。他向《新闻周刊》的读者报告说，“英国的价格仍在飙升，尽管他们迂腐地忠诚于某种幼稚的货币主义”[29]。

1980年6月，撒切尔邀请弗里德曼对其内阁中负责经济事务的大臣们[30]发表演讲，并让他们单独与弗里德曼待了一段时间，以便他能够纠正他们实施的政策。这在很大程度上是为了警告她的这些高级同事。“这次会议引发了一场生动有趣的讨论，”弗里德曼回忆说，“特别是在撒切尔夫人离开之后，她让我教导一下她内阁中的某些‘软骨头’。”[31]在伦敦时，弗里德曼还对一个重要的下院经济委员会发表了演讲，称自己很高兴有机会向英国的立法者解释货币主义，因为在英国实施这一政策将会对美国的经济政策产生“重要影响”。他声称：

> 我非常同意政府列出的有关货币战略的总体纲要，即将货币增长作为主要的中介目标，提前数年预先宣布这些目标，设定稳定并逐步降低货币增长速度所需的目标，强调政府将会严格遵循这些目标的意愿。[32]

他相信，3月份为M3增长设定的目标“范围是恰当的，并将以适当的速度下降”。他说英国的方法与美国形成了鲜明的对比，后者提供了一个特别“恶劣的案例”，即中央银行口头上重视货币目标，却未遵守适当的约束。很少有人所做的决策与其对健全货币的信仰是一致的。相反，多数人试图控制货币总量、利率和汇率，“在这一过程中，引发了所有这三个变量的过度波动”。弗里德曼将未能遵守货币主义的限制条件归咎于“官僚体系的惰性”。

但是他警告说，英国政府的政策自1981年的预算案开始大幅降低公共借款，即降低了公共部门借款要求或者公共部门为维持公共服务而要求的借款，并以此作为抑制货币增长的手段，这是不合适的，因为“公共部门借款要求的规模与货币增长之间并没有必然的联系”。关键的指标是政府支出而不是政府借款，应该削减的是政府支出。

弗里德曼认为，控制货币供给的最好办法是英格兰银行通过向清算银行购买和出售政府债券来控制“基础货币”。“控制基础货币应该通过公开市场操作，主要在短期债务市场上来实施，这样就只剩下一种单一的储备资产，而短期债务就不再是基础货币的一种近似的替代品了，”他写道，“英格兰银行应该事先决定每周买卖的数量，而不是它买卖的价格。它应该允许完全由市场来决定利率。”英镑的价格也不应通过政府干预来维持，而应该留给市场来决定。

至于在货币紧缩时会不可避免地出现经济下滑，“失业和生产能力过剩是降低通货膨胀的一种不幸的副作用，而不是治愈通货膨胀的方法，这就像躺在床上是做阑尾炎手术的副作用，但不是阑尾炎的治疗方法”。什么导致了经济收缩？“随着货币增速放缓，公共支出也会放缓，而支出放缓反映到工资和价格上，也不可避免地存在时滞”[33]。

理论就这么多。在实践中，英国货币主义实验的经历冷酷而可怕。大规模失业卷土重来。约瑟夫曾经斥之为由自由主义者的负罪感激发出来的一种假冒的灾祸，“我们发现很难避免有这种情绪，即20世纪30年代那些瘦骨嶙峋、紧闭双唇、默默无语的排队领取救济的人，至少在某种程度上应归咎于我们”[34]。

在撒切尔执政的前两年，失业率由5.5%上升至11%，这意味着失业人数由100万增加到230万。在20世纪80年代的其余年份，失业人数在300万左右。1981年夏天，英国街头出现了广泛的社会动荡，暴力骚乱席卷伦敦、曼彻斯特和利物浦等城市。

货币主义对英国经济造成的恶劣影响是显而易见的。正像英格兰银行的一位官员所讲的，“在1980年夏天，你只要把头探出窗户，就能知道货币政策有多么紧缩”[35]。

工业产出下降了6%，这是自1921年以来年度最大跌幅。在豪在任的1979年11月，利率从希利时期的12%跃升至17%，并将这一利率水平保持了八个月。高利率导致了英镑的高价格，这使得英国出口商品与其竞争者相比变得更为昂贵，而进口商品变得更为便宜，由此引发了国际收支危机。

弗里德曼曾经警告过，采取货币主义将会经历痛苦。“如果你降低货币供给的速度，你会经历一段失业、增长放缓和痛苦的时期，由此获得的回报是，过了一段时间之后，你会进入一个快速的经济增长时期，并且没有通货膨胀。”他写道[36]。

与此同时，希斯警告说，事实将会证明货币主义过于痛苦，因而无法被引入。“我相信，保守党政府如果采取进一步的更为严厉的货币主义政策，将给很多英国人带来极大的痛苦，并使该党极不受欢迎，”他写道，“常识表明，应当采取一种更为明智的经济政策组合。”[37]

但是，在撒切尔政府中，很少有人预料到事情会如此严重，发展得会如此之快。作为撒切尔的内政大臣，怀特洛的职责是以防暴警察队伍来控制街头抗议活动。他公开警告说，一个保守党政府将国家带到了混乱与无政府状态的边缘。而且雪上加霜的是，新经济政策未能实现原本为自己设定的所有货币目标。

希斯作为后座议员在一旁提出了严厉的批评。他写道：

政府失败的主要原因是，货币主义只会弄巧成拙。自 1979 年之后粗暴地实施紧缩性的货币政策导致了失业，这意味着公共支出无法降下来。社会保障支出必须被支付，很多原本能够缴税的人反而被迫寻求政府的帮助。同样地，原本可以缴纳企业税的公司走向了破产……[38]

以制造业为例，从 1979 年第二季度至 1981 年第一季度，生产能力的降幅超过了 1/6，这意味着当复苏最终来临时，肯定会出现国际收支危机……1981 年的预算……在自 20 世纪 30 年代以来最严重的衰退低谷中，进一步削减了需求。[39]

应该怎么办？

货币主义造成的危害如此严重，以至于撒切尔紧急委托伯尔尼大学的货币主义经济学家于尔格·尼汉斯[40]撰写一份秘密报告，以揭示财政部做错了什么。撒切尔请他查找专著并提出对策。尼汉斯的薪酬由私人资助的政策研究中心提供，而不是财政部，这样关于实施货币主义政策太过紧缩的批评性结论就不需要公开，而所有由纳税人资助的报告本来都应如此。尼汉斯得出的结论是，英国的货币政策“似乎过于鲁莽，甚至连最热切的货币主义者也无法赞同”[41]，由于货币供给过于紧缩，因而应当立即允许其有所提高。

在 1981 年 3 月的预算中，伴随着 13% 的通货膨胀率，豪默默地将货币目标搁置在一边，将政府借款削减了30亿英镑，冻结了所得税免税额，在出现了创纪录的通货膨胀的情况下，这项措施使个人税收增加了40亿英镑。由于在一次衰退中间增税，豪的预算案与所有的传统经济智慧背道而驰。

撒切尔回忆了她的政府面临的选择：

如果像我们的批评者那样，你相信增加政府借款是走出衰退的有效方法，那么我们的方法就是不可理喻的。另外，如果像我们所做的那样，你认为为了让产业重新得到发展，最重要的就是降低利率，那么你就不得不减少政府借款……对于经济管理而言，之前是否曾对这两种存在根本区别的方法有过更为清晰明确的检验，我表示怀疑。[42]

当豪在下院宣布其预算案的细节时，以前忠诚的保守党议员厌恶地走出了议院。364名杰出的经济学家，包括一名未来的英格兰银行行长和两名诺贝尔经济学奖获得者，写信给《泰晤士报》，宣称这份预算案“既无理论基础，也无经验支持”，它将威胁到英国“经济社会的稳定”[43]。对此，撒切尔不以为然。

弗里德曼试图说服撒切尔放弃以M3作为货币目标，转而使用“基础货币控制”，但是英格兰银行和财政部都拒绝了这一方法，因为这肯定会导致利率的不稳定，从而对经济造成损害，就像之前美国的经历一样。到了1981年夏天，货币主义在英国实际上已经寿终正寝了。

然而，当年9月份，撒切尔解雇了所有反对她实行货币主义政策的人，包括吉尔摩。他断言“偶尔把某个人扔下船去可能危害不大，但是如果你开着船全速冲向岩石，这肯定没有什么好处”[44]。

清除这些“软骨头”只是为了惩罚。内阁中反对货币主义的吉尔摩和其他一些人曾经认为，将弗里德曼未经尝试的经济教条付诸实践，导致了对英国经济的巨大损害，应当停止。实际情况也是这样。因为豪设定的货币目标没有一个能够实现，自1981年预算案以后，货币主义在英国被放弃了。从那时开始，制定政策的关键目标是利率和英镑的价格，而不是货币供给。

政府中的货币主义余党认为货币主义并未获得真正的机会，他们确保表面上某些政策的制定还是为了实现货币主义的目标。从1981年至1985年，尽管仍然保留了货币目标，但是这些目标被反复向上调整，以与财政部对货币度量的估计能够一致，而这些估计大部分是没有意义的。约翰·福德是英格兰银行的执行主管，他一直对这些货币供给数字的使用持怀疑态度。他从官方的角度报告，“除非在某些紧急情况下，或者在一个新策略的初始阶段，放弃自主判断并转而采用某种简单的、刻板的和量化的货币供给规则，否则无法可靠地产生可接受的结果”[45]。

1983年6月，豪被尼格尔·劳森取代[46]，后者继续从货币主义政策中后撤，放弃了消除通货膨胀的目标，代之以将通货膨胀控制在低位的目标，即5%以内，维持汇率的稳定，实现国内生产总值的增长。

1983年10月，劳森在伦敦城的伦敦市长官邸向金融界的杰出成员发表财政大臣年度演讲。他承认“货币目标并不是一种自动飞行模式，它也从未有意成为这种模式。过去这些年，我们对这些目标本身进行了调整，我们一直力图将货币需求的变化考虑在内”[47]。

1985年10月，劳森正式宣布该年度剩余时间不再盯住M3。在1986年3月的预算案中，只设定了一年的M3目标，而不是像之前的豪那样，提前三到四年就确定下来。财政部和下院公民服务特别委员会在其关于1986年预算的报告中提到，“对继续将 M3 作为一个总量目标的怀疑部分源自以下事实，即当局似乎实际上无法控制它”[48]。

1986 年 10 月，英格兰银行行长罗宾·利－彭伯顿在拉夫堡大学的一次演讲中声称，“我们选择货币政策运转架构的经验很难说令人满意”，他怀疑继续盯住 M3 和其他广义货币总量是否明智[49]。在接下来的 1987 ～ 1988 财年，盯住 M3 的政策目标被永久性地放弃了。

弗里德曼的货币主义在华盛顿已经被沃尔克搁置在一旁，现在在伦敦也遭到了冷遇了。这是致命一击。从此以后，再也没有像美国和英国这样的大规模经济体给予它付诸实践的机会。通过货币供给的稳定增长实现稳定的低通货膨胀，并由此留给世界一个不可磨灭的标记，这种机会已经用光了。

弗里德曼很难抱怨英国缺少能够让货币主义奏效的权力和品性。与美国的体制不同，撒切尔享有全部的权力。她邀请货币主义理论家艾伦·沃特斯和布莱恩·格里菲斯[50]作为她的私人顾问，主要是为了迫使她的内阁大臣们坚持她最为关注的经济事务。她力图使这一理论奏效，但是当它没有奏效时，她没有时间为之伤心。撒切尔放弃了弗里德曼，让其听由命运的安排，然后自己继续前行[51]。

在保守党总部仍有人没有放弃，认为英国的货币主义尝试取得了重要的成就，而不是一次灾难。撒切尔发现很难承认自己曾经犯下了大错，于是她的党务经理们不得不通过某种离奇的谎言去解释，为何尽管 1981 年货币主义就被放弃了，但她却是一贯正确的。

《1987 年竞选指南》旨在让所有的保守党候选人以同一声调来唱赞歌。这份指南报告说，1980 年政府公布的有关货币主义的“绿皮书”“清晰地表明，为了正确地评估货币基本状况，有必要考虑所有不同的货币指标提供的证据。永远无法想象，任何一种指标或目标能够传递如此多的关于未来通胀的信息，以至于只要机械地追踪这一目标就够了，不需要再考虑所有其他的证据”。

这份指南声称，“早在 1980 年夏天”就有迹象表明，之前选定的狭义的英镑度量指标 M3“已经不再是表征名义 GDP 或通货膨胀增长的有效指标了”[52]，有必要做出改变。曾经尝试过 M1，但是发现这一指标也有缺陷。自 1984 年以来，“更为强调的仍是一个更窄的货币度量，即 M0”。然而，即使是这个指标也有其局限性。“因此，财政大臣劳森决定在 1987 ～ 1988 年不再使用正式的广义货币目标，尽管仍会将这一指标纳入考虑范围”。

甚至到了 1989 年，即撒切尔被她的阁僚们反对并被迫下台的前一年，《竞选指南》[53]仍将货币主义视为撒切尔“经济奇迹”的基础。

英国的 M3 被政府作为货币供给关键指标的第一选择。在整个 20 世纪 70 年代，M3 表现出一种与通货膨胀之间相当紧密的关系，M3 增长大约两年后，就会出现通货膨胀的上涨。但是，对于通货膨胀的趋势而言，M3 是一种不太可靠的指标。由于这些原因，自 1987 年开始，政府更为强调 M4，即 M3 加上抵押贷款，并以之作为一种更为广泛也更为稳定的度量[54]。

这份指南承认，政府“并没有设定 M4 的目标，尽管一直在关注它的变化”，并且英镑汇率也受到监控，因为它会影响货币供给。

这样，弗里德曼简单明了的教条尽管似乎让很多金融记者、市场分析师和一些 20 世纪 70 年代中期保守党的领袖感觉很有道理，还是在英国寿终正寝了。对于这十年来不必要的大规模失业和令人痛苦的机会的丧失，它就像是一段心怀愧疚的附言。

第十五章

货币反恐

“9·11”事件的目的在于摧毁西方经济，但美联储主席格林斯潘找到了一种让资本主义免受灭顶之灾的方法。

弗里德曼不怎么尊重乔治·H. 布什这位假装自己是得克萨斯州人但是实际出身于新英格兰名门望族的美国白人新教徒。这位前中央情报局局长整体的风度举止，包括他的身高、他的镇定自若、他庞大的家庭、他的贵族口音、他位于缅因州肯纳邦克波特镇的海边居所，都与弗里德曼头脑敏捷、崇尚精英主义的性格格格不入。在所有这一切中，最令弗里德曼感觉受到冒犯的是，老布什没有遵循里根经济学，即里根及其周围人极力宣扬的货币主义、涓滴效应和供给经济学的混合体。

弗里德曼无法原谅。“我相信里根选择老布什作为自己的副总统候选人是一个错误。”他写道，“实际上，我认为这不仅是他竞选过程中做出的最糟糕的决定，对于他整个总统生涯而言也是如此。”[1] 他回忆说，“尽管乔治·布什副总统几乎总是陪同里根参加总统经济政策顾问委员会会议的随行人员之一，但我想不起来他曾经做过什么实质性的评论”[2]。

对于弗里德曼治理经济的方法，老布什没有掩饰他的怀疑。1980年4月10日在卡内基－梅隆大学，在其输给里根的总统初选中，老布什就将火力对准了里根经济学的整座大厦。“我要说的是，它不会奏效的，”老布什断言，“非常有趣的是，发明这类我称之为巫毒经济学的是阿特·拉弗，一位加利福尼亚经济学家……”[3]“巫毒经济学”一词迅速流行起来，简洁地概括了像弗里德曼这样离经叛道的经济学家带给里根政府的那些未经尝试的、局外人的思想。

为老布什撰写演讲稿的是他的新闻秘书彼得·蒂利。他读的一篇新闻社论暗示里根的经济团队比巫医强不了多少，总是凭空幻想一些疯狂的解决方案。读完之后，他就创造了“巫毒经济学”一词。这种表达方式足以使弗里德曼永远蔑视这个后来成为里根的副总统，然后又成为第41任总统的人，也正是这个人将会决定是否恢复美联储已经放弃的货币主义实验。

弗里德曼大肆嘲讽老布什缺乏经济学知识，也明显缺乏道德感。“尽管老布什可能在外交政策等领域有很强的原则性，”弗里德曼写道，“但是在经济政策方面，他显然并非如此。”弗里德曼说，在与里根展开选战时，老布什可能曾经将里根经济学斥之为“巫毒经济学”，但是“当里根先生依然选他作为竞选伙伴时，老布什先生改变了自己的论调，并且赞扬里根经济学是通往繁荣之路”。他继续说：

他的这一转变一直持续到1988年整个竞选时期，在此期间他请大家“仔细听好”他“不会增税”的承诺。一旦当选，在民主党把持的国会和某些他任命的白宫官员的协助和鼓励下，老布什先生改弦易辙，遵循的政策只能说与里根经济学完全相反[4]。

弗里德曼兴趣盎然地列举了老布什总统的经济政策遭遇的各种失败。老布什不得不与民主党国会合作。在他的领导下，政府支出急剧增加，联邦赤字也是如此。社会福利支出提高，同时更多的规制阻碍了企业的正常经营。弗里德曼引用《清洁空气法案》和《美国残疾人法案》作为政府滥用权力的例证。值得称赞的是，老布什也主导了自由贸易的扩展，包括北美自由贸易协定的谈判。

对于弗里德曼而言，老布什代表的是一种反动的力量。“如果里根经济学带来的是繁荣和扩张，那么与之相反的政策会引发衰退，我们为何会感到惊讶呢？”弗里德曼问道。他为老布什下了定论：“由于民主党人一直控制着白宫，政府支出和税收的下降要远小于里根所期望的程度，但是，如果老布什没有违背里根经济学，随着冷战的结束，这一下降的苗头本来可以加速。”[5]

结果，老布什仅做了一任总统，他在1992年的大选中败给了比尔·克林顿。克林顿许诺让美国政治有第三种选择，即找到挣脱传统左右战线的“第三条道路”。令人惊讶的是，一位民主党人重新夺回白宫却表现了弗里德曼的影响力不太可能扩大。随着克林顿宣称“大政府不能解决所有问题，大政府的时代已经结束了”[6]，弗里德曼派的思想明显使民主党人改变了他们挥金如土的政策思路。但是，在真正的改变到来之前，这给克林顿带来的是失败，而不是胜利。克林顿总统任期的前两年大都用于妻子希拉里·罗德姆·克林顿引入全面医疗的失败尝试，这让他在1994年的中期选举中遭遇了惨败，并使得民主党人自1952年以来第一次把众议院拱手让给了共和党人。在这场自称的“共和党革命”中，新任众议院议长纽特·金里奇决心推进他激进的保守主义计划，哪怕这会带来政府关门的威胁。

结果就是一项在很多方面更为接近弗里德曼思想的经济政策，而不是更接近萨缪尔森。金里奇为选民们提供了一份“与美国的契约”，他承诺更小的政府、更低的税收、促进企业家精神的供给侧措施和社会福利改革。尽管弗里德曼并不赞同金里奇的全部主张，而且货币主义也引人注目地没有出现在金里奇的计划清单中，但是其中很多目标都源自弗里德曼极力推动的公众态度的转变。

在克林顿和金里奇别别扭扭而且很多时候并不愉快的合作之下，联邦预算赤字减少了，从 1993 年占 GDP 的 47.8% 降至 2001 年的 31.4%，联邦政府的支出从 1993 年占 GDP 的 20.7% 降至 2000 年的 17.6%，预算赤字 2900 亿美元变成了预算盈余 1280 亿美元，这主要是削减国防开支而导致的“和平红利”，因为苏联解体使得昂贵的冷战戛然而止。克林顿和金里奇采取的其他措施还包括社会福利改革，签订北美自由贸易协定等自由贸易协议，提高燃油税、工薪税和社会保障支出，放松对金融服务的管制，在实施所有这些措施的同时，对于教育和政府津贴的公共开支保持稳定。

弗里德曼一直认为减税和缩小政府规模是相伴而生的。因此，减税始终都是一个好主意，因为这会对立法者施加压力，使其克制自己大手大脚的花钱习惯。他说：

> 不管在什么情况下，出于什么借口，由于什么原因，只要有可能，我都支持减税。问题的关键不在于税收，而在于政府支出。真正的问题是，“如何才能压缩政府支出？”……我认为，为了缩减政府支出，唯一有效的方法就是缩减政府占有的收入数量。为了实现这一点，就需要减税。[7]

共和党占多数的众议院对克林顿政府的要求，主旨是应当更为重视依靠自由市场的解决方案。很少有保守主义者能够声称，对于使共和党赢得中期选举的反政府的观点，自己比弗里德曼发挥了更大的鼓舞作用，能够比他讲得更清楚。对行政部门采取强硬态度的决定是金里奇做出的，但是，过去几十年来小政府运动的蓬勃发展毫无疑问应归功于弗里德曼的循循善诱。按照弗里德曼的观点，“在20世纪90年代，你拥有缩减政府支出最有利的组合，即一位民主党人执掌白宫，而共和党人控制国会。这就是为什么在克林顿执政结束时联邦预算会出现盈余，而且在整个时期政府支出有下降的趋势”[8]。

但是，“共和党革命”最终以闹剧收场。新任白宫发言人汤姆·德雷抱怨道，“太长时间以来，大政府尸位素餐”[9]，金里奇着手缩减它的规模，甚至策划以阻止预算案通过的方法来让联邦政府关门，从而展现他对这件事有多么认真。但是金里奇的胜利并没有持续太久。他的自私和傲慢起到了推波助澜的作用，而他的狂妄自大让其自食其果。在政府关门期间，他和其他政治领袖乘坐空军一号去参加以色列领导人伊扎克·拉宾的葬礼。他抱怨说自己被分配的座位距离飞机的后部太远了，与他的地位不符。这暴露了他虚荣的个性，并且与他声称自己是一个没有架子的改革者极不相称。德雷回忆说，“这真可悲，纽特说这句话时完全是无心之语，而现在政府关门的所有道德意味丧失殆尽。原本是一场为了实现财政健全而进行的崇高的战争，现在就像是一个被惯坏的小孩子在谩骂攻击”[10]。弗里德曼只能眼睁睁地看着这一扭转政府规模扩大势头的绝佳机会，由于金里奇的自私自利而令人难以置信地失去了。

尽管作为一名旁观者，弗里德曼在如火如荼的“共和党革命”中所发挥的作用并未得到充分的认可，但是他乐观地认为，自己倾向于规模更小的政府部门的观点正在逐渐取得胜利。遍观世界，他注意到立法者有缩减政府规模的倾向。“潮流已经发生了改变。”[11]他说。他同样乐观地认为，这一趋势还将继续下去。“我预测，政府在国民收入中的份额会越来越小，因为国民收入在增加，而政府规模或多或少停滞不前。”[12]他说。

1995年12月8日，萨缪尔森意外地给弗里德曼写了一封信，提醒他“正是在62年前……我们第一次相遇。当时我是一名谦卑的大二学生，而你已经显露出注定要成为一名学者的迹象”。这封信充满伤感，让人动情，它强调了两人的很多共同之处要比他们之间的分歧更重要。“我希望对于我们俩可以这样说，尽管我们对很多事情的意见不一，但是我们理解两人之间的逻辑和经验的分歧根源所在，而且我们始终都尽力保持着善意、友情和尊重。”[13]萨缪尔森写道。

弗里德曼在回信中说，他和罗丝被萨缪尔森的来信“深深打动了”，对于他们早些年一起在芝加哥度过的那些岁月，他与萨缪尔森有一样的看法。“那真是美好的时光。”他说。“然而，我有一点要纠正。我们第一次相遇时肯定是63年前或61年前，我怀疑是63年。”[14]他继续说道。

美国很难将弗里德曼视为先知。2000年引发激烈争论的总统大选将小布什送进了白宫。但是，尽管他的父亲乔治·H.布什是一名顽固的老派精英主义者，对于政府负有增进公民福利的责任抱有贵族思想，但小布什则是一名怀有政治抱负的得克萨斯州花花公子，语调轻缓，一脸假笑。他成功地引导了布什家族的转型，从沃尔克斯和布什这两个康涅狄格州显要的共和党名门望族的合流，转变为一个得克萨斯州显赫的石油家族，这更契合那个时代的共和主义。与其父亲不同，小布什在竞选过程中承诺减税，而他在整个任期内确实减少了1.35万亿美元的税收，并且一开始他的第一个预算案就减少了4000亿美元。但是这样极端的措施也产生了一些后果。至2001年7月，税收的下降伴随着股市的暴跌，使得美联储主席艾伦·格林斯潘[15]猛降利率，以避免经济陷入衰退。

但是，很快一件震惊世界的事件让小布什无暇顾及经济问题，2001 年 9 月 11 日，基地组织袭击了纽约的世贸中心和华盛顿的五角大楼。令人恐惧的是，美国金融和政治部门的核心地区如此容易受到打击。这对世界经济造成的冲击对经济学家提出一个新问题，即如何稳定金融体系的紧张情绪，而这一体系的繁荣取决于信心。正如格林斯潘所描述的那样，“在 2001 年 9 月 11 日之后有一年半的时间，我们心神不宁。经济实现了扩张，但是这种增长有不确定性且疲软无力。企业和投资者感觉困难重重”[16]。

就弗里德曼而言，他对西方的价值观体系能够从暴力攻击中存活下来完全有信心。“拥护自由的力量，绝对比那些采取相反行动的人更为强大。”他说，“威胁，我们已经见识了！但是没有人能够阻止这种发展，因为自由社会能够使经济效率达到合理水平，这可以为其在‘恶劣天气’中遮风避雨。”[17]

对于恐怖袭击造成的冲击，格林斯潘的解决方法是，将低利率保持足够长的时间。这引发了关于货币在经济中的作用的新争论，同时还使应当如何对待货币的传统争论死灰复燃。为了应对由恐怖袭击造成的不确定性，在美联储七次降息之后，格林斯潘宣布“将维持我们把短期利率降至极低水平的计划”，以“平息互联网泡沫破灭和股票市场普遍下跌造成的影响”。[18]

格林斯潘又将利息降了五次，因此到 2002 年 10 月，利率处于 1.25% 的极低水平，这比艾森豪威尔执掌白宫以来的任何时期都要更低。正如格林斯潘所讲的，“十年之前，我们中的绝大多数人都会认为这个数字低到了无法理解的程度”。经济的趋势似乎被扭转过来了，过去确定无疑的事情，现在不再那么确定了。格林斯潘解释说：

对于那些整个职业生涯一直致力于对抗通货膨胀的官员而言，我们发现像这样果断地降低利率的经历令人感觉怪怪的。然而，经济明显处于反通胀的控制之下，在这种情况下，市场力量的综合作用会抑制工资和价格，使得对通货膨胀的预期降低，从而长期利率有所降低。

这只不过是开始而已。整个世界似乎都被通货紧缩控制了，出现了价格上涨速度的普遍下降，所有经济学家都同意，这预示着一种甚至更为糟糕的情形，即通货紧缩或者说价格持续而广泛地下降。阻止通货紧缩的传统方法是将新贷款注入经济体系之中。“我曾经一直认为，如果通货紧缩看上去迫在眉睫，我们可以开动印钞机，需要多少就创造多少美元，以制止通货紧缩的螺旋，”格林斯潘回忆说，“现在我不确定是否应该这样。”[19]

用廉价货币对整个体系进行大水漫灌，这是留给格林斯潘的少数几个工具之一，尽管这位美联储主席知道凯恩斯有句经济格言千真万确，即“你无法用马缰绳来赶马”[20]，换句话说，你可以为银行和企业提供廉价货币，但是，如果投资者看不到任何机会，并因此而不愿意借款，或者银行不愿意贷款，政府也没有办法强迫他们。

在2003年6月再次降息并将利率降至1%时，格林斯潘敏锐地意识到，随着利率进一步降低，有出现“某种泡沫或者价格飙升”的风险，而在未来的某个时候，将不得不解决这个问题。弗里德曼认为，他理解格林斯潘为何如此热切地使利率处于低水平。“格林斯潘回顾20世纪30年代的美国和90年代的日本，他会说，‘如果我犯了错，我宁愿错在货币过于扩张而不是过于紧缩’”[21]。弗里德曼曾经仔细研究过这些事件，知道政府让货币过于紧缩导致了银行破产，并引发了大萧条。在这些事情过去了70年之后，这个永恒的问题再次浮出水面，即为了挽救经济免于衰退，货币供给可以扮演何种角色。

这个难题早已有之。1948年，萨缪尔森在其《经济学》第1版中就曾写道：

> 通过增加它们持有的政府债券和贷款的数量，并且降低成员银行法定准备金的要求，美联储可以促进货币供给和银行存款的增加。它们可以鼓励，但是如果没有极端的措施，它们无法强制实现这一点。如果正处于严重衰退之中，也就是我们希望美联储的政策最有效的时候，成员银行可能不敢进行新的投资或者向外贷款。[22]

除了持续的、创纪录的低利率，小布什还扩大了联邦政府的赤字，在新世纪最初的那些年中，这个问题将成为议会争论的主要议题。小布什从克林顿那里继承了大量的预算盈余，2000年为2370亿美元，2001年为1270亿美元。但是政府支出很快就超过了税收收入，因为小布什要实现自己的竞选承诺，即实施大规模的减税、增加国防支出、引入昂贵的医疗保险药品法案。在一年之内，为了回应"9・11"事件，小布什在两条战线上发动了战争，一是在阿富汗追捕基地组织，二是在伊拉克，表面上是为了摧毁萨达姆・侯赛因的"大规模杀伤武器"。

财政克制曾经代表了共和党对于赤字的观点，现在则被对政府债务更不在意的态度所取代。对于某些共和党人而言，应当不惜一切代价来避免借贷。赤字明白无误地表明美国无法量入为出，而这是一种失常的现象。就像一个国内家庭无法永远靠借贷生活一样，一个国家在正常情况下也应当将账簿平衡作为一种公共美德。但是，一个又一个的共和党总统相信，为了实现减税，赤字是可以接受的。小布什的副总统迪克・切尼在2002年坦承，里根对国家财政毫不在意的做法表明"赤字无关紧要"[23]。现在小布什使国家债务急剧增加，共和党人只能费尽心思来证明他这样做是正当的。

与以往一样，弗里德曼认为立法者应当以赤字增加为由来削减公共开支。“在整个90年代，政府支出有下降的趋势，”他解释说，“然后共和党人来了，他们一直处于饥渴状态，所以在小布什的第一个任期，政府支出大规模增加”[24]。他认为为了降低联邦政府的借款数量，立法者应当对政府能够支出的数量设定法律上限。“我们应当考虑的是……一项有关税收和支出限额的宪法修正案，这一修正案将控制总的支出，”他说，“我认为这并不需要以预算平衡修正案的形式来实现，但是这也是可以采取的形式之一。”[25]

弗里德曼并没有期待小布什在他的第二任期会采纳他的观点。他对小布什总统任期的最终定论褒贬不一。“我必须给予小布什政府以极高的评价，因为他实施了大规模的减税。就经济方面的实际情况而言，你不得不说他们令人失望”[26]。

就萨缪尔森而言，他更为关注围绕着小布什的减税而产生的争论，它完全偏向美国富人，这意味着在出现经济下滑的情况下，税收将不会像凯恩斯建议的那样，成为对陷入低迷的经济的一种刺激。“小布什留给我们的遗产太糟糕了，因为今天的民众将他对富人的馈赠与那种能对经济增长起到积极作用的减税混淆了。”[27]他说。减税以激励企业家更加努力地工作，其背后的供给经济学逻辑还是一个谜。“给《财富》500强企业减税以及它们不知羞耻地向其高管支付过高的薪酬，并不会让它们突然之间变得充满活力”[28]。他继续说：

让总裁的收入高达员工平均工资的400倍，而20年前只有40倍，这种公司治理体系削弱了对最高收入人群减税的意义。企业薪酬以季度收益为基础，而不是基于长期增长，况且高管被解雇了还有黄金降落伞，这损害了生产率。因此，对这一群体减税实际上只能起到适得其反的作用。[29]

如果说弗里德曼对于支持格林斯潘采取的紧急措施还心存疑虑，但格林斯潘则毫不掩饰自己是一名弗里德曼的仰慕者。“就我们对货币政策和很多其他经济问题的思考方法而言，他的观点产生的影响与20世纪下半叶任何其他重要人物一样重大，甚至更多。”格林斯潘说。但是他并没有将货币主义作为美联储的政策，因为他无法找到一种适合抑制价格的货币衡量标准。他告诉弗里德曼：

我们认识到通货膨胀主要是一种货币现象，并且最终是由货币存量的增长决定的，而不是由名义利率或实际利率决定的。然而，在当前的环境下，决定应当把哪种金融数据加总起来，以提供一种表征货币存量的适当的经验性的代理变量，从而能够追踪收入和支出，这对货币分析师而言仍是一个重大的挑战。[30]

然而，当格林斯潘于2006年从美联储退休时，弗里德曼对他的总体表现大加赞扬。“格林斯潘在任时期，货币供给的增长速度几乎比其所有前任在任时期都要更加稳定，”他说，“我认为，与之前的美联储相比，艾伦的表现非常突出，他所做的工作绝对是第一流的。”[31]他断言“格林斯潘的重大成就在于，他表明了维持稳定的价格是可能的”。[32]

弗里德曼长期以来一直倡导一种基于规则的货币增长，但是格林斯潘则是自行其是，并取得了令人印象深刻的效果。“我总是偏爱使用严格的规则来控制货币创造的数量，”弗里德曼写道，“艾伦说我错了，自行决定更为可取，实际上也是必需的。现在他18年的美联储主席生涯已经结束，我必须承认他的表现已经说服了我，在他自己的这个案例中，他说的是正确的。”[33]但是弗里德曼仍然相信，如果一位弱势的美联储主席屈服于政治压力，从而增加货币供给，那么美联储中的人为因素在未来将会带来危险。“艾伦·格林斯潘可能非常杰出，但是谁知道下一位会怎么样？货币太重要了，因此不能任由中央银行家来处置”。[34]

萨缪尔森对格林斯潘的评价更为严厉，并为其行动背后道德感的缺失而感到遗憾。“问题在于他曾经是一位安·兰德主义者。”萨缪尔森说，这是指格林斯潘早先为绝对自由市场主义者兰德的思想所折服，后者是一位不受约束的和利己的资本主义的忠实信徒。“你可以让这个男孩脱离邪教，但是你无法祛除这个男孩心中的狂热崇拜。他实际上在遵循某些教导，这些教导甚至可挂到墙上：‘在这个办公室里，所有一切的出发点都不能败坏资本主义的声誉。贪婪是件好事’”[35]。尽管“格林斯潘本质上是一个好人，这一点与兰德和亚瑟·伯恩斯有所不同，这两个都是品性卑劣的人”，但格林斯潘也曾经展现过他无情的一面。“1996 年以后，股市出现了明显的泡沫迹象，他拒绝采取任何预防性的逆风向而动的政策，这也许有些鲁莽……他没有理由相信，在泡沫破灭之后他能够有效地实施矫正措施。接下来不出所料，在安然和其他金融工程怪兽的泡沫日益明显时，他既没有注意观察，也没有采取行动。当他离职时，留给继任者的是一个焦躁不安的需要照顾的婴儿”。[36]

小布什政府是证明弗里德曼理论的最后一个机会，有可能永久性地改变美国经济中货币供给管理的方式。主要是为了回应似乎永无止境的阿富汗和伊拉克战争，美国人民选择了民主党的巴拉克·奥巴马这位对经济学既没有兴趣也不了解的律师作为下一任总统。尽管新上任的美联储主席是一名弗里德曼的秘密崇拜者，但是 2008 年民主党人巴拉克·奥巴马的当选，与联邦政府影响这个国家的方式发生了明显改变是一致的。弗里德曼的思想和他本人一样，都已经过时了。当信贷的突然冻结以及可能出现的毁灭性银行倒闭震撼了世界经济时，联邦政府转而求助的是像萨缪尔森这样的凯恩斯主义者。

第十六章

顺风顺水

美联储主席伯南克认为，经济已经达到了一种永久性的、免于通胀的繁荣状态。但是，他没有预见到麻烦就在眼前。

2006年2月，本·伯南克[1]接替格林斯潘成为下一任美联储主席，他给弗里德曼带来了意外之喜。至少从理论上来看，伯南克更令弗里德曼喜欢，他也更接受弗里德曼的观点。作为普林斯顿的一名经济学教授和经济学系主任，伯南克对政府在经济周期中的作用有着特殊的兴趣，这也是凯恩斯和哈耶克争论的核心问题，在过去的70年间，他们各自的追随者仍对这一问题争论不休。对于如何克服通货膨胀，以及最近与此相关的如何克服通货紧缩，伯南克也是专家。最为重要的是，对于大萧条的起因和后果，他是研究这一问题的权威，并且仰慕弗里德曼和施瓦茨有关大萧条的货币原因的研究。在他位于美联储的办公室墙壁上挂着一幅画，画中是四位美联储银行家，正是他们在1931年使货币供给过于紧缩，从而引发了这场大萧条，并延长了大萧条的持续时间。这一次，弗里德曼在美联储有了一位忠实的信徒。

2002年11月，伯南克在一次庆祝弗里德曼90岁生日的活动中做演讲嘉宾。他告诉听众，他第一次读弗里德曼和施瓦茨的《美国货币史》是在麻省理工攻读学位时，而那里是萨缪尔森的阵地。“弗里德曼和施瓦茨的分析得出了很多教训，”他总结道，“中央银行能为这个世界所做的，最多就是为经济提供米尔顿·弗里德曼所谓的‘一个稳定的货币环境’，从而避免这类危机，比如这会表现为稳定的低通胀。”接着，伯南克代表美联储承认犯下了严重错误，他同意美联储让货币过于紧缩从而引发了大萧条。他直接看着弗里德曼说道，“就大萧条而言，您是正确的，我们做错了。我们感到非常抱歉。但是也正是由于您，我们不会再犯这类错误”[2]。

在这个月晚些时候，伯南克发表演讲，讨论当一个经济中利率为零或接近为零时，如何解决通货紧缩问题。“一旦利率达到零的水平，”他解释说，“就无法进一步地降息了，因为出借人只要能够持有现金，一般就不会接受负的名义利率。”当短期利率达到零时，在以前这就意味着中央银行已经“没有弹药了”，无力继续通过操纵利率的方式来产生影响。

然而，伯南克争辩说，尽管凯恩斯讲过“你无法用马缰绳来赶马”，中央银行仍然具备“相当的能力来扩张总需求[3]，提升经济活力，即使其习惯的政策利率已降至零”。这包括通过信用掉期的方式来大规模发行货币，即美联储回购自己的债务，并重新以更低的利率贷放出去，这一政策就是后来所谓的“量化宽松”。他在讲座中向弗里德曼和其他经济学家保证，“在面对通货紧缩时，即使联邦基金利率达到零这一极限水平，美联储和其他政策制定者也绝非束手无策”[4]。

在其美联储办公室中，伯南克有一本萨缪尔森亲笔签名的《经济学》教科书，他将后者视为“经济学巨人”。但是，萨缪尔森对伯南克抱有怀疑态度。尽管伯南克聪慧异常，成就卓著，他在满分为1600分的美国高中毕业生学术能力水平考试中得到了1590分的高分，并在孩童时期自学微积分，因为他所在的学校不教这门课，但是萨缪尔森感觉他对事物的理解缺乏灵性，否则他就会对大萧条的观点理解得更为全面，而这正是伯南克博士学位论文的主题。萨缪尔森特意去查看了伯南克的学位论文。“我认为当你在20世纪80年代写作这篇论文时，对于大萧条时期实际发生的事情，你缺少细致入微的了解，而这种情况在当时非常普遍，”[5]萨缪尔森说，“出生于1953年的伯南克对于当时发生了什么，缺乏实际感受。如果你在1950年之后出生，实际上在你骨子里对于大萧条就没有什么感觉。像伯南克这样，尽管是麻省理工一个很聪明的男生，但是实际上这并不能代替那种感觉。”[6]

与很多更年轻的美国人一样，伯南克未能领会那次大萧条期间十年失业有多么恐怖，在萨缪尔森看来，这使他低估了美联储在决策时失业的重要性。萨缪尔森相信，20世纪30年代大规模失业的短暂记忆和普通美国民众在二战期间所做的牺牲，使他们更能容忍由弗里德曼和其他人建议的政策所引发的失业。“从1980年至2003年，选民们从‘利他主义’向右翼摇摆，而且距离大萧条和美国政府有效地组织二战这一‘正义的’战争时间越久，在一定程度上这种摆动就越大。”[7]萨缪尔森解释说。

2006年11月16日，弗里德曼由于突发心脏病在其位于旧金山的家中逝世。在他在世的94年里，大部分时间身体都很健康。1972年，他患上了心绞痛，并在梅奥医学中心做了心脏搭桥手术。接着，1984年他在新奥尔良犯了一次心脏病，人们用飞机把他接到了斯坦福医院，他在那里接受了第二次心脏搭桥手术。尽管做了这两次大手术，他仍然每周打网球，也继续去滑雪。在其生命的最后五年中，弗里德曼的思维变得迟钝，无法像早些年那样富有活力地进行创造性的、争辩性的、超越直觉的思考。2001 年，萨缪尔森将自己最新的研究寄给了弗里德曼，弗里德曼在回复中写道，“我感兴趣的是浏览全文，然后看看你做了哪些我无法臧否的研究。加油吧，你仍然有能力做这种工作。我恐怕已经无能为力了”[8]。到了下个月，在通过信件往来与萨缪尔森讨论胡佛研究所的研究员爱德华·特勒[9]如何无端指责小罗伯特·奥本海默[10]背叛美国时，弗里德曼说他现在很少参加胡佛研究所的午餐会了。这些午餐会曾经因为他在这些辩论中活力四射的表现而闻名于世。

在给罗丝·弗里德曼的吊唁信中，萨缪尔森表达了自己深刻的失败感。“当我听闻米尔顿过世的消息时，我感到我的整个世界仿佛都改变了，”他写道，“1932 年秋天，米尔顿来到了芝加哥大学。从那时起，我就意识到这个智商超高的人将会遵循自己的逻辑，而不管这一令人信服的逻辑将会指向何方。无论什么时候，当我对自己的前途感到迷茫时，我就会发现仔细想一下米尔顿·弗里德曼说过的每一句话，列出的每一个方程，这让我大为受益。这是对他最高的赞誉。”他继续说：

米尔顿·弗里德曼促使职业经济学家正确地朝着以自由市场为核心的古典自由主义的方向前进。在这方面，他的贡献比 20 世纪任何其他学者都要更大。相比之下，约翰·肯尼斯·加尔布雷斯以及我们这些与之相似的人几乎没有发挥任何作用。尽管弗里德里希·哈耶克对于一般公众有相当的影响力，但是哈耶克对我们这些学者的影响无法米尔顿相比。[11]

萨缪尔森还表露了个人的情感。他的妻子玛丽恩于 1978 年死于癌症，时年 62 岁。他写道：

罗丝，我了解失去伴侣是何种滋味。令人欣慰的是，时间的流逝并不能减弱我们对去世至亲的情感。由于某种神奇的魔力，时间会让我们更清楚地记起美好的回忆。米尔顿以及对他的怀念会祝福你和你们的子孙。

弗里德曼至死都在捍卫自己的观点。他去世的第二天，《华尔街日报》发表了他的一篇专栏文章，这是他最后一次为“货币重要”这一命题呐喊。在一篇学术论文中，他比较了三个经济繁荣的时期，即20世纪20年代的美国、80年代的日本和90年代的美国。在这篇专栏中，他基于上述论文力图说明货币供给在决定国民收入和股票价格时至关重要的作用。就在他去世之前，有人问他，他是否像自己预期的那样成功，弗里德曼的回答是，“我认为总体而言我做得很好。无论如何，我并没有实现自己所有的期望。你也不应该实现所有的期望。但是总体来说，我感觉很好”[12]。

尽管管制新增货币供给的是中央银行而不是计算机程序，弗里德曼仍因激励他们保持货币供给增速的稳定而备受赞誉。“他们最终明白了治愈通货紧缩要印足够多的货币，而治愈通货膨胀不要印太多的货币。”[13]他说。结果就是过去的20年成为“一个黄金时期。在这一时期，通货膨胀下降但是速度相当稳定，价格水平也相当稳定。只有三次衰退，并且所有衰退时间都很短，也很温和。我相信在美国历史上你找不到另外一个这样的20年”[14]。

《纽约时报》称赞弗里德曼是“二战后时期自由市场经济理论的大师，是推动各国朝着小政府并更加依赖个人责任的方向发展的主要力量”“是20世纪最杰出的经济学者之一，比肩约翰·梅纳德·凯恩斯和保罗·萨缪尔森”[15]。《金融时报》的山姆·布里坦赞扬了弗里德曼的率直和勇气。“他之所以广受欢迎，部分的原因就在于他愿意说出令人不快的事实，而很多其他人虽然也想到了这些，却不敢大声地说出来，”布里坦写道，“然而弗里德曼则会一直捍卫这些普遍真理，对抗‘经济正确’的强大势力。”[16]

对弗里德曼最为慷慨和公正的赞誉来自劳伦斯·萨默斯[17]，他是克林顿的前任财政部长和萨缪尔森的侄子与网球搭档。“在我年轻的时候，他是一个恶魔一般的人物，”萨默斯写道，“只是随着时间变化，我勉强对他有些尊重。随着时间流逝，我对他发自内心的尊重日益增加。”现在，随着弗里德曼的去世，萨默斯对他的赞誉更进了一步。“如果说凯恩斯是20世纪上半期最有影响力的经济学家，弗里德曼则在下半叶的影响最大，”他写道，“共和党的理查德·尼克松曾经指出，‘我们现在都是凯恩斯主义者’。同样地，任何诚实的民主党人也会承认，现在我们都是弗里德曼派。之所以如此，是因为在与他那个时代的传统智慧进行辩论时，他取得了如此辉煌的胜利。”[18]

在《纽约时报》的一篇文章中，萨默斯写道，“作为一名20世纪70年代初期的研究生，我接受的教导是，除了米尔顿·弗里德曼和少数几个持不同意见者以外，每个人都知道财政政策对于稳定经济最为重要；菲利普斯曲线可以用来增加就业，只要能够忍受通货膨胀的某种上涨就可以；经济学家很快就可以通过精细的调控政策掌控经济波动”。他注意到“弗里德曼的异端学说已经变成了正统理论”，现在所有的政治家和经济学家都“完全赞同”“货币政策对经济的作用比政府预算政策更大；长期高通胀并不能带来繁荣，只会降低生活水平；在经济发生波动时，政策制定者无法进行精准地调控”。他的结论是，“我的感受是我失去了一位英雄，他的成功表明，令人心悦诚服的伟大思想可以改变全世界民众的生活”[19]。

萨缪尔森给萨默斯写信说：

在一位伟大的学者去世后的一段时期，遵循“死者为尊”的原则不无道理。汤姆·索亚乐于参加自己的葬礼。米尔顿已经身处天堂，尽管他自己并不相信这种事。对于很多纪念他的文章标题，他肯定会乐在其中。我认识他有74年之久，我相信他最大的动力就是说服现代社会采纳古典自由主义的观点……随着对大萧条的记忆日渐褪去，学术界中的弗里德曼使我们这个领域能够加速赶上以自我为中心的选民。

萨缪尔森指责萨默斯承认弗里德曼已经证明了货币政策而不是财政政策才是最合适的应对通货膨胀的方法。他继续说：

你最令我关注的一句话是："货币政策对经济的作用比政府预算政策更大。"谁能证明这一点，这一点的确切含义又是什么？卢卡斯？巴罗[20]？弗里德曼自己？马丁·费尔德斯坦[21]？哪一组2006年的宏观方程组能够简化成这样一个令人信服的定论？……

你自己可以去看看，读一下米尔顿·弗里德曼发表的每一句话，我不得不把他降级为一名宏观经济学家。作为一名微观经济学家，他顽固守旧，沉迷于阿尔弗雷德·马歇尔那种缺乏微观基础的局部均衡之中。马歇尔懂得这一点……这种毫无理性可言的东西无足轻重。很长时间我们都不会再看到一个像他这样的人物。

请不要引用这封信中的话。现在人们还没有办法接受"真相至上"的原则。[22]

当被邀请公开评论弗里德曼的思想遗产时，萨缪尔森得体地赞扬了这位长期进行友好辩论的老对手的成就。"在20世纪，对于促进经济学领域由大萧条时期不切实际的社会改革主义转向更为亲善和偏爱自由市场，在意识形态方面的影响力没有人能比得上米尔顿·弗里德曼，"萨缪尔森告诉《华尔街日报》说，"我们失去了一位经济学巨人。"[23]他告诉纽约时报，"弗里德曼将自己视为一个研究科学的人，但是实际上他比自己知道的更富有激情"[24]。

对弗里德曼的生活和职业生涯更为负面的评价，萨缪尔森留待以后更合适的时机再讲。

2009 年 8 月 18 日，罗丝·弗里德曼去世。萨缪尔森给生活在加利福尼亚的弗里德曼的孩子们大卫·弗里德曼和珍妮特·弗里德曼以及“整个弗里德曼家族”写了一封吊唁信。“从一开始，米尔顿的能力就是显而易见的，”他写道，“有三分之二个世纪，尽管我们的价值判断有所不同，但是我们总能保持文明的交流。我认为这是我们两人一个很大的优点。”[25] 大卫·弗里德曼回复说，“如果人们意见有分歧，但又能以平和甚至友好的方式相处，这真是一件好事”。但是他无法认同萨缪尔森在其吊唁信中所讲的他和米尔顿·弗里德曼对于“他们之间在价值判断方面的分歧”安之若素。“处在政治光谱上任何波段的人，都非常愿意将他们在政策偏好方面的差异归咎于价值观的分歧，”他写道，“隐含的假设是，一个人对于不同政策产生的效果所持有的实证性的观点明显是正确的，如果不同意他的观点，唯一的原因就是对于这种效果是好是坏有分歧。”

他赞扬萨缪尔森反对弗里德曼引发争议的观点，即对医师颁发执照，而不是由其能力来证明自己的从医资格，这除了对这个行业设置障碍以外，几乎没有任何作用。

我认为你的反驳在逻辑上是合理的，即与他相比，你更为重视医师的福利，而不是病人的福利，因此偏向于限制医师的供给，从而提高他们为其服务而索取的价格。但是这可能并没有说服我。如果不是这样的话，那么在这个例子中至少分歧是在经济学方面，而不是在价值观方面。我怀疑在其他很多情况下也同样如此，尽管可能并不适用于所有的情况。[26]

第十七章

最后对决

2008年的金融危机是对萨缪尔森和弗里德曼两人相互竞争的思想的一次重大考验。紧接着就是新冠疫情来袭。

如果能够再多活一年，弗里德曼就能亲眼看到一场金融灾难，这次危机将会检验他理论的限制条件，即美联储在2007～2008年由于金融危机导致的流动性紧缩时期能否提供充足的货币。2002年，伯南克对于美国金融和银行结构的安全性很有信心，甚至可能有点自满。“在当前的环境下，一个特别重要的保护性因素就是我们的金融体系强健有力，”他断言，“我们的银行体系处于健康状态，并得到了很好的规制，企业和家庭的资产负债表绝大部分都表现良好。”[1]

但是这一体系不久就遭遇了危机，并由此引发了一场世界经济灾难，其规模如此之大，以至于伯南克这位研究20世纪30年代危机的专家称之为“包括大萧条在内的全球史上最严重的金融危机”[2]。在当时或者此后一段时间，很少有人意识到美国即将大难临头。在2008年9月和10月这段金融危机时期最为黑暗的日子里，伯南克相信“美国最为重要的13家金融机构中，12家有在一到两周之内倒闭的危险”[3]。

在弗里德曼90周岁生日时，伯南克在祝酒词中说道，“就大萧条而言，您是正确的，我们做错了。我们感到非常抱歉。但也正是由于您，我们不会再犯这类错误”[4]。他可能认为金融崩溃的时代已一去不返，在他称之为“大缓和”的这些年，经济繁荣与萧条的棱角已经被磨平了。然而，美国经济远非高枕无忧，金融产业这一美国资本主义的发电站总是处于崩溃与混乱的边缘。与之相似地，尽管保守主义和凯恩斯主义经济学家之间的巨大分歧在最近几十年被搁置起来，随着在经济危难之时再次将凯恩斯作为领航员，这一分歧重新浮出水面。金融危机再次检验了弗里德曼和萨缪尔森争斗了这么多年的相互竞争的思想，而两人分别继承了哈耶克和凯恩斯在之前论辩中的角色。

根据伯南克的观点[5]，这场金融危机的根源在于无穷无尽的廉价信贷，而这又源自美联储在“9・11”事件之后做出的降低利率以刺激经济活动的决策。大量的廉价货币导致了美国房地产业的繁荣，住房抵押贷款的迅速扩张起到了火上浇油的作用，一些贷款贷给了在正常时期信用记录可能无法通过审查的借款人。这样就产生了很多新的客户，抵押贷款公司放弃了让其缴纳资产保证金的要求，似乎并不在乎借款人是否有能力偿还贷款。而且，在格林斯潘和共和党议员的努力之下，克林顿时期对银行部门的持续监管被弃之不用，这意味着贷款人糟糕的经营行为和将坏账打包出售，并没有受到审查。伯南克解释说，“监管者在阻止不良贷款方面做得不够，部分的原因在于很多企业最劣质的贷款很少或没有受到联邦政府的监管”[6]。金融公司蓄意让新的金融产品变得极为复杂，将不良贷款隐藏在正常贷款之中，以确保这些债权的购买者很难察觉其风险大小。

在新世纪的第一个十年，美国经济避免了在“9・11”事件之后出现衰退，甚至还出现了一次轻微的繁荣，资产价格飙升也起到了推波助澜的作用。但是，在2007年年初，住房价格开始下跌，抵押贷款违约率开始上升，金融机构开始减少贷款，投资者纷纷抛售持有可疑的抵押贷款证券的基金。

这年夏天，两家抵押贷款巨头房利美和房地美陷入了严重的困境，美国12万亿美元的抵押贷款中超过一半是由这两家机构担保的。当抵押贷款的借款人看到自己持有的资产价格暴跌时，就开始不再偿还贷款，于是房利美和房地美的股价暴跌。两家机构持有的现金急剧减少，2007年11月房利美公布的损失达到14亿美元，而房地美也损失了20亿。

2007年7月，位于加利福尼亚的印地麦克银行遭遇了客户的挤兑，因为这些客户担心该银行将会破产。他们是正确的。印地麦克银行确实关门破产了。当时，几乎没有人呼吁联邦政府进行干预。但是，如果说印地麦克的破产还不足以让人们警觉一场金融风暴已经迫在眉睫，不久之后，世界金融体系面临的威胁有多么严重就显而易见了。2007年8月，法国巴黎银行突然暂停旗下三只投资基金提款，理由是“美国证券市场中的某些细分市场完全丧失了流动性，因此不可能对某些资产进行合理的估值”[7]。换句话说，这家银行坦承它不知道自己持有的债权是好是坏。

全世界其他的大银行也有与法国巴黎银行一样的焦虑，他们也持有大量的不良资产。他们还借助于“杠杆”放弃了对银行家的传统约束，即借款和贷款的数量超过了金库中自己持有资产的很多倍。等到一些银行试图弄清楚他们的问题有多严重时，已经为时已晚了。“银行的杠杆率如此之高，因此他们没有足够的资本金使其能够渡过难关，”英国首相戈登・布朗回忆说，“我们在没有资本的情况下，在维持资本主义的运转。”[8]

2008年3月，金融巨头贝尔斯登作为美国第五大投资银行持有价值数百亿美元不正常的“次级”贷款，从而走到了破产的边缘。在其持有的资产最终一文不值之前，投资者竞相挤兑。它与老对手摩根大通达成了紧急出售协议，但是有一个重要的附加条件，即美联储要同意为贝尔斯登持有的300亿美元质量可疑的抵押贷款证券提供担保。这一条款需要华盛顿的思维方式发生极大的转变。在未进行充分的公开辩论的情况下，伯南克赞同美联储应当直接干预市场，他认为如果贝尔斯登拒绝这一协议，它的倒闭将引发一连串灾难性的银行破产。每个人都在讲，贝尔斯登“大而不能倒”。但是，如果其他银行也面临类似的流动性危机时该怎么办？

萨缪尔森将房利美和房地美出现的持续动荡视为一个预兆，他告诉自己的侄子拉里·劳伦斯，在2008年7月22日接受了财政部250亿美元的紧急贷款之后，这两家抵押贷款巨头实际上已经归政府所有了，而这两家巨头都应“暗自庆幸”。劳伦斯时任哈佛大学校长，但是不久之后就加入了奥巴马政府，担任国家经济委员会主席。萨缪尔森在给劳伦斯的信中，禁不住对作为弗里德曼继承者的“通货膨胀目标主义者”旁敲侧击：

房地产泡沫的崩溃对弗兰肯斯坦式的金融工程造成了毁灭性的冲击，这导致了很多隐蔽的和公开的损失，你怀疑仅靠私人力量是否能够使之自动恢复，这是正确的。

在我们走出混乱之前，联邦政府的钱包，包括财政部和美联储，将会有巨大的损失，其规模会使之前的房地产倒闭风潮和1939年之后发生的任何一次危机相形见绌。

相应地，我认为你的态度有些奇怪，即赞同贝尔斯登的交易，但是又担心房地美和房利美的高管和股东回到他们原来错误的道路上，或者犯下新的错误。这样想是奇怪的，也是有害的。从现在起，房地美和房利美就是舞台上由财政部长汉克·保尔森[9]和伯南克这些口技表演者操纵的傀儡了……对于热衷于通货膨胀目标的人而言，现在的日子不好过。[10]

萨默斯回复说：

我同意你的看法，现在形势严峻，政府不得不承担起更大的责任……现在没有时间讨论道德风险……但是，对房利美和房地美该怎么办？没有时间来缩小他们的规模或者予以限制。但是当保尔森和伯南克负责这两家机构的运转时，凭什么要照顾当前的管理层和股东的利益？……顺便说一句，我还年轻，也很幼稚，但是房利美和房地美是我八年来在政府中见过的特殊利益集团腐败最严重的机构。因此，我还是要坚持自己的观点，即现在必须做一些必要的工作来挽救住房市场，但是没有必要救助股东。[11]

萨缪尔森写道：

你可能有些幼稚，我认为房利美和房地美的股东已经可以庆祝了。即使在名义上没有，实际上他们现在都是政府机构了……到最后，他们将耗费大量政府的钱。[12]

让房利美和房地美走向破产是保尔森无法承受的。2008 年 9 月 7 日，也就是萨缪尔森写信给萨默斯的两周之后，保尔森将这两家抵押贷款巨头归为联邦政府所有。“在我们的金融体系中，房利美和房地美规模如此之大，影响如此之广，因此任何一家倒闭都会引发我们金融市场的巨大混乱。”[13]保尔森宣称。联邦政府再次挺身而出，阻止了一家大型金融公司的倒闭，因为它大而不能倒。最终还会有多少家公司落入政府的掌控之中？

两周之后，9 月 15 日雷曼兄弟申请破产。人们普遍预期美联储会救助这家公司，就像之前救助贝尔斯登和两房一样。与其他金融公司一样，近些年来雷曼公司大量利用联邦政府的资金来获取利润，它从联邦政府借来短期资金，然后将其再贷放给贷款人，以获得更高的回报。但是，在其 6000 亿美元的资产中，有 5720 亿美元是贷给贷款人的借款，这使其极为脆弱。只要它的资产下跌 5%，其持股人的权益就会被清零，而在一个波动如此剧烈的市场中，这是很有可能的。实际情况恰恰就是如此，与此同时，短期借款人也弃它而去。一开始，财政部和美联储试图为雷曼公司找一位私人买家。但是，当没有人愿意接手时，他们决定允许这家公司破产，并准备迎接由此带来的冲击。雷曼很快依据《破产法》第十一章申请了破产。

这是一场赌博。如果雷曼被允许破产，那么任何大型金融机构还能安然无恙吗？一连串的多米诺骨牌效应是不是会让美国大银行的数量进一步减少呢？由此引发的传染是否会导致大面积的金融崩溃？直接的结果就是金融产业的高管们一片恐慌，紧随其后的就是金融体系陷入瘫痪状态。

雷曼关门的第二天，美国国际集团作为世界上规模最大的保险公司申请了破产。美联储对这一消息感到震惊，它同意买下这家保险巨头，即用一笔 850 亿美元的直接贷款换来美国国际集团 80% 的股权。自由市场再次抛锚，联邦政府认为自己不能束手旁观。保尔森和伯南克发现自己现在处于令人反感的境地，他们不得不从美国规模最大的一些公司中挑出赢家和输家。自由市场出现了明显的失灵。

金融机构担心遇上不良贷款，因此紧急停止了彼此之间的借贷。信贷市场冻结了，金融业务戛然而止。由于联邦政府对于如何应对一头雾水，而金融危机的结束似乎还遥遥无期，股票市场暴跌。这并非1929年的重演，但是事后证明2008年的金融危机对美国和世界经济的影响同样深远。“股票贬值、金融体系摇摇欲坠以及获得信贷的困难引发了全球经济活动和就业极为迅速和严重的收缩。”[14]伯南克解释说。

9月18日，伯南克和保尔森要求国会提供7000亿银行救助应急资金，用于购买“问题资产”。保尔森告诉议员们，“如果我们不这样做，周一经济可能就会崩溃”。9月29日，议员们投票反对将资金用于《问题资产救助计划》，其中很多人从意识形态的角度不愿意看到自由市场被搁置在一旁。这是缺乏远见的议员们最后一次无力的抗议行动。对于他们的异议，市场的反应迅速而残暴。投票刚一结束，道琼斯指数暴跌了770点，创下了华尔街有史以来的最大单日跌幅。那些在职业生涯中一直信奉市场永远正确的议员们，惊恐地将其视为同一个市场对他们行动的评判。在被市场的裁决教训过之后，国会于10月3日重新讨论了《问题资产救助计划》并进行了第二次投票，这一次同意为这一计划提供全面资助。

为阻止金融市场的崩溃，美联储采取了其他一些不那么引人注目的行动。弗里德曼谴责美联储未能增加货币供给以减轻大萧条的影响，这为伯南克采取的行动提供了支持。他将短期借款的利率从2007年9月份的5.25%降至2008年春天的2%，以保持经济体系中现金的充足。当这一措施还不够时，美联储在2008年12月将利率降到了零，并且让公众明白，未来很长一段时间都将保持这一利率水平。对于它认为可以信任的银行和金融机构，美联储成为他们的最后贷款人，并为银行间的短期借款提供担保，若非如此这些借贷行为就会被认为风险太高了。

这还不够。凯恩斯的名言“你无法用马缰绳来赶马”很快就成了显而易见的事实。结果证明提供无限的廉价现金容易，能够很好地运用这些资金却非易事。伯南克解释说，“只靠传统的货币政策，不足以为经济提供所有必要的支持”[15]。

在小布什政府行将结束时，它准备好了2008年《经济刺激法案》，这一法案将提供将近1万亿美元，直接通过政府在基础设施方面的支出、减税和其他凯恩斯主义的反衰退措施来刺激经济。在巴拉克·奥巴马总统任期的前几周，国会通过了这一方案。“准备就绪”的公共工程项目被找了出来，比如已经计划好的公路和新的桥梁，大量的资金将被转给承包商和建筑师等机构或个人，从而促进经济增长。

但是凯恩斯主义的刺激政策能够奏效吗？萨缪尔森和奥巴马政府中的很多人一样，他担心的是，国会提供的总量大约为8000亿美元的资金可能还不够多。这相当于2020年的9580亿美元。“这接近正确的资金数量，”他说，“但是最终可能需要花费更多的资金。”[16]

历史不会完全重演。30多年以前，萨缪尔森曾经预言，大萧条不可能再次发生。由于从那次严重衰退中得到了教训，并且已经设计出了操控经济的宏观工具，他确信类似的悲剧不会重复。“大萧条不是不可避免的，真正与那次萧条相似的危机现在不可能发生，根本的原因在于在那个时代，全世界的政府坚持的都是传统的金融政策，”萨缪尔森在1974年写道，“当形势恶化时，他们勒紧自己的裤腰带，并且迫使大众也要这样做……我们生活在后凯恩斯时代，不会再回到赫伯特·胡佛主义。”[17]但是，由于数十年来一直诋毁政府的各类干预措施，米尔顿·弗里德曼以及其他人已经引发了无为而治的胡佛主义的回归。如果2008年由于回归类似凯恩斯主义的政策使得第二次大萧条勉强得以幸免，那么金融危机就会推翻伯南克和其他一些人所持有的令人欢欣鼓舞的观点，即银行挤兑和一系列银行破产这种阴暗的旧时光已经被大缓和时期阳光普照的确定性所取代了。2008 年发生的事件削弱了理性预期学派的理论基础，他们认为那些运作市场的人懂得如何避免灾难的发生。既然如此，为何对于一场金融危机没有任何“理性预期”？

相反，美国人为了走出这场危机，经历了十年痛苦的挣扎。非常不幸的是，复苏极为缓慢。在其有生之年，弗里德曼大力提倡自由市场，并获得了极大的成功，但是金融危机动摇了这一共同持有的信念，即如果让自由市场的力量发挥自己的作用，就能够确保持续的繁荣、充分就业和美国民众所要求的增长。那些犯下同样错误的立法者投票反对《问题资产救助计划》，带头抗议联邦政府采取任何行动，这些都阻碍了经济的恢复。有一种观点认为，对企业的救助将会产生“道德风险”，这将鼓励金融家的冒险行为，因为他们非常自信地认为在最后时刻，政府会挺身而出，拯救他们。

但是，政府应当置身事外，并让市场来收拾残局，这一原则被彻底摧毁了。在危机最为严重的时候，没有一位受人尊敬的经济学家能够站出来说，最好眼看着经济跌入深渊，然后等着市场提供某种解决方案。[18] 弗里德曼反复开出的药方，即给市场一些时间，让它自己逐渐恢复，现在没有市场，甚至不在考虑范围之中。事情发展得如此迅速，根本无暇他顾。毫不顾忌企业付出的成本和人道主义灾难，这种方案在政治上是不可行的。随着失业率达到 8% 并且还在继续上升，政府站在一旁袖手旁观，不施援手，眼睁睁看着大规模失业达到大萧条的程度，这是不可想象的。

那么，如果像弗里德曼和哈耶克警告的那样，用廉价货币大水漫灌必将引发通货膨胀，这又该当如何？尽管萨缪尔森承认经济刺激会导致更高的价格水平，但他认为这是可以承受的。“如果乐观地讲，2012 年我们能够恢复 4% 的失业率，价格水平将会比现在高一点，可能每年多上涨 2%，最高峰也就是 8%，”他说，“我认为这是值得的，因为通货紧缩更令人担忧。在这种情况下，我们宁可刺激过度。如果通货膨胀能够避免通过紧缩，并且让经济恢复正常的自我维持状态，那么没有哪个神志正常的人会试图抑制通货膨胀。”[19] 伯南克同意这一点，他的结论是，当一切尘埃落定，经济处于安全状态的时候，只要价格明显上涨，美联储就会通过缓慢地降低货币供给来控制通货膨胀的压力。

萨缪尔森认为，金融危机引发了“美国或者整个世界自二战结束以来最糟糕的经历”，但是，与伯南克一样，对于估计什么时候能够实现完全的恢复，“哪怕需要政府利用赤字来安排大规模的支出”，有大萧条的先例可循。他认为在“2012 年上半年”甚至 2014 年之前经济复苏的希望很渺茫，“经济复苏的时间范围是从 1933 年 3 月罗斯福的就职典礼至二战之前”[20]。

在确定 2008 年的危机什么时候可以复苏时，主要的问题在于现代经济的精密性和复杂性。至 2008 年，这甚至超出了那些高级经理人的理解范围。“从穴居时代开始，就有经济的起伏和泡沫”，萨缪尔森说：

> 这次崩溃与以往不同的是，以“聪明绝伦的”麻省理工和沃顿商学院的毕业生设计的巧妙复杂的金融体系为基础，我们已经构建了一个如此精致的纸牌屋，因此需要花费大量的时间才能清理残局，重建对金融体系的信心。他们创造的工具如此复杂，以至于没有哪位执行总裁能够理解。这些工具极为缺乏透明度，因此没有人预料到会出现崩溃。[21]

萨缪尔森非常钦佩“聪明绝伦的麻省理工毕业生”伯南克的表现，他写了一封“粉丝信”，高度赞扬伯南克“灵活地适应了2007年以后的新局面”[22]。

2008年金融危机的应对方案有一部分是凯恩斯主义的，但是也有一部分证实了弗里德曼有关货币供给的观点。在他与施瓦茨一起所做的关于大萧条的研究中得出的教训就是，中央银行可以通过将大量的货币注入经济来解决流动性问题，从而影响陷入衰退的经济。日本在20世纪90年代遭遇了旷日持久的流动性危机，弗里德曼提出的解决方案是：

> 日本银行可以使用其持有的现金或存款在公开市场上购买政府债券，经济学家称这些现金或存款为高能货币。绝大部分款项会进入商业银行，增加他们的准备金，使其可以通过贷款或者在公开市场上的购买行为，扩大他们的负债。但是，无论他们是否这样做，货币供给都会增加……与以往一样，货币更快的增长具有相同的效果。经过一年左右，经济将会扩张得更快，产出将会增加，再经过一段时间的延迟之后，通货膨胀会温和地上涨。[23]

日本银行确实采取了量化宽松的政策，在公开市场上购买政府债券和其他金融资产。结果就是提高了这些证券和资产的价格，从而降低了他们付给投资者的利息。

伯南克也实施了量化宽松政策，将美联储持有的财政部债券从这次大衰退之前的8000亿美元，增加至2010年6月份的2.1万亿美元。2010年11月，事实证明这一规模还不够大，美联储又开始了第二轮购买证券，这被称之为QE2，接着就是2012年11月的第三轮，即QE3。尽管有些保守主义经济学家怀疑弗里德曼是否会赞同量化宽松政策，但是对于伯南克而言，弗里德曼在关于大萧条的研究中总结的教训是显而易见的。这位美联储主席不想因为经济中资金的匮乏而感到内疚。尽管保守主义政治家咬牙切齿，愤恨不已，而保守主义经济学家令人惊讶地不置一言，量化宽松还是阻止了大萧条时期那种规模的衰退，从而证明在金融危机时期这样做是值得的。而且，与保守主义悲观的预言家发出的所有警告相反的是，将规模如此巨大的借贷资金注入经济，并没有导致通货膨胀猛涨。

但是，如果弗里德曼关于衰退时期增加货币供给的观点被证明是正确的，那么，2008年以及之后一段时期的经历则主要证明了萨缪尔森的新古典综合更切中要害。在光景好时，市场经济的一般原则是有用的。然而，当经济进入衰退时，凯恩斯主义的治愈方案仍将发挥重要作用。萨缪尔森和弗里德曼都看到了同样的历史画卷徐徐展开，从大萧条时期的大规模失业和企业与银行的破产，到政府热切地采用凯恩斯主义的需求管理政策来熨平经济周期的波峰与波谷，从而实现了数十年的繁荣，再到顽固的滞胀兴起，半心半意的弗里德曼货币主义实验，以及供给经济学和理性预期的到来。当数年利率接近于零导致了灾难性的金融危机时，小布什的财政部团队和伯南克的美联储没有求助于弗里德曼或哈耶克，而是从传统的凯恩斯主义治愈方案中寻求帮助。

“那么，究竟是什么导致了2007年以来华尔街资本主义的自杀行为?”萨缪尔森在接下来的一年问道。“这次一个世纪以来最严重的金融混乱，最为根本的原因就是米尔顿·弗里德曼和弗里德里希·哈耶克古典自由主义的自由放任资本主义，允许在没有监管的情况下肆意狂奔。这是当前这种痛苦经历的根源。这两人都已经过世了，但是他们有害的思想遗产仍在危害人间”[24]。对萨缪尔森而言，金融危机及其治愈使一位一辈子“不可救药的中立派”最终沉冤得雪。“我已经太老了，无法看到经济波动再经历一次完整的周期，”他说，“今天，我们看到了米尔顿·弗里德曼的观点所犯的错误是多么的明显，即一个市场体系可以自我规制。”[25]

回到 1970 年，当滞胀第一次开始显现时，萨缪尔森坚持认为“在后凯恩斯时代，对于一个现代‘混合经济’而言，财政政策和货币政策能够绝对阻止周期性的衰退，能够解决自动化产生的问题或弥补消费不足，能够确保资源找到报酬合理的就业机会”[26]。2009 年，即金融危机困扰世界经济一年之后，萨缪尔森仍然满怀信心地说，“你无法比 1965 年希克斯和汉森版本的凯恩斯主义体系做得更好，它非常清楚地阐明了中央银行可以通过明智地操控利率的变化，形成一个大缓和的时期，而不是像 20 世纪那样，出现那么严重的起起伏伏”[27]。

萨缪尔森记忆力很好。这就是为什么选择他作为宿敌是件很鲁莽的事。1941 年，哈佛大学冷落了萨缪尔森。当时，哈佛大学经济学系一位具有反犹太倾向的教授，未能根据其已经获得的博士学位，为他提供一个合适的职位。对于这件事，这里可以稍作补充。萨缪尔森的学术生涯越辉煌，他留存的手稿对于一所研究型大学价值就越高。2006 年 11 月，萨缪尔森请哈佛档案馆保存他在这所大学的个人和学术文稿的大量卷宗。他提醒哈佛大学，他们拥有约瑟夫·熊彼特的文稿，但是诺贝尔奖得主佛朗哥·莫迪利亚尼和罗伯特·索洛的档案被保存在北卡罗来纳州杜伦的杜克大学令人印象深刻的图书馆设施中。“当一个人全神贯注于新的研究时，”他写道，“就没有时间好好规划自传和档案这类事情。然而，这些工作需要得到关注。”[28]他建议开一次会。哈佛大学图书馆馆长得体地回复，“我无法告诉您，对于我们能够保存您的文稿，我们感觉有多么荣耀”。然而，在这封信中有一种明显的理所应当的感觉。“您与这所大学的紧密联系使我们能够行使自己的职责，”他写道，“您对这个学科的贡献，以及对几代经济学家发展的贡献，使哈佛有保存您各种材料的进一步的理由……您的论文将为我们的收藏添光加彩。”[29]

但是回到1992年，杜克大学尝试接洽萨缪尔森，其档案馆中不仅收集了莫迪利亚尼的论文，还包括伯恩斯、亚历克斯·莱荣霍夫德[30]、沃尔特·李普曼、罗伯特·卢卡斯、奥地利学派的奠基人卡尔·门格尔、唐·帕廷金[31]、威廉·沃尔克基金会以及哈耶克的很多文集。在安娜·施瓦茨去世之后，她的文稿也将被这里收藏。杜克珍稀图书、手稿和特别收藏品图书馆馆长罗伯特·伯德拜见了萨缪尔森，希望保存其在麻省理工的文稿。伯德强调杜克档案馆提供"一种与众不同的安排，其中之一专注于将经济学的历史作为一个研究领域，而不是某个特定学术机构的历史"[32]。

2005年，伯德将莫迪利亚尼文稿的索引指南目录寄给了萨缪尔森，以向他展示将会如何处理他的藏品。"我的理解是，您自己的文稿将被存放在麻省理工档案馆，"他写道，"然而，如果实际情况有变的话，请通知我。"[33] 当年晚些时候，当萨缪尔森暗示他正在考虑杜克时，伯德再次给他写信，对杜克有可能赢得这项价值连城的奖项表达了感激和谦卑之情。他"很高兴地得知"萨缪尔森正在考虑杜克大学，他写道，然后列出了几条理由，说明为何杜克将是这些档案的最佳归属。"能够为保存您的文稿提供档案服务，这当然是我们的荣耀，"他在信中写道，"我真诚地相信，将这些收藏品放在这里，您会增加它们的影响力，并使那些希望研究您的贡献和成就的学者受益匪浅。"[34]

到了下个月，萨缪尔森写信给伯德，"我倾向于由杜克为我的各种资料提供档案服务……对我而言，最有吸引力的是杜克对这些事务的专注，与如此众多的其他作品永远放置在一起，我的作品将会非常开心地在此安息"[35]。因此，萨缪尔森文稿最后的归属不是麻省理工，不是哈佛，而是杜克。

就弗里德曼而言，他将其档案留给了胡佛研究所，这是斯坦福校园这片进步主义的汪洋大海之中的一个保守主义堡垒。在弗里德曼从芝加哥大学退休之后，这里把他视为保守主义和古典自由主义经济学的领军人物，并欢迎他的到来。

2009 年 12 月 13 日，保罗·萨缪尔森在其位于马萨诸塞州贝尔蒙特的家中去世，时年 94 岁。他数年以来一直受高血压之苦，长期服用降血压和降胆固醇的药物。在他的身后，是妻子丽莎·埃克豪斯以及四个儿子、两个女儿、一位继女和 15 位孙辈。在举办了私人葬礼之后，又举行了一次公共纪念活动。他的家人请求祝福者为马萨诸塞州奥杜邦协会捐款，以代替鲜花。

萨缪尔森的讣告赞颂他知识的渊博、对宏观经济理论做出的诸多突破性贡献、在麻省理工取得的成功、以数学方法解决经济问题、《经济学》教科书，以及最为重要的对新古典综合的极力倡导。《纽约时报》断言“萨缪尔森重塑了几乎每个经济学领域的学术思想”，并注意到“借助于萨缪尔森先生与米尔顿·弗里德曼之间的争论，一名历史学家可以完整地讲述美国 20 世纪有关经济政策的公共争论”[36]。这家报纸首要的经济学评论人保罗·克鲁格曼写道，“绝大部分经济学家愿意写一篇研讨会论文，只要这篇论文能够使人们对某些问题的思维发生重要的改变。而萨缪尔森写了十几篇这样的论文”[37]。具有保守主义倾向的《华尔街日报》称萨缪尔森是一位“经济学巨人”，而《经济学家》宣称他是“最后一位经济学通才”[38]。

伦敦的《每日电讯报》写道，“萨缪尔森在自己的领域做出了如此多样性的贡献，范围包括福利经济学、消费理论、价格、资本积累、经济增长、公共产品、金融和国际贸易，以至于很难想出有哪个争论他没有提出过深刻的见解”，他的教科书“为世界有效地提供了一种通用的语言，利用这种语言就可以讨论和理解国际市场的复杂性”。这家报纸注意到“萨缪尔森经常与货币主义者米尔顿·弗里德曼展开唇枪舌剑”，但是“2008 年，当整个世界陷入自大萧条以来最严重的衰退时，是萨缪尔森的而非弗里德曼的药方取得了胜利”[39]。

这两人都未能活到见证下一场世界繁荣所面临的致命危险，即新冠疫情。

直至 2020 年，2008 年的金融危机被认为是自 20 世纪 30 年代大萧条以来最为严重的经济灾难。这一纪录很快就被新冠疫情打破了。甚至 1914 ～ 1918 年和 1939 ～ 1945 年毁灭性的世界大战也只是影响了全球的部分地区，而新冠疫情对整个世界造成了威胁。

至 2020 年 7 月底，美国感染新冠病毒的病例超过了 400 万，其中 136 484 人死亡。股票市场下跌了 35%，信贷市场冻结了。国际航空、旅游业、酒店业等商业活动以及像理发店和牙医等个人服务都关闭了。联邦政府的应对措施是借钱然后将其转给公民，以刺激需求，尽管当时已经有这样一种政策了。通过基础设施建设来实施的传统的凯恩斯主义刺激政策，时间上已经来不及了。取而代之的是，所有美国人都得到了 1200 美元。共和党的财政部长斯蒂芬·姆努钦[40]说，由于新冠疫情，每五个美国人中就有一人失去了工作，这一数字是 2008 年金融冰冻时期的两倍。一项临时性的每周 600 美元的失业救济津贴被引入，至 2020 年 3 月 21 日，共有 4880 万美国人签字领取了这一津贴。大小企业被授予联邦政府补贴或贷款，以便在新冠疫苗出现之前帮助他们渡过难关，尽管在 2021 年某个时候之前，没有希望在这方面取得进展。就像 2008 年金融危机发生之后一样，对于应当采取何种措施以减轻病毒对美国经济造成的损害，国会意见不一。共和党议员不愿采取行动，而民主党议员则希望政府做得更多，但是被他们在国会中的对手阻止了，领导联邦政府的总统不了解最新情况，又很自恋，没有任何迹象表明他明白发生在其任期内的这场悲剧有多么严重。尽管有 2008 年的教训，回归到胡佛主义的危险仍然切实存在。

在大西洋的对岸，英国政府采取了一种类似的干预主义方法。随着国家采取封锁措施，政府同意为全部工人支付其每月工资的 80%，最高为 2500 英镑，约合 3200 美元。无论是企业（不限规模大小），还是个体经营者，都能获得政府的贷款和补贴。正如诺贝尔奖得主、芝加哥学派经济学家罗伯特·卢卡斯在 2008 年金融危机期间所写的，"我猜躲在防弹坑里的每个人都是凯恩斯主义者"，这条评论可以证实萨缪尔森新古典综合的有效性。在 2020 年的美国，政府援助的规模引发了激烈的讨论，大家普遍认为这不足以从根本上挽救经济。很多的企业再也没有恢复。很多工人也没能回到原来的岗位上。

尽管凯恩斯主义者和弗里德曼派都声称，向经济中注入流动性的应对策略符合其大师的意愿，新冠疫情仍使得弗里德曼缩小政府规模、减少政府对市场干预的愿望遭遇重创。联邦政府现在完全控制了市场，决定着哪家企业可以运营、存活或者死去。对于负责任的政府而言，对新冠疫情的普遍反应就是，只有"大政府"才有能力提供限制新冠疫情的手段，然后战而胜之。通常在一些经济规模较小或落后的国家，小规模的或者能力不足的政府无法应对新冠疫情带来的挑战。即使在美国，尽管经常援引弗里德曼作为其灵感来源的保守主义者长期污蔑"大政府"的理念，联邦政府的高官一致认为暂时停止大部分经济活动是唯一负责任的行动。虽然茶党这类人就经济封锁的效果举行了小规模的抗议，但是反对在"社交疏离"无法实现时强制在公共场合戴口罩，这类活动几乎从未超出一般集会的层次。"社交疏离"是指一个人和另外一个人的间隔要在6英尺以上。⊖弗里德曼会戴口罩吗？很难想象对于这样一个微不足道的原则，罗丝会允许他冒生命危险。

新冠疫情表明，大政府不仅是必需的，而且为了使数以千万计的突然失业的人[41]免于挨饿，政府还是最后的依靠和唯一的手段。在20世纪30年代，在美国人加入领取救济金的行列并为获得食物而痛苦挣扎时，胡佛政府袖手旁观。他的继任者富兰克林·罗斯福[42]尝试将新政政策作为救生筏，使民众可以重新找到工作，尽管很多措施妨碍了企业经营的基本权利[43]。1936年，凯恩斯的《通论》为大规模政府借贷用于公共工程并提供工作岗位提供了理论基础。2020年，新冠疫情对美国经济增长的影响超过了自大萧条以来的任何时期，从1月到3月，美国国内经济按照年率计算急剧下降了5%，而从4月至6月，创下了暴跌33.4%的纪录[44]。为了应对这一自然灾害，相比中央政府进行干预以发挥填补空缺的作用，"奥地利学派"或哈耶克主义经济学强调的缩小政府规模无法作为替代选项，从原则上来讲，没有人会建议任由病毒肆虐，全凭市场来收拾残局。与2008年一样，靠边站的保守主义者抱怨政府强制命令的影响急剧增加，比如要求戴上防护口罩，在病毒广泛传播的地区强制企业关闭，从每个人与其他人的间隔到坐在餐馆中的什么位置，政府对所有事务的管制不断扩张，而政府借款急剧膨胀，需要偿还的贷款规模也急剧增加，然而这些抱怨并未对凯恩斯主义的救助行动产生多少实际影响。

萨缪尔森和弗里德曼有哪些持久的思想遗产？有人曾经请弗里德曼坦率地回答他是否从总体上改变了经济学，他的回答是，"这很难说"[45]。他的很多成就在政治方面比在经济学方面更为显著。他促使其他人信服自由市场优

⊖ 1英尺=0.3048米。——译者注

点的能力是独一无二的，但是他常常孤立无援。尽管在其去世之后，他古典自由主义的反对政府的观点仍未丧失活力，但是他为使经济回归“健全”经济学而付出的努力却未见成效。然而，弗里德曼有一项非凡的成就，那就是改变了联邦政府通过财政政策来管理经济的尝试。滞胀和弗里德曼对凯恩斯主义的“新经济学”给予重创。但是连续几任美联储主席和财政部长都抱怨，仅靠利率和货币政策不足以操控美元浮动汇率、通货膨胀、失业和经济增长速度。弗里德曼某些理论经济学成果，比如对消费函数的研究，仍受到人们的敬仰。但是，很少有人再推崇弗里德曼的标志性思想，即脱离实际的货币主义。即使有人想起的话，也只是把它当作经济思想史中一个用处不大的脚注。

弗里德曼的儿子大卫从哈佛大学获得了化学和物理学学士学位，从芝加哥大学获得了理论物理学硕士和博士学位，此后就成为一名古典自由主义经济学家[46]。尽管如此，弗里德曼并没有留下一帮弗里德曼派经济学家，在芝加哥也没有像凯恩斯那样的极为忠诚的弟子，即剑桥马戏团。他也没有建立经济学的弗里德曼学派。他单枪匹马，至死都是一位独行侠。

一些经济学家忿忿不平，因为不得不将时间浪费在证明弗里德曼的货币主义不过是一段插曲而已。同时代的布鲁克林人、诺贝尔奖得主罗伯特·索洛是萨缪尔森在麻省理工最为亲近的同事，他在 2013 年对弗里德曼毕生的研究做出了负面的评价。“我很高兴，在今天的政治经济学光谱中没有米尔顿·弗里德曼的位置，”他写道，“我认为无论对于经济学还是对于社会，米尔顿·弗里德曼都很糟糕。”他继续说：

与极有天分的极端主义者或者准极端主义者进行毫无成效的辩论，浪费了每个人大量的时间，这本来可以以一种更为实用的方式，用于更具建设性的工作，无论是致力于研究，还是讨论政策问题。我假定这些辩论有助于澄清暗含的假设条件或可疑的假设条件，但是我认为与在这些纯粹的争吵中耗费的成本相比，由此获得的收益是很小的[47]。

弗里德曼与众不同的政策建议所取得的成功，使他能够扳回一城。他呼吁终止惩罚性的所得税，这一点在很大程度上实现了。在 1950 ～ 1980 年这 30 年中，联邦所得税税率从未低于 70%。至 2021 年，这一税率降至 40.8%。在废除强制兵役制度方面，弗里德曼也可以声称自己获得了胜利，尽管在那些应征入伍奔赴越南战场的人经受了痛苦之后，征兵制度可能无论如何都将寿终正寝。他尝试令公众教育摆脱政治家的控制，这取得了部分的成功。从比尔·克林顿到玛格丽特·撒切尔，通常以由纳税人资助的特许学校的形式，政治对立的各方都接受了这一思想。但是公办学校普遍存在资金不足和政府官员管制过多的问题。医生们仍然需要通过严格的职业认证体系，经营一家只能雇佣经过认证的医师的诊所，而不是像弗里德曼追求的那样，只需要具备简单的资格就可以。弗里德曼希望废除的能源部依旧存在。他建议继任的共和党总统和议员们允许像海洛因和可卡因这样容易上瘾的毒品合法销售，这一建议没有人理睬。弗里德曼一辈子都是一个局外人，在他去世之后依然如此。

然而，弗里德曼对美国政治的持续影响力在 2009 年茶党的崛起中显露无遗。这是一场反对大政府、反对税收的愤怒的草根运动，源自小布什、奥巴马和伯南克的经济刺激政策。这一运动清除了共和党中的温和派，并为 2016 年唐纳德·特朗普[48]的当选奠定了基础。如果没有弗里德曼的话，会出现一位像特朗普这样的总统吗？也许不会。但是数十年来弗里德曼长期致力于宣扬古典自由主义为之铺平了道路，并帮助特朗普登上了总统的宝座。

特朗普崛起的根源在于老一辈蓝领工人的不满，还有那些由于煤炭、钢铁、造船等烟囱工业的没落而失去工作的以前的工人，主要的原因是外国廉价劳动力的成本优势促进了进口。弗里德曼极力倡导世界范围内的自由贸易，克林顿总统也努力实施这一点，1994 年的北美贸易协定形成的墨西哥、加拿大和美国之间的自由贸易区，以及 1995 年关贸总协定向世贸组织的转变，可能使美国经济总体上受益，但是从事美国制造业的很多人发现自己的工作被转给了其他国家薪酬很低的工人，通常是亚洲工人。他们在工作时经常不具备那些美国工人所享有的健康和安全规定以及其他的保护措施。自由贸易令美国人一分为二，那些由此失去生计的人将善于言辞的特朗普当作同盟，他承诺会对那些不利于美国人的贸易协议进行重新谈判。

萨缪尔森赞同全球化，并且认为这会让那些牵扯其中的国家受益，但是他也促请大家注意取消保护性关税对美国工人带来的不利影响。1972 年，他发表了题为“富裕国家的国际贸易”[49] 的演讲，这成为他最受欢迎的讲座之一。在这次演讲中，他指出“自由贸易不会使所有地方的每个人都受益”，而且“如果贫穷的地方在那些以前富裕国家享有比较优势的活动中获得了新的比较优势，那么富裕地区可能会有净损失”。这一经济现实在特朗普[50] 2016 年高举反叛大旗的总统竞选中被凸显出来，他承诺要重新谈判美国的贸易协定，有选择地引入关税，以保护国内市场。

弗里德曼极具创意的计划，即以负所得税代替传统的社会福利支出，吸引了政治偏好各不相同的人的支持，包括萨缪尔森。他赞扬这是“一个好主意，实施这一政策的时机已经成熟”[51]。这一思想变身成为“全民基本收入”，即国家为每个人提供一笔最低工资，并将其视为一种权利。新冠疫情期间可以发现世界各国的政府至少暂时性地实施了类似的计划，尽管未来的世界经济更多依赖机器人而非人类，这使国家永久性地直接为那些不需要工作的人提供资金成为可能。

一直以来，弗里德曼孜孜以求的目标既是经济性的，也是政治性的。与哈耶克一样，他痛苦地强调，他并不把自己看作一名保守主义者，而是一名古典自由主义者。他所关注的首要议题，就是致力于阐明为何要显著而全面地缩小国家权力。尽管他强调自己对无政府主义或无政府主义者没有什么兴趣，从巴里·戈德华特1964年的总统竞选到罗纳德·里根的八年任期乃至以后的时期，对于过于自负的国家，弗里德曼发起了攻击。凯恩斯为国家健康开出的药方暗示着大规模的政府计划，当这一势头缓慢地被扭转时，弗里德曼对每一次微小的胜利表示欢迎。在第一次就职典礼的演讲中，里根说政府不是美国各种问题的答案，它本身就是问题，尽管他或者弗里德曼都不可能想到民粹主义的茶党会在一夜之间兴起，而其根源就在于大规模的公共借款，以消除2008年金融危机之后经济活动的崩溃所造成的危害。虽然弗里德曼有可能在原则上支持愤怒的蓝领白人右翼分子起来反抗，他们感觉自己被两党一届又一届的政府忽视了，遗憾的是，对于那群由奉承特朗普的反政府的超级活动家们组成的大杂烩，我们不知道他会有何种精辟的评论。

弗里德曼为小政府运动提供了思想基础。50年来，这一运动激发了共和党人的想象力，成功地令这一政党由传统的走中间道路的保守主义转变为毫不畏惧的古典自由主义。弗里德曼可以将共和主义向自己核心主张的转变视为一个巨大的成功。在老布什的任期结束之后，一位共和党人只有赞同反映弗里德曼小政府严格限定的一组信念，才有可能成为该党的总统候选人。然而，到了2020年，这场运动自食其果。2021年1月6日，一群支持特朗普的暴徒横扫华盛顿的国会山，向办公室、艺术品、公文、纪念物以及建筑结构投掷了大量垃圾，那些担心自己生命的议员们撤离了国会，最严重的是进攻参议院议事厅。五人死于故意伤害。最令人担心的是，一些抗议者化装成执行死刑的暴民，声言他们意在绑架议员，并且立刻处死副总统迈克·彭斯和众议院议长南希·佩洛西。这些暴力抗议活动是一次计划好的大规模叛乱，目的在于推翻政府，还是只是试图阻碍宪法的实施，以及这是否只是为了支持被彻底击败的总统而采取的热情过头的示威行动，这位总统有没有鼓励抗议者攻占国会山，一切均未可知。但是，这次抗议活动的范围和活力证明弗里德曼观点的长期影响达到了顶峰，即批评联邦政府的作用越来越大，并且拥护各州的权利，倡导政府少发挥作用甚至不发挥作用。毫无疑问，弗里德曼会严厉谴责叛乱分子使用暴力，对于他们否认任何于己不合的事实也会感到震惊，但是他很难否认，激发这场惨遭失败的政变闹剧的观念，根源在于他自己的那些表述清晰且极有说服力的思想。

如果说弗里德曼的思想遗产更多地在于政治领域而非经济学，萨缪尔森对经济和社会的影响则不那么引人注目，但是却不可磨灭。对于萨缪尔森是否留下了一个明显的萨缪尔森经济学派，观点各异。对于任何理论经济学家而言，萨缪尔森凭借自己的天赋写就的无数技术性论文都是一项杰出的成就。他将数学应用于经济学，使其从某种类似于哲学分支的学科转变为一门真正的社会科学。

萨缪尔森算得上留下了某种个人的王朝，包括一个兄弟罗伯特·萨默斯[52]，一位妻姐安尼塔·萨默斯[53]，一位妻弟肯尼斯·阿罗[54]，以及一位侄子拉里·萨默斯，他们都是杰出的经济学家。然而，他最为持久的成就，是全世界一代又一代的年轻经济学家用他的教科书来学习经济学，这使得他成为凯恩斯最有力的布道者。对于宏观经济学如何被用于避免经济灾难，萨缪尔森的新古典综合依旧提供了最广为接受的指导。在由凯恩斯和哈耶克于1931年开启的有关政府干预经济的争论中，萨缪尔森可以声称他对两种传统的综合是真正的胜利者。

在步入90岁高龄之后，萨缪尔森每天的日程安排依旧满满当当。他说，“除了打网球和在我的另一个书房，也就是康科德大街的汉堡王店喝咖啡以外，我总是在麻省理工斯隆大楼三层的办公室随便写些文章，我喜欢做这些事，会一直做到我去世为止”[55]。但是他也找了些时间来回忆他与弗里德曼持续一生的争论。

尽管他智商很高，但是他不是一位原创性的或多产的作者。他脾气古怪，意识形态的直觉支配了他的逻辑、一致性和经验推论……个人魅力和争论中极为灵敏的反应能够解释为何在1965年以后经济学家向右翼观点转变的过程中，他的影响力超过了哈耶克或米塞斯……如果没有米尔顿吹响号角，这次转变还是会发生，但是速度没有这么快[56]。

萨缪尔森试图对以下事实做出合理的解释，即他和弗里德曼有如此之多的共同之处，但是却选择了极为不同的登顶之路。他认为，这是两人的个性使然。对于他们共同经历的历史中最重大的事件，即大萧条，他们持有不同的观点。萨缪尔森写道，“在经济法则的强大影响之下，所有这些都会烟消云散”[57]。虽然萨缪尔森选择的道路使其明显更轻松地收获了名誉和财富，而弗里德曼则要不断挑战眼前的困难。“如果他顺应潮流，所有一切都会更容易，”萨缪尔森说，“但是，古典自由主义者永不妥协，反对国家权力，怀疑政治家和官僚，不会被良好的意愿打动。”[58]

然而，萨缪尔森最终的评价是，由于弗里德曼拥有超级强大的自信心，他对自己的目标信心十足，这使得他走向了一条死胡同。“米尔顿·弗里德曼一生中从未犯过任何错误。这非同寻常，不是吗？”萨缪尔森在最后一次采访中问道。然后，他继续说：

弗里德曼是你能够遇到的最聪明的家伙。但是，我认为他没有意识到，在其一生中他犯下了大量的错误。我认为除了我以外，世界上没有任何其他人把米尔顿·弗里德曼所做研究的每一行都读遍了……我对米尔顿·弗里德曼所开的玩笑，实际上绝大部分都是深刻的真理。有时候我说他拥有如此之高的智商，以至于他缺少反思。他看着自己的研究，对其非常满意。然而，我认为如果某个人在生命中坐上了错误的列车，这会是一个悲剧[59]。

致　谢

写作这本书让我从美国一边的海岸来到另一边的海岸。我感谢胡佛研究所的档案管理人员，米尔顿·弗里德曼的文稿存放在这里，也要感谢杜克大学大卫·鲁宾斯坦珍稀图书和手稿图书馆的图书管理员，萨缪尔森的档案保存在此。两者均给予我极大的热情与鼓励。我特别感谢杜克的萨拉·塞滕·贝格豪森、伊丽莎白·迪恩和其他档案管理员，以及胡佛研究所的埃里克·托马斯·瓦金、卡洛尔·A. 莱德纳姆、基恩·麦克尔威·坎农、莎拉·巴顿和珍妮·梅菲尔德。

本书源自我讲述的1931年约翰·梅纳德·凯恩斯和弗里德里希·哈耶克之间发生争论的故事，两人划定了经济学中左派和右派之间的战线，也确立了自此之后这一争论的基调。在凯恩斯与哈耶克好不容易休战40年之后，争论仍在继续，但是换了两位新的捍卫者，即来自麻省理工的保罗·萨缪尔森和来自芝加哥大学的米尔顿·弗里德曼。对于这两位领军人物之间长达一生的友谊和争论的故事，我要感谢很多曾经在我写作《凯恩斯大战哈耶克》时给予过帮助的人。其中最重要的包括伦敦大学学院的维姬·奇克，她对凯恩斯和凯恩斯主义的了解和热情很有感染力；杜克大学经济学研究教授布鲁斯·考德威尔，他是哈耶克的官方传记作者，对我写作《凯恩斯大战哈耶克》提供了很多帮助，为我研究存放在杜克大学的萨缪尔森档案解决了很多麻烦。

致　谢

我非常感谢我的朋友和导师埃德蒙·费尔普斯，他于 2006 年获得诺贝尔经济学奖，一直鼓励我认真研究这段漫长而复杂的故事。费尔普斯恰巧与弗里德曼一起发现了假定失业和通货膨胀之间存在直接替代关系的菲利普斯曲线存在着逻辑瑕疵。在促使凯恩斯非凡的思想遗产逐渐被放弃的过程中，内德（埃德蒙的昵称）扮演了重要角色。他邀请我去由其创建的哥伦比亚大学资本主义与社会研究中心做访问学者，并让我参加他有关经济思想热门话题的年度会议，这令我大开眼界，对此我心怀感激。

在最后阶段，三位拥有丰富经济学知识的密友通读了本书，他们以敏锐的目光找到了本书中存在的模棱两可、含混不清之处以及缺失的视角，我无论怎么感谢他们都不为过。他们是詹姆斯·莱德贝特、彼得·拉杰辛格和汤姆·夏普。他们聪明机敏的洞察力，使本书的品质大为提升。但是我应该强调的是，本书中所有的错误都归咎于我一个人。另外，我还要向约翰·阿斯利特所做的研究表达我的感激之情。

我还要特别感谢保罗·萨缪尔森的继女简·萨缪尔森、他的儿子威廉·萨缪尔森以及米尔顿·弗里德曼的女儿珍妮特·马特尔，他们允许我引用他们父亲的通信和著作。我同样感谢弗里德曼的儿子大卫·弗里德曼，他让我更为清楚地了解了他父亲的某些观点。此外，我还要感谢萨缪尔森长期的文字方面的合作者珍妮丝·默里。

我要感谢芝加哥大学出版社允许我引用罗丝和米尔顿·弗里德曼的回忆录《两个幸运的人》，以及麦格劳－希尔出版社允许我引用萨缪尔森的《经济学文选》（第 6 版）。感谢索尼 /ATV 音乐出版公司 / 著名音乐允许我引用哈里·卢比和伯特·卡尔马的歌曲《我反对》。

这是由诺顿出版社的布伦丹·库里编辑的我的第三部著作。我无法想象一位更具同情心的编辑，他轻轻触动舵柄，以免我迷失方向。在整个写作和编辑过程中，布伦丹始终为我分忧解难，他的贡献是无法估量的。我也要感谢他那些能干的同事，特别是贝琪·霍勒坎普、南希·格林、丽贝卡·霍米斯基、安娜·奥勒和贝丝·施泰德尔。

这也是我在我的文学经纪人雷夫·萨加林明智的指引下完成的第三部著作。再一次地，他毫不费力地让我集中精力于故事的主线。将作者与经纪人绑定在一起需要一种魔力，而我和雷夫从一开始就一见如故。当时，在没有事先介绍的情况下，我第一次给他打电话，他立刻就理解了我头脑中想写的著作是什么样子，并在几天之内就找到了一个出版商。这就是《凯恩斯大战哈耶克》一书。他也立刻理解了《两位经济学家的世纪论战》一书的魅力所在。

最后，我必须要感谢我的妻子路易丝·尼科尔森给予我的无穷无尽的帮助与支持。数年来，她耐心地听我讲述我对萨缪尔森、弗里德曼、凯恩斯、哈耶克、沃尔克、格林斯潘、伯南克和其他人的零零碎碎的想法，在进展不顺利时，她抚平我糟糕的情绪。如果没有她的爱，本书以及所有其他著作都是不可能完成的。

尼古拉斯·韦普肖特
纽约市
2020 年 7 月

注 释

第一章 舞台已就

1. William Vincent Astor (November 15, 1891–February 3, 1959).
2. William Waldorf "Bill" Astor II, 3rd Viscount Astor (August 13, 1907– March 7, 1966).
3. 查尔斯·巴里 1851 年建造的意大利风格的府邸，位于白金汉郡接近泰普洛的地方。
4. Waldorf Astor, 2nd Viscount Astor (May 19, 1879–September 30, 1952). Owner of the London *Times*.
5. Nancy Witcher Langhorne Astor, Viscountess Astor (May 19, 1879–May 2, 1964), the first woman member of Parliament to take her seat.
6. 至 1958 年，克莱维顿庄园处于一段短暂的平静时期。然而，在三年之内，这座庄园再次成为头条新闻。在一桩被称为“普罗富莫事件”的丑闻中，保守党内阁大臣们在这里与他们堕落的情妇们嬉戏打闹。哈罗德·麦克米伦政府负责战争的国务秘书约翰·普罗富莫与一位名叫克莉丝汀·基勒的妓女爆出了绯闻。在承认撒谎之前，他一开始在国会否认了这件事，这导致了他的辞职。这桩丑闻以及其他相似的事件引发了麦克米伦政府核心层的动荡，进而导致了保守党在 1964 年的大选中失利。
7. John Jacob "Jack" Astor IV (July 13, 1864–April 15, 1912).
8. 《冰海沉船》是一部罗伊·华德·贝克于 1958 年导演的英国电影，参演的影星包括肯尼斯·莫尔、奥娜尔·布莱克曼、肯尼斯·格里菲斯、亚历克·麦考恩、大卫·麦卡勒姆、迈克尔·布莱恩特。
9. Benjamin Crowninshield "Ben" Bradlee (August 26, 1921–October 21, 2014), *Washington Post* reporter, Washington bureau chief of *Newsweek*, and managing editor of the *Washington Post*.
10. David Halberstam (April 10, 1934–April 23, 2007), *New York Times* journalist whose reporting from Vietnam won him a Pulitzer Prize in 1964.
11. Norton Winfred Simon (February 5, 1907–June 2, 1993), Californian industrialist and philanthropist whose substantial art collection became the Norton Simon Museum in Pasadena, California.
12. Osborn "Oz" Elliott (October 25, 1924–September 28, 2008), editor of *Newsweek*, 1961–1976. Under his leadership, the magazine's weekly circulation doubled to three million.
13. Philip Leslie "Phil" Graham (July 18, 1915–August 3, 1963), publisher (from 1946 until his

death) and co-owner (from 1948) of the *Washington Post*, married to Katharine Graham, daughter of Eugene Meyer.

14. Ben Bradlee, *A Good Life* (Touchstone, New York, 1995), p. 249.
15. Walter Lippmann (September 23, 1889–December 14, 1974), often described as "the most influential American journalist of the 20th century." Author of the influential book *Public Opinion.*
16. Emmet John Hughes (December 26, 1920–September 18, 1982), a foreign-bureau chief and article editor for Time-Life and a speechwriter for Eisenhower.
17. Henry Stuart Hazlitt (November 28, 1894–July 9, 1993), conservative economics writer with a libertarian bent.
18. Henry Christopher Wallich (June 10, 1914–September 15, 1988), professor of economics at Yale and a member of Eisenhower's Council of Economic Advisers before joining the Federal Reserve Board in 1974.
19. John Maynard Keynes, Lord Keynes (June 5, 1883–April 21, 1946), a Cambridge University mathematician turned economist whose book *The General Theory of Employment, Interest and Money* (1936) overhauled macroeconomics and encouraged governments to borrow and spend to avoid recessions.
20. Lyndon Baines Johnson (August 27, 1908–January 22, 1973), a Texan Democrat who served as the thirty-seventh vice-president of the United States under President John F. Kennedy, from 1961 until Kennedy's assassination in November 1963, and then as the thirty-sixth president of the United States, from 1963 to 1969.
21. John Kenneth Galbraith (October 15, 1908–April 29, 2006).
22. 1958 年的《富裕社会》描述了自二战以来，美国私人部门如何变得更加繁荣，但是公共部门缺乏足够的社会的和物质的基础设施，这导致了难以忍受的收入不平等。这部著作预见到了林登·约翰逊总统“向贫困宣战”的运动。
23. John Fitzgerald "Jack" Kennedy (May 29, 1917–November 22, 1963), the thirty-fifth president of the United States, from January 1961 until his assassination in November 1963.
24. 约翰·肯尼迪短暂而辉煌的总统生涯被广泛地比作亚瑟王圣境宫殿这一田园诗般的世界，1960 年勒纳和洛维的同名音乐片描绘了这一场景，然后 1967 年由理查德·哈里斯和范妮莎·雷德格雷夫主演的电影讲述了同样的故事。
25. Paul Anthony Samuelson (May 15, 1915–December 13, 2009), the first American to win the Nobel Memorial Prize in Economic Sciences. The author of the definitive economics textbook, named simply *Economics*. The *New York Times* dubbed him the "foremost academic economist of the 20th century."
26. Interview with Samuelson, *New York Times*, October 31, 1993.
27. Arthur Meier Schlesinger Jr., born Arthur Bancroft Schlesinger (October 15, 1917–February 28, 2007), historian, social critic, and public intellectual.
28. John Kenneth Galbraith, *A Life in Our Times: Memoirs* (Ballantine, New York, 1982), pp. 389–90.
29. Richard Parker, *John Kenneth Galbraith: His Life, His Politics, His Economics* (Farrar, Straus

and Giroux, New York, 2005), p. 416.

30. Letter from Elliott to Samuelson, May 17, 1966. Duke Samuelson archive.
31. Milton Friedman (July 31, 1912–November 16, 2006), conservative economist who advised presidents Nixon and Reagan and British prime minister Thatcher. Described by *The Economist* as "the most influential economist of the second half of the 20th century . . . possibly of all of it."
32. *Oriental Economist,* November 1976, pp. 17–18.
33. Ibid.
34. George Joseph Stigler (January 17, 1911–December 1, 1991), Chicago School economist who won the 1982 Nobel Prize in Economic Sciences.
35. Milton Friedman and Rose D. Friedman, *Two Lucky People: Memoirs* (University of Chicago Press, Chicago, 1998), p. 357.
36. *New York Times*, September 4, 1966.
37. Friedrich Hayek, known as F. A. Hayek (May 8, 1899–March 23, 1992), an Austrian-born and later British economist and philosopher, key figure in the Austrian School, who defended classical liberal economics from the Keynesians. Notable for moving to London from Vienna to better challenge the revolutionary ideas about macroeconomics emanating from Keynes from 1931 onward. The 1974 Nobel laureate in economics.
38. 自美国于 1941 年加入二战以来，在民主党政府和共和党政府的领导下，美国经济受到联邦政府的管制。但是，到了 60 年代末期，随着通货膨胀猛涨和经济增长急剧减速，不断利用纳税人的收入和公共借款来维持经济增长，已经走上了绝路。
39. Friedman and Friedman, *Two Lucky People,* p. 357.
40. Letter from Samuelson to Friedman, December 8, 1995; *Two Lucky People*, p. 357n.

第二章 芝大重生

1. Interview with Samuelson by William A. Barnett, University of Kansas, December 23, 2003.
2. Massachusetts Institute of Technology (MIT) 150 Oral History project, July 19, 2007.
3. 作为嫡表亲，他们不得不搬离芝加哥，因为在这里嫡表亲结婚是非法的，他们先搬到了威斯康星州，接着又去了印第安纳州，在那里嫡表亲可以结婚。
4. MIT 150 Oral History project, July 19, 2007.
5. Ibid.
6. MIT150 Oral History project.
7. Karen Ilse Horn, *Roads to Wisdom, Conversations with Ten Nobel Laureates in Economics* (Edward Elgar, Cheltenham, England, 2009), p. 43.
8. MIT150 Oral History project.
9. Ibid.
10. 他父亲拥有一套哈佛经典，即按照西方的标准编纂的一些最重要的著作，包括经济学的奠基之作亚当·斯密的《国富论》，但是年轻的萨缪尔森没有读过这本书。

11. Thomas Robert Malthus (February 13, 1766–December 29, 1834), English cleric who studied the influence of demographics on economics.
12. MIT 150 Oral History project.
13. Aaron Director (September 21, 1901–September 11, 2004), a professor at the University of Chicago Law School who played a central role in the founding of the Chicago School of economics. Director influenced some prominent jurists, including Robert Bork, Richard Posner, Antonin Scalia, and William Rehnquist. He was an early patron of Friedrich Hayek and was instrumental in having Hayek's *Road to Serfdom* published in the U.S.
14. 芝加哥大学的芝加哥经济学派倡导经济思想中的新古典学派，在凯恩斯主义占统治地位的时期，以传统的基于市场的观点反对新的正统学说。这一学派的成员包括加里·贝克、罗纳德·科斯、尤金·法玛、罗伯特·福格尔、米尔顿·弗里德曼、拉斯·彼得·汉森、弗里德里希·哈耶克、弗兰克·奈特、罗伯特·卢卡斯、理查德·波斯纳、西奥多·舒尔茨、盖尔·约翰逊和乔治·斯蒂格勒。
15. Frank Hyneman Knight (November 7, 1885–April 15, 1972), one of the founders of the Chicago School of economics, who taught Nobel economics laureates Friedman, George Stigler, and James M. Buchanan.
16. Jacob Viner (May 3, 1892–September 12, 1970), Canadian economist who cofounded the Chicago School of economics. Viner was more skeptical of the virtue of the free market and is therefore often not considered a member of the Chicago School.
17. Henry Calvert Simons (October 9, 1899–June 19, 1946), University of Chicago economist and early exponent of monetarist theory.
18. Paul Howard Douglas (March 26, 1892–September 24, 1976), professor of economics at the University of Chicago and other schools, who served as a Democratic senator from Illinois from 1949 to 1967.
19. Roger E. Backhouse, *Founder of Modern Economics: Paul A. Samuelson*, vol. 1: *Becoming Samuelson, 1915–1948* (Oxford University Press, Oxford, 2017), p. 103.
20. Samuelson credited the inspiration for his model to Alvin Harvey Hansen (August 23, 1887–June 6, 1975), known as "the American Keynes," a Harvard professor of economics who advised the Roosevelt administration on the application of Keynesian ideas to government and who helped create the Council of Economic Advisers and the Social Security system.
21. 芝加哥大学经济学系主任西奥多·舒尔茨试图说服萨缪尔森留下来，他说，"我们将拥有两种不同思想倾向的杰出人才，即你和米尔顿·弗里德曼，这将会产生丰硕的成果"。但是萨缪尔森决定离开。他说，作为一名中间派，如果留下来，他将被迫接受自己原本不赞同的左翼观点，这只是为了"卓有成效地"反对弗里德曼的右翼观点。
22. MIT Oral History project.
23. Obituary of Samuelson, *New York Times*, December 14, 2009.
24. Horn, *Roads to Wisdom*, p. 47.

25. David C. Colander and Harry Landreth, *The Coming of Keynesianism to America: Conversation with the Founders of Keynesian Economics* (Edward Elgar, Cheltenham, U.K., and Northampton, Mass., 1996).
26. 弗里德曼更进一步，认为“美国在过去两个世纪取得的进步，都是源于失业。这源自搞清楚了如何以更少的工人生产出更多的商品，因而释放出劳动力，并使其更具生产性地用于其他领域。实现这一点，从不是通过永久性失业，而是通过从某一领域转向其他领域的过程中产生的暂时性失业”。参见《华尔街日报》2003年12月23日对弗里德曼的采访。
27. Interview with Samuelson by William A. Barnett, University of Kansas, December 23, 2003, p. 156.
28. Wassily Wassilyevich Leontief (August 5, 1906–February 5, 1999), American economist, born in Austro-Hungary, winner of the 1973 Nobel Prize for Economics.
29. Joseph Alois Schumpeter (February 8, 1883–January 8, 1950), Austrian-born American economist and political scientist who served as finance minister of Austria in 1919. Associated with the term “creative destruction” in which markets gradually restore themselves after a crash.
30. Gottfried von Haberler (July 20, 1900–May 6, 1995), an American economist born in Austria.
31. Alvin Harvey Hansen, professor of economics at Harvard, helped create the Council of Economic Advisers and the Social Security system. Best known for introducing Keynesian economics in the United States in the 1930s and popularizing the ideas in Keynes's *The General Theory.*
32. MIT Oral History project, July 19, 2007.
33. Paul A. Samuelson and William A. Barnett (eds.), *Inside the Economist's Mind: The History of Modern Economic Thought, as Explained by Those Who Produced It* (Wiley-Blackwell, Hoboken, N.J., 2005), p. 11.
34. 萨缪尔森曾经告诉凯伦·伊尔莎·霍恩，如果他留在芝加哥，“我将会错过垄断竞争革命，他们并不相信这一理论。我也会错过凯恩斯主义革命，对此他们也不相信。我还会错过经济学的数理化，尽管这一趋势的某些部分在芝加哥大学也确实发生了”。参见霍恩，《通往智慧之路：与十位诺贝尔经济学奖得主的对话》，第49页。
35. Harold Hitchings Burbank (July 3, 1887–February 6, 1951), Harvard professor of economics from 1927, David A. Wells professor of political economy from 1931, department chairman, economics, 1927–1938.
36. Samuelson conversation with William A. Barnett, *Inside the Economist's Mind: Conversations with Eminent Economists,* ed. Paul A. Samuelson and William A. Barnett (John Wiley & Sons, Hoboken, NJ, 2009), p. 156.
37. Edwin Bidwell Wilson (April 25, 1879–December 28, 1964), Yale and Harvard mathematician and polymath.

38. MIT Oral History project.
39. Ibid.
40. Ibid.
41. Lorie Tarshis (March 22, 1911–October 4, 1993).
42. William Frank Buckley Jr. (christened William Francis Buckley but known as William Frank) (November 24, 1925–February 27, 2008). American conservative journalist, editor, and commentator, founder in 1955 of *National Review* magazine, and host of the combative television interview show *Firing Line.*
43. Karl Taylor Compton (September 14, 1887–June 22, 1954), physicist and president of the Massachusetts Institute of Technology, 1930–1948.
44. Quoted in Samuelson, "On the Prowl in an Enchanted Forest," *New York Times*, October 12, 1986.
45. Samuelson, Nobel Economists Lecture Series, Trinity University, San Antonio, February 1985.
46. David Warsh, "The Rivals: Paul Samuelson and Milton Friedman arrive at the University of Chicago in 1932," *Economic Principals* blog, July 12, 2015.
47. Ibid.
48. Adlai Ewing Stevenson II (February 5, 1900–July 14, 1965), governor of Illinois, 1949–1953; Democratic candidate for president in 1952 and 1956; U.S. ambassador to the United Nations, 1961–1965.
49. William Averell Harriman (November 15, 1891–July 26, 1986), secretary of commerce under President Harry S. Truman, governor of New York, 1955–1958; candidate for the Democratic presidential nomination in 1952 and 1956; U.S. ambassador to the Soviet Union; and U.S. ambassador to Britain.
50. MIT 150 Oral History project.
51. Interview with Samuelson by William A. Barnett, University of Kansas, December 23, 2003, in *Macroeconomic Dynamics*, 8, 2004, p. 533.
52. Joseph Pechman, interview with Samuelson, Council of Economic Advisers Oral History August 1, 1964.
53. Ibid.
54. Quoted in *New York Times* obituary of Samuelson, December 14, 2009.
55. MIT 150 Oral History project.
56. 1991 年 1 月，在加州克莱蒙特研究生大学的一次谈话中，萨缪尔森说剑桥经济学家尼古拉斯・卡尔多曾经建议他美元应当浮动。尼古拉斯・卡尔多（1908 年 5 月 12 日 – 1986 年 9 月 30 日），即卡尔多男爵，卡尔多・米克洛斯之子，剑桥经济学家，凯恩斯的助手，是 1964 年至 1970 年担任英国首相的哈罗德・威尔逊的特别顾问。1931 年卡尔多还在伦敦经济学院时，曾经在莱昂内尔・罗宾斯的指导下，在英文写作方面为哈耶克提供帮助，以便在知名杂志上与凯恩斯展开论战。
57. MIT Oral History project.

58. Lawrence Henry "Larry" Summers (November 30, 1954–), whose father, Robert Summers, (who changed his name from Samuelson to Summers) is Paul Samuelson's brother. President Emeritus and Charles W. Eliot University Professor of Harvard University. Former chief economist of the World Bank (1991–1993); Undersecretary of the Treasury for International Affairs (1993–1995); Deputy Secretary of the Treasury (1995–1999); Secretary of the Treasury (1999–2001); President of Harvard University (2001–2006) Director of the National Economic Council (2009–2010).
59. MIT memorial service for Samuelson, April 10, 2010.
60. Samuelson personal correspondence, 2004. Quoted in Michael Szenberg, Michael Ramratttan, and Aron A. Gottesman, eds., *Samuelsonian Economics and the Twenty-First Century* (New York, Oxford University Press, 2006), p. xxv.
61. The post was eventually taken by the Keynesian economist Walter Heller (August 27, 1915–June 15, 1987), who is credited with suggesting to Lyndon Johnson that he wage a "war on poverty."

第三章　天堂坠落

1. Friedman's biographical note for the Nobel Prize committee.
2. John B. Taylor interview with Friedman.
3. Interview with Friedman for the WGBH economics series *Commanding Heights*, 2002.
4. 亚伦·戴雷科特激励了一代保守主义法官，包括罗伯特·博克、理查德·波斯纳、安东宁·斯卡利亚和首席大法官威廉·伦奎斯特。
5. Friedman's biographical note for the Nobel Prize committee.
6. 大卫·弗里德曼出生于 1945 年 2 月 12 日，美国经济学家、物理学家、法律学者和无政府资本主义理论家。他追随父母的脚步进入经济学领域，与他们拥有共同的自由市场和古典自由主义信念。他于 1973 年写作了《自由的机器》一书，倡导一个无政府的资本主义社会。
7. 弗里德曼在收到了一份每天工作 12 个小时但是只有 75 美分的任务后，立刻辞去了鞋店的工作。
8. Warsh, "The Rivals," *Economic Principals* blog, July 12, 2015.
9. Harold Hotelling (September 29, 1895–December 26, 1973) was a mathematical statistician and an economic theorist He was Associate Professor of Mathematics at Stanford University 1927–1931, a member of the faculty of Columbia University 1931–1946, and Professor of Mathematical Statistics at the University of North Carolina at Chapel Hill from 1946 until his death. Known for Hotelling's Law, Hotelling's Dilemma, Hotelling's Rule in economics, and Hotelling's T-squared distribution in statistics.
10. Wesley Clair Mitchell (August 5, 1874–October 29, 1948), American economist known for his empirical work on business cycles who led the National Bureau of Economic Research in its first decades.

11. John Maurice Clark (November 30, 1884– June 27, 1963), American economist who was a pioneer in developing the notion of "workable competition" and the theoretical basis of Keynesian economic notions, including the concept of the multiplier.
12. Lloyd W. Mints (February 20, 1888–January 3, 1989), American economist and early monetarist whose quantity theory of money ideas were central to the Chicago School.
13. Wilson Allen Wallis (November 5, 1912–October 12, 1998), American economist and statistician, chancellor of the University of Rochester and undersecretary of State for Economic Affairs, who advised presidents Eisenhower, Richard Nixon, Gerald Ford, and Ronald Reagan on economic policy.
14. Henry Schultz (September 4, 1893–November 26, 1938), American economist, statistician, and one of the founders of econometrics.
15. Arthur Cecil Pigou (November 18, 1877–March 7, 1959), English economist, Professor of Political Economy at the University of Cambridge 1908–1943.
16. Frank William Taussig (December 28, 1859–November 11, 1940), American economist credited with creating the foundations of modern trade theory.
17. Simon Smith Kuznets (April 30, 1901–July 8, 1985), American economist and the 1971 Nobel laureate in economics.
18. 弗里德曼从来不是一个会浪费出版机会的人。就像他将自己在国家资源委员会的研究整理成一部著作一样，他有关职业收入的研究也整理成了《来自独立职业经营的收入》一书，并在纽约的国家经济研究局于 1945 年与库兹涅茨合作出版。弗里德曼在为诺贝尔委员会撰写的自传中写道，"这本书完成于 1940 年，但是出版拖延至战争结束以后，因为研究局的一些指导人员对于我们的结论存在争论，即医疗专业的垄断能力显著增加了医生相对于牙医的收入"。
19. Warsh, "The Rivals," *Economic Principals* blog, July 12, 2015.
20. Friedman and Friedman, *Two Lucky People,* p. 59.
21. Ibid., pp. 58–59.
22. Ibid., p. 58.
23. Walter A. Morton (1899–1982), economics professor at the University of Wisconsin-Madison 1926–1969, an expert on tariffs, taxes, unemployment insurance, and British finance in the 1930s.
24. Carl Sumner Shoup (October 26, 1902–March 23, 2000), American economist who contributed to formulating the tax codes of Canada, the United States, Japan, Europe, and South and Central America in the 1930s, '40s, and '50s. McVicknar Professor Emeritus of Columbia University.
25. Ruth Prince Mack (November 6, 1903–December 30, 2002). A member of the National Bureau of Economic Research staff in New York City from the 1940s through the 1960s. On the faculty of Columbia University, the New School for Social Research, New York, and the Baruch School of Business and Public Administration, City University of New York.

26. 同时，罗丝·弗里德曼在家庭经济学部从事兼职工作。
27. 凯恩斯的解决方法既不是价格控制，也不是增税，而是“强迫储蓄”，即先征税，然后在战争之后再返回。哈耶克赞同凯恩斯的方法，但是建议储蓄应被投资于股票市场。
28. Friedman and Friedman, *Two Lucky People,* pp. 112–13.
29. Ibid., p. 123.
30. John B. Taylor interview with Samuelson.
31. Jacob Marschak (July 23, 1898–July 27, 1977), Kiev-born economist.
32. Robert Maynard Hutchins (January 17, 1899–May 14, 1977), dean of Yale Law School (1927–1929) and president (1929–1945), then chancellor (1945–1951), of the University of Chicago.
33. Letter from Marschak to Robert M. Hutchins, February 28, 1946, University of Chicago, Office of the President, Hutchins Administrative Records, 1892–1951, Box 73, pp. 3–4.
34. Letter from Friedman to Stigler, November 27, 1946, quoted in J. D. Hammond and C. H. Hammond, *Making Chicago Price Theory: Friedman-Stigler Correspondence 1945–1957* (Routledge, London, 2006).
35. Anna Jacobson Schwartz (November 11, 1915–June 21, 2012). Economist at the National Bureau of Economic Research and a writer for the *New York Times* who, with Friedman, wrote *A Monetary History of the United States, 1867–1960.*
36. 这本书最早于 1944 年 4 月在英国出版，当时哈耶克在那里生活。
37. Friedman and Friedman, *Two Lucky People,* p. 158.
38. 在会议上他们找到了第 4 个桥牌好手，即挪威歌手和作曲家特吕格夫·霍夫（1938 年 7 月 7 日—1987 年 12 月 2 日）。
39. Friedman and Friedman, *Two Lucky People.*
40. Ibid.
41. Ludwig Heinrich Edler von Mises (September 29, 1881–October 10, 1973), Austrian School economist, historian, and sociologist. His *Socialism: An Economic and Sociological Analysis,* provided the logic that challenged the efficacy of government intervention in an economy.
42. 这是一个由与沃尔克同名的侄子运营的慈善基金，目的在于鼓励自由市场的思想及其思想家。它为保守主义和古典自由主义思想运动的蓬勃发展提供了初始的资金来源。这家基金为哈耶克转到芝加哥大学以及戴雷科特的法律和社会项目提供了资助。
43. Interview with Friedman for the WGBH economics series *Commanding Heights,* 2002.
44. Quoted in Friedman and Friedman, *Two Lucky People,* p. 159.
45. 1957 年以后，他的孩子们足够大了，能够把他们单独留在美国，这时弗里德曼经常在罗丝的陪伴之下在其暑假期间参加每年一度的朝圣山会议。1971 年他成为这一协会的主席。
46. Interview with Hayek, quoted in Alan Ebenstein, *Friedrich Hayek: A Biography* (Palgrave, New York, 2001.)

47. Pigou, Arthur (A. C.), *Economics in Practice* (Macmillan, London, 1935), p. 24.
48. Sidney Blumenthal, *The Rise of the Counter-Establishment: The Conservative Ascent to Political Power* (Union Square Press, New York, 1986), p. 91.
49. Joan Violet Robinson, born Joan Violet Maurice (October 31, 1903–August 5, 1983), British economist and leading member of Keynes's Cambridge Circus.
50. 原文为 “ short”，还有 “个子矮的” 的意思。弗里德曼不穿鞋的身高是 5 英尺 2 英寸（1 英尺等于 0.3048 米，1 英寸等于 0.0254 米）。
51. Richard Ferdinand Kahn, Baron Kahn (August 10, 1905–June 6, 1989), British economist. Befriended by Keynes when a student at King's College, as a member of Keynes's Cambridge Circus he became Keynes's closest collaborator on *The General Theory.* Guided by Keynes, he proved that the addition of public money into an economic system, through public works or other means, increased aggregate demand and resulted in predictable, measurable increases in economic activity. See *The Making of Keynes' General Theory* (Cambridge University Press, Cambridge, 1948).
52. (Edward) Austin (Gossage) Robinson (November 20, 1897–June 1, 1993), British economist and prominent member of Keynes's Cambridge Circus.
53. 哈耶克 1931 年在写作攻击凯恩斯思想的论文并发表于《经济学》杂志时，卡尔多提供了帮助。卡尔多后来成为一名重要的凯恩斯主义者，并在 1964 ～ 1970 年为哈罗德 · 威尔逊的工党政府提供建议。
54. Harry Gordon Johnson (May 26, 1923–May 8, 1977), Canadian economist.
55. Sir Dennis Holme Robertson (May 23, 1890–April 21, 1963), British economist. Like members of Keynes's Cambridge Circus, Robertson was intimately involved in critiquing Keynes's early drafts of *The General Theory.* He invented the term “liquidity trap.”
56. Friedman and Friedman, *Two Lucky People,* p. 242.
57. 布雷顿森林会议的正式名称是联合国货币和金融会议，盟国所有 44 个国家的 730 名代表聚集在新罕布什尔州布雷顿森林华盛顿山宾馆，讨论二战结束以后的国际货币与金融秩序。在这次会议上，凯恩斯负责主持和裁定。
58. Friedman and Friedman, *Two Lucky People,* p. 248.
59. Ibid., p. 249.
60. Rupert Cornwell, “Paul Samuelson: Nobel Prize-winner widely regarded as the most important economist of the 20th century,” *The Independent,* December 16, 2009.
61. Conor Clarke, “An Interview with Paul Samuelson,” *The Atlantic,* June 17, 2009.
62. Michael M. Weinstein, “Paul A. Samuelson, Economist, Dies at 94,” *New York Times,* December 13, 2009.
63. John Cassidy interview with Samuelson, *The New Yorker,* December 14, 2009.
64. Ibid.
65. Ibid.
66. Marie-Esprit-Léon Walras (December 16, 1834–January 5, 1910), French mathematical economist who formulated the marginal theory of value and pioneered the development of general equilibrium theory.

67. Letter from Samuelson to Friedman, August 25, 1950. Duke Samuelson archive.
68. Letter from Samuelson to Friedman, May 15, 1973. Duke Samuelson archive.
69. John Cassidy interview with Samuelson, *The New Yorker*, December 14, 2009.

第四章 反凯恩斯

1. Friedman and Friedman, *Two Lucky People*, p. 255.
2. 在 1931 年与凯恩斯发生冲突之后，哈耶克花费了数年时间来反对凯恩斯的《通论》。最终的结果就是 1941 年的《资本纯理论》，但是这部著作基本上无人理睬，包括那些反对凯恩斯思想的人。
3. Friedrich Hayek, *Hayek on Hayek: An Autobiographical Dialogue*, ed. Stephen Kresge and Leif Wenar (University of Chicago Press, Chicago, 2010), p. 145.
4. Friedman and Friedman, *Two Lucky People*, p. 222.
5. Ibid., pp. 229–30.
6. Ibid., p. 230.
7. Milton Friedman, *Capitalism and Freedom*, 40th anniversary edition (University of Chicago Press, Chicago, 2002).
8. Warsh, "The Rivals," *Economic Principals* blog, July 12, 2015.
9. Friedman, *Capitalism and Freedom*, p 1.
10. Ibid.
11. Ibid., p. 2.
12. Ibid.
13. Ibid., p. 198.
14. Ibid.
15. Ibid., p. 199.
16. Ibid.
17. Blumenthal, *The Rise of the Counter-Establishment*, pp. 106–7.
18. Julius Henry "Groucho" Marx (October 2, 1890–August 19, 1977), American comedian, who made thirteen feature movies as part of the Marx Brothers.
19. Marx Brothers movie (1932) with screenplay by Bert Kalmar, Harry Ruby, S. J. Perelman, and Will B. Johnstone.
20. 弗里德曼的古典自由主义似乎与其他古典自由主义思想家的关系不大，比如冯·米塞斯、安·兰德、默里·罗斯巴德，在他的文章中很少提及甚至完全没有提到过这些人。他倾向于将自己的古典自由主义称之为“自由主义”，这一思想似乎源自他自己的亲身经历，特别是在为罗斯福新政工作时自己的观察。
21. "Liberty Is Winning the Battle of Ideas," *Register* (Santa Ana, Calif.), November 23, 1986. Reprinted in the Mont Pèlerin Society Newsletter, May 1987, pp. 8–9. Excerpted from a speech at a banquet celebrating the move of the Reason Foundation from Santa Barbara to Los Angeles, October 18, 1986.
22. Samuelson, *Economics: An Introductory Analysis*, 9th ed. (McGraw-Hill, New York, 1973), p. 848.

23. George Walker Bush (July 6, 1946–), forty-third president of the United States, 2001–2009. governor of Texas, 1995–2000.
24. Willard Mitt Romney (March 12, 1947–), United States senator from Utah since January 2019. Governor of Massachusetts from 2003 to 2007 and Republican nominee for president in the 2012 election.
25. Newton Leroy Gingrich, born McPherson (June 17, 1943–), Speaker of the U.S. House of Representatives, 1995–1999.
26. Rudolph William Louis Giuliani (May 28, 1944–), mayor of New York City, 1994–2001, personal attorney to President Donald Trump, 2018–2021.
27. Richard Bruce Cheney (January 30, 1941–), vice-president of the United States, 2001–2009. White House chief of staff from 1975 to 1977; U.S. House of Representatives member for Wyoming's at-large district, 1979–1989; secretary of defense, 1989–1993.
28. 有一次他发现自己与加尔布雷斯意见相同。
29. Friedman, "Why Not a Volunteer Army?" *New Individualist Review* (Liberty Fund, Indianapolis, Ind., 1981).
30. Friedman, "Prohibition and Drugs," *Newsweek*, May 1, 1972, p. 104.
31. Friedman first advocated this idea in "The Role of Government in Education," *Economics and the Public Interest*, ed. Robert A. Solo (Rutgers University Press, New Brunswick, N.J., 1955).
32. Friedman, "Decentralizing Schools," *Newsweek*, November 18, 1968, p. 100.
33. Ibid.
34. Barry Morris Goldwater (January 2, 1909–May 29, 1998). Five-term U.S. senator from Arizona (1953–1965, 1969–1987) and the Republican Party's nominee for president against President Lyndon Johnson in 1964.
35. Nelson Aldrich Rockefeller (July 8, 1908–January 26, 1979), American businessman and property developer, served as the forty-first vice-president of the United States from 1974 to 1977, and as the forty-ninth governor of New York (1959–1973).
36. William J. Baroody Jr. (November 5, 1937–June 8, 1996). White House Office of Public Liaison under President Gerald Ford and, later, president of the American Enterprise Institute (AEI).
37. Friedman and Friedman, *Two Lucky People*, p. 368.
38. *Saturday Evening Post*, August 31, 1963.
39. Goldwater's speech at the Republican National Convention, the Cow Palace, San Francisco, July 16, 1964.
40. Friedman talk to University of Chicago faculty, "Schools of Chicago," reproduced in *The University of Chicago Record*, 1974, p. 6.

第五章 专栏决斗

1. Paul A. Samuelson, *The Samuelson Sampler* (Thomas Horton and Company, Glen Ridge, N.J., 1973), April 1968, p. 65.

2. Ibid., January 1969, p. 168.
3. Interview with Samuelson by William A. Barnett, University of Kansas, December 23, 2003.
4. Friedman, *Newsweek,* November 9, 1970, p. 80.
5. Samuelson, *The Samuelson Sampler,* p. vii.
6. Ibid., November 1967, p. 39.
7. Ibid., January 1967, p. 34.
8. *Newsweek*, April 9, 1979.
9. Samuelson, *The Samuelson Sampler*, p. vii.
10. Samuelson, "Raising 1967 Tax Rates," *Newsweek*, December 1966.
11. Jean-Jacques Rousseau (June 28, 1712–July 2, 1778), eighteenth-century philosopher, writer, and composer from Geneva. His political philosophy influenced the Enlightenment, particularly in France, and the French Revolution. His *Discourse on Inequality* and *The Social Contract* are pillars of modern political and social thought.
12. Sigmund Freud, born Sigismund Schlomo Freud (May 6, 1856–September 23, 1939), Austrian neurologist and the founder of psychoanalysis.
13. Elwyn Brooks "E. B." White (July 11, 1899–October 1, 1985), American author of *Stuart Little* and *Charlotte's Web*, who wrote regularly for *The New Yorker*.
14. Joseph Rudyard Kipling (December 30, 1865–January 18, 1936), English journalist, novelist, and poet whose work includes *The Jungle Book*, *The Man Who Would Be King*, the poems *The Road to Mandalay*, *Gunga Din*, and *The White Man's Burden*.
15. Niccolò Machiavelli (May 3, 1469–June 21, 1527), Italian Renaissance historian, politician, diplomat, philosopher, humanist, and writer often credited with founding the study of political science.
16. Samuel Butler (December 4, 1835–June 18, 1902). British translator of classical Latin texts and author of the utopian satire *Erewhon*.
17. Charles John Huffam Dickens (February 7, 1812–June 9, 1870), English author and social critic whose works include *Oliver Twist, Nicholas Nickleby, A Christmas Carol, David Copperfield, Bleak House, Hard Times, Little Dorrit, A Tale of Two Cities*, and *Great Expectations*. His novels, such as *Great Expectations, Bleak House, A Christmas Carol*, and *David Copperfield*, brought to the public attention the profound inequalities of life in London in the mid nineteenth century.
18. Blumenthal, *The Rise of the Counter-Establishment,* p. 89.
19. John Davenport, "The Radical Economics of Milton Friedman," *Fortune*, June 1, 1967.
20. Conor Clarke, "An Interview with Paul Samuelson," *The Atlantic*, June 17, 2009.
21. Robert Merton Solow (August 23, 1924–), 1987 Nobel Prize–winning economist and MIT professor since 1949.
22. Solow quoted by Paul Krugman in "Who Was Milton Friedman?" *New York Review of Books*, February 15, 2007.
23. Quoted by Robert Sobel from a Samuelson interview in *Time* magazine, in Sobel's *The Worldly Economists* (Free Press, N.Y., 1980), p. 144.

24. Paul A. Samuelson, "My Life Philosophy," *The American Economist*, vol. 27, no. 2, Fall 1983, October 1, 1983.
25. Michael M. Weinstein, "Paul A. Samuelson, Economist, Dies at 94," *New York Times*, December 13, 2009.
26. Ibid.
27. George Pratt Shultz (December 13, 1920–February 6, 2021), economist and businessman. Nixon's secretary of labor, 1969–1970; director of the Office of Management and Budget, 1970–1972; and secretary of the treasury, 1972–1974. Reagan's secretary of state, 1982–1989.
28. Brad DeLong, obituary of Friedman.
29. Sir Samuel Brittan (December 29, 1933–), English journalist. The *Financial Times's* first economics correspondent.
30. Samuel Brittan, obituary of Friedman, *Financial Times*, November 17, 2006.
31. Martin Anderson (August 5, 1936–January 3, 2015), economist, policy analyst, and author.
32. Martin Anderson, *Revolution: The Reagan Legacy* (Hoover Institution Press, Stanford, Calif., 1990), p. 172.
33. Robert Solow, "Why Is There No Milton Friedman Today?" *Econ Journal Watch*, vol. 10, no. 2, May 2013, pp. 214–16.
34. Brian Snowdon and Howard Vane interview with Friedman, in Snowdon and Vane, *Modern Macroeconomics: Its Origin, Development, and Current State* (Cheltenham, U.K, Edward Elgar, 2005.
35. Samuelson, *Economics*, 1st ed. (1948), p. 8.
36. John Maynard Keynes, *The Economic Consequences of the Peace* (Harcourt, Brace and Howe, New York, 1920), p. 235.
37. Keynes, *The Collected Writings of John Maynard Keynes*, vol. 4: *A Tract on Monetary Reform* (Macmillan for the Royal Economic Society, London, 1971), p. 16.
38. Ibid., p. 136.
39. Ibid., p. 65.
40. Arthur Neville Chamberlain (March 18, 1869–November 9, 1940), Conservative prime minister from May 1937 to May 1940. He is best known for his policy of appeasement and signing the Munich Agreement of 1938, conceding the German-speaking Sudetenland region of Czechoslovakia to Adolf Hitler's Nazi Germany, without recourse to the Czechs. When in 1939 Hitler invaded Poland, Chamberlain declared war on Germany and remained prime minister for eight months, being supplanted by Winston Churchill.
41. Keynes, *Collected Writings,* vol 19: *Activities 1922–9: The Return to Gold and Industrial Policy* (Macmillan for the Royal Economic Society, London, 1981), pp. 158–62.
42. Ibid., p. 229.
43. Ibid,. pp. 158–62.
44. Ibid., p. 220.
45. John Maynard Keynes, *The End of Laissez-Faire* (Hogarth Press, London, 1926), p. 47.

46. Paul A. Samuelson, *Readings in Economics,* 6th ed. (McGraw-Hill, New York, 1970), p. 85.
47. Friedrich Hayek, *Prices and Production and Other Works: F. A. Hayek on Money, the Business Cycle, and the Gold Standard,* ed. Joseph T. Salerno (Ludwig von Mises Institute, Auburn, Ala., 2008), p. 275.
48. Hayek, *The Road to Serfdom*, p. 125.
49. Letter from John Maynard Keynes to Friedrich Hayek, June 28, 1944. Reprinted in Keynes, *Collected Writings,* vol. 27: *Activities 1940–1946: Shaping the Post-War World: Employment and Commodities,* ed. Elizabeth Johnson, Donald Moggridge (1980), pp. 385–87 (Macmillan for the Royal Economic Society, London, 1973).
50. Ibid.
51. Samuelson, *Economics,* 8th ed. (1970), p. 140.
52. Interview with Milton Friedman, *Playboy*, February 21, 1970.
53. Paul Krugman, "Who Was Milton Friedman?" *New York Review of Books*, February 15, 2007.
54. John B. Taylor interview with Milton Friedman, *Macroeconomic Dynamics*, February 2001, pp. 101–31.

第六章　是否干预

1. Samuelson, *Readings in Economics*, p. 86.
2. Samuelson, *Economics,* 1st ed. (1948), p. 284.
3. *Newsweek*, November 4, 1968.
4. Interview with Friedman, "Outspoken Economists Milton and Rose Friedman," *San Francisco Focus*, October 1984, pp. 70–78, 162–64.
5. Samuelson, *Economics,* 1st ed. (1948), p. vii.
6. Ibid., p 257.
7. Ibid., p. 617n.
8. 同上。萨缪尔森注意到，有一种观点认为社会主义能够通过“模仿经济的游戏”来管理经济，这种观点遭到了“ F. A. 哈耶克”的反驳，哈耶克“认为这一答案忽略了每个人改进现有秩序的主动性问题，只有在真正的自由企业制度下，你才能有效地利用我们每个人拥有的分散化的信息”。萨缪尔森对于苏联政府如何解决经济问题极感兴趣，他补充说，尽管哈耶克的观点可能是正确的，社会主义也有可能接受某种市场力量。
9. 同上。这个注释关注了弗里德曼、詹姆斯·杜森贝里和弗兰克·莫迪利亚尼的研究，即与已经享有财富很长时间的“富裕人家”更多的储蓄相比，新近发迹的富人储蓄得较少。
10. Ibid., p. 272.
11. Paul Samuelson, contribution to a 1958 symposium sponsored by the Committee for Economic Development.
12. Friedman and Friedman, *Two Lucky People,* p. 341.

13. *Time*, December 31, 1966.
14. *Time*, February 4, 1966.
15. Sir William George Granville Venables Vernon Harcourt, KC (October 14, 1827–October 1, 1904). British lawyer, journalist, and Liberal Home Secretary, chancellor of the exchequer, and Leader of the Opposition.
16. Private letter from Samuelson to Friedman, May 17, 1966. Hoover Institution Friedman archive.
17. Letter from Friedman to Samuelson, May 11, 1987. Duke Samuelson archive.
18. Mark Skousen, "The Perseverance of Paul Samuelson's *Economics*," *Journal of Economic Perspectives*, vol. 11, no. 2, Spring 1997, pp. 137–52.
19. Interview with Friedman, quoted in Mark Skousen, "My Friendly Fights with Dr. Friedman," posted September 25, 2007.
20. Robert L. Hetzel, "The Contributions of Milton Friedman to Economics," *Economic Quarterly*, vol. 93, no. 1, Winter 2007, p. 2.
21. Milton Friedman, with the assistance of Rose Friedman, *Capitalism and Freedom* (University of Chicago Press, Chicago, 1962), preface to the 1982 edition.
22. Friedman and Friedman, *Two Lucky People*, p. 341.
23. Samuelson, *The Samuelson Sampler*, April 1973, p. 181.
24. Ibid., October 1966, p. 5.
25. Ibid., September 1968, p. 7.
26. Ibid., p. vii.
27. *Newsweek*, May 29, 1978. Quoted by Mark Skousen, "My Friendly Fights with Dr. Friedman," posted September 25, 2007.
28. The quote is a lift from a chapter heading, "Inflation as a Method of Taxation," in Keynes's *Tract on Monetary Reform*.
29. *Newsweek*, April 9, 1979.
30. Friedman *Newsweek* column, "Because or Despite?" 28 October 1968, p. 104.
31. Ibid.
32. These include: 1819, the first U.S. financial crisis; 1836, U.S. real estate speculation causes stock markets to crash in the U.K., Europe, then the U.S. The Panic of 1857, when the increase in money supply caused by the California Gold Rush dried up, a U.S. credit crisis crashed equity prices. 1866, "Black Friday" caused by railroad speculation. A bank panic led to a shortage of credit. 1907, U.S. bank panic spreads to France and Italy after stock market collapse. 1921, Commodity prices crash. 1929, the "Great Depression" starts after U.S. equities crash.
33. Friedman, "Whose Money Is It Anyway?" *Newsweek*, May 4, 1981, p. 64.
34. 寡妇的坛子这一圣经故事（王上 17：8-16）是凯恩斯最喜欢的比喻之一，讲的是在一次饥荒期间，一位寡妇的坛子奇迹般地为以利亚提供生活必需品。See Keynes, *A Treatise on Money* (Macmillan, London, 1930), p. 139.
35. Friedman, "Whose Money Is It Anyway?" p. 64.

36. Ibid.
37. Friedman, "What Belongs to Whom?" *Newsweek*, March 13, 1978, p. 71.
38. Samuelson, *The Samuelson Sampler*, February 1971, p.191.
39. Samuelson, *Readings in Economics,* p. 90.
40. *Newsweek*, April 9, 1979.
41. Samuelson, *Readings in Economics,* p. 89.
42. *Newsweek*, August 29, 1977.
43. Samuelson, *Readings in Economics*, p. 86.
44. Ayn Rand, born Alisa Zinov'yevna Rosenbaum, (February 2, 1905–March 6, 1982), Russian-American novelist and screenwriter known for her best-selling novels *The Fountainhead* and *Atlas Shrugged*. Born and brought up in Russia, she moved to the United States in 1926.
45. Robert Emerson Lucas Jr. (September 15, 1937–). American University of Chicago economist and the central figure in the development of the new classical approach to macroeconomics. He received the Nobel Prize in Economics in 1995.
46. Gary Stanley Becker (December 2, 1930–May 3, 2014) American economist at the University of Chicago and the 1992 Nobel laureate in Economics.
47. Robert William Fogel (July 1, 1926–June 11, 2013), American economic historian and winner (with Douglass North) of the 1993 Nobel in economics.
48. Samuelson, *The Samuelson Sampler*, November 1968, p. 10.
49. Ibid. July 1972, p. 269.
50. Ibid., January 1970, p. 265.
51. Ibid., July 1972, p. 268.
52. Ibid.
53. Samuel Langhorne Clemens (November 30, 1835–April 21, 1910), American writer who wrote under the pen name Mark Twain. His best-known novels are *The Adventures of Tom Sawyer* (1876) and *The Adventures of Huckleberry Finn* (1885).
54. The Samuelson talk was collected in "Issues in Fiscal and Monetary Policy: The Eclectic Economist Views the Controversy; Original and Unpublished Papers," edited by James J. Diamond, DePaul University Department of Economics, November 1971, pp. 20–21.
55. Friedman, "Interest Rates and the Demand for Money," *Journal of Law and Economics*, vol. 9, 1966.
56. Letter from Friedman to Samuelson, November 15, 1971. Hoover Institution Friedman archive.
57. Letter from Samuelson to Friedman, December 1971. Hoover Institution Friedman archive.
58. Samuelson, *Readings in Economics*, p. 86.
59. Ibid., p. 142.
60. 在 1927 年菲律宾烟草总公司诉国税局局长一案中，霍姆斯写下了反对意见，其中包括以下一段话，“确实如此，正如援引的上一个案例表明的那样，依据某一行为收取的任何一块钱都会产生消极作用，其程度大小与这一偿付金额相当，但是这一产生直接消极作用的行动，如果从与整体的有机联系的角度来看，则是某种积极作用的一部分。税收是我们为文明社会付出的代价，包括获得安全的保障”。

61. Samuelson, *Readings in Economics,* p. 91.
62. Ibid., p. 90.
63. Ibid.
64. Ibid., p. 89.
65. Ibid., p. 88.
66. Paul A. Samuelson, *Economics from the Heart: A Samuelson Sampler* (Harcourt Brace Jovanovich, New York, 1983), p. 6.
67. Friedman, "Things That Ain't So," *Newsweek*, March 10, 1980, p. 79.
68. Samuelson, *Economics from the Heart,* December 30, 1974, p. 5.
69. Ibid., April 19, 1979, p. 55.
70. Ibid., September 11, 1978, p. 53.
71. Samuelson, *The Samuelson Sampler,* February 1969, p. 16.
72. Leonard Trelawny Hobhouse (September 8, 1864–June 21, 1929). British advocate of social liberalism who was, along with Edward Westermarck, the first professor of sociology in a British university.
73. Samuelson, *Economics from the Heart,* August 13, 1973, p. 34. 贝拉克·奥巴马总统因为发表了与萨缪尔森一样的观点，在 2012 年大选中遭到了总统竞选对手米特·罗姆尼的嘲笑。奥巴马说，“如果你成功了，与你站在一起的一些人给予了某些帮助。在你的生命中，总有一些伟大的老师。有人帮助创建了我们现在拥有的这一令人难以置信的美国制度，它可以让你繁荣发展。有人投资于道路和桥梁。如果你拥有一家企业，这并不是你空手建立起来的，而是你在其他人的帮助下建立起来的”。
74. Samuelson, *Economics from the Heart,* August 13, 1973, p. 34.
75. Samuelson, *The Samuelson Sampler*, September 1968, p. 7.
76. Robert Strange McNamara (June 9, 1916–July 6, 2009), former president of Ford Motor Company who became U.S. secretary of defense during the Vietnam War. President of the World Bank 1968–1981.
77. Samuelson, *Economics from the Heart,* July 23, 1979, p. 71.
78. Samuelson, *The Samuelson Sampler*, September 1968, p. 7.
79. Adam Smith (June 16, 1723–July 17, 1790), Scottish economist, philosopher, and author whose *An Inquiry into the Nature and Causes of the Wealth of Nations* (1776) is considered the first economics text.
80. Friedman's television series *Free to Choose*, 1980.
81. Samuelson, "Modern Economic Realities and Individualism," in *Innocence and Power: Individualism in Twentieth-Century America*, ed. Gordon H. Mills (University of Texas Press, Austin, 1965), p. 55.
82. 1890 年国会通过了美国第一部反垄断法，即《谢尔曼法案》，这是一部“有关经济自由的综合性的宪章，目的在于维护自由，并以不受约束的竞争作为商业规则”。这使得政府干预处于明显的悖论之中，即一方面确保市场自由而公正的运行，另一方面，由于所有不受约束的市场都倾向于出现垄断，它还要确保不会出现垄断性的供应商。

83. Samuelson, “Modern Economic Realities and Individualism,” in *Innocence and Power: Individualism in Twentieth-Century America*, p. 55.
84. Samuelson, *Readings in Economics*, p. 87.
85. Samuelson, *Economics from the Heart*, April 9, 1979, p. 55.
86. Samuelson, *The Samuelson Sampler*, April 1973, p. 181.

第七章　货币至上

1. George Garvy (May 30, 1913–October 6, 1987), Latvian-born economist. With Martin R. Blyn, sought to discredit in 1969 Friedman's theory that changes in the supply of money are a key determinant of economic change.
2. Thomas S. Kuhn (July 18, 1922–June 17, 1996). American physicist, historian, and philosopher of science. His *The Structure of Scientific Revolutions* (1962) introduced the term “paradigm shift.”
3. Robert Jacob Alexander, Baron Skidelsky (April 25, 1939–), historian of economic thought, biographer of Keynes, and Emeritus Professor of Political Economy at the University of Warwick.
4. Friedman's commentary accompanying the facsimile edition of Keynes's *General Theory*, 1936 (Verlag Wirtschaft und Finanzen GmbH, Dusseldorf, 1989). Reproduced in *Economic Quarterly* (Federal Reserve Bank of Richmond), vol. 83, no. 2, Spring 1997.
5. John O'Sulivan, filmed interview with Hayek, Films for the Humanities, 1985.
6. Keynes, *A Tract on Monetary Reform* (Macmillan, London, 1923), p. 80.
7. As described by Keynes in his equation, described in his *Tract on Monetary Reform* (1923), $n = p (k + rk')$, where n is currency notes in circulation, p is the cost of living index, k is the fraction of assets people keep as cash on hand, k' the fraction they keep in bank accounts, and r the fraction of deposits banks keep in reserve.
8. Keynes, *A Tract on Monetary Reform*, p. 80.
9. John Cassidy interview with Samuelson, *The New Yorker*, December 14, 2009.
10. 撰稿者包括菲利普·科根、约翰·克莱因、尤金·勒纳和理查德·塞尔登。
11. Keynes, John Maynard, *The General Theory of Employment, Interest, and Money* (Macmillan, 1936). See Chapter 21, “The Theory of Prices.”
12. Friedman, Milton. “The Quantity Theory of Money—A Restatement.” In *Studies in the Quantity Theory of Money*, edited by Milton Friedman (Chicago: University of Chicago Press, 1956), pp. 3–21.
13. 在《通论》中，凯恩斯解释了为何消费支出、工业产出和投资之间存在相互依存的关系，这一主张后来被称为收入－支出模型。
14. Interview with Samuelson by William A. Barnett, University of Kansas, December 23, 2003.

15. 资料由多萝茜·布雷迪和玛格丽特·瑞德编辑，弗里德曼还称赞了罗丝·弗里德曼付出的辛劳。
16. 保守主义经济学家和立法者利用这一观点，质疑奥巴马政府的经济刺激政策对于复苏 2008 年金融冻结之后奄奄一息的美国经济，究竟价值何在。
17.《大英百科全书》的所有者是芝加哥的百货商西尔斯，因此很多的词条和编辑工作需要借助于芝加哥大学，1941 年它将《大英百科全书》的版权作为礼物赠送给芝加哥大学，但是芝大拒绝了这一捐赠。
18. M1 这一缩写的术语由流通中所有的现金构成，再加上类似旅行支票这样的货币等价物，以及公众在银行持有的活期存款和可开支票的存款。M2 包括 M1 加上银行短期存款、小额储蓄存款和零售货币市场基金。M3 包括 M2 加上长期存款和到期日超过 24 小时的货币共同基金。M4 包括 M3 加上其他存款。
19. Letter from Samuelson to Friedman, December 8, 1964. Duke Samuelson archive.
20. Letter from Friedman to Samuelson, January 13, 1965. Duke Samuelson archive.
21. Piero Sraffa (August 5, 1898–September 3, 1983), Italian economist saved from Mussolini's fascism by Keynes appointing him the Marshall librarian at Cambridge. With Joan Robinson, founder of the Neo-Ricardian School.
22. Keynes, *Collected Writings*, vol. 13: *General Theory and After, Part 1* (Macmillan for the Royal Economic Society, London, 1973), p. 265.
23. Letter from Samuelson to Friedman, January 26, 1963. Duke Samuelson archive.
24. Letter from Friedman to Samuelson, February 2, 1965. Duke Samuelson archive.
25. Letter from Friedman to Samuelson, November 15, 1971. Duke Samuelson archive.
26. James Tobin (March 5 1918–March 11 2002), prominent American Keynesian economist who taught at Harvard and Yale and served on the Council of Economic Advisers.
27. Letter from Samuelson to Friedman, December 21, 1971. Duke Samuelson archive.
28. Allan H. Meltzer (February 6, 1928–May 8, 2017), American economist and Allan H. Meltzer Professor of Political Economy at Carnegie Mellon University's Tepper School of Business and Institute for Politics and Strategy in Pittsburgh, Pa.
29. Meltzer's obituary of Friedman for *Britannica*.
30. Letter from Friedman to Michael M. Weinstein, May 18, 1999. Duke Samuelson archive.
31. 在一次简短的谈话中，弗里德曼解释了他和施瓦茨的某些方法，以及由个人持有的现金余额的假设条件，"The Demand for Money," at the American Philosophical Society, Philadelphia, Pa., November 10, 1960.
32. 亚瑟·弗兰克·伯恩斯（1904 年 8 月 27 日 - 1987 年 6 月 26 日），美国经济学家，任教于罗格斯大学和哥伦比亚大学，任职于国家经济研究局，1953 ～ 1956 年在艾森豪威尔时期任美国经济顾问委员会主席，担任尼克松的总统顾问，1970 ～ 1978 年任美联储主席，1981 ～ 1985 年任驻西德大使。
33. A. F. Burns and P. A. Samuelson, *Full Employment, Guideposts, and Economic Stability* (American Enterprise Institute, Washington, 1967), pp. 92–93.

34. 在这篇演讲公开发表版本的脚注中，弗里德曼写道，“我要感谢以下各位对这篇文章早期草稿的有益批评，包括阿芒·阿尔钦、加里·贝克、马丁·布朗芬布伦纳、亚瑟·伯恩斯、菲利普·卡甘、大卫·弗里德曼、劳伦斯·哈里斯、哈里·约翰逊、霍默·琼斯、杰里·哈尔丹、大卫·迈泽尔曼、艾伦·梅策尔、西奥多·舒尔茨、安娜·施瓦茨、赫伯特·斯坦因、乔治·斯蒂格勒和詹姆斯·托宾”。
35. The address was delivered in Washington, D.C., on December 29, 1967 and published in the March 1968 edition of *The American Economic Review*, vol. 58, no. 1.
36. 1977 年，国会修改了美联储法案，指示美联储理事会和联邦公开市场委员会“维持货币和信贷的长期增长要与经济长期产出增长的潜力相称，以有效地促进就业最大化的目标，稳定价格，使长期利率处于适当水平”。
37. Friedman speech to AEA published in the March 1968 edition of *The American Economic Review*, vol. 58, no. 1.
38. Knut Wicksell (December 20, 1851–May 3, 1926), Swedish economist whose work inspired the Austrian School.
39. Samuelson, *Economics*, 1st ed. (1948); (with William D. Nordhaus since 1985), 9th ed. (1973), pp. 393–94.
40. Friedman speech to AEA, *American Economic Review*, vol. 58, no. 1.
41. Alban William Housego "A. W." "Bill" Phillips (November 18, 1914–March 4, 1975), electrical engineer, economist, and sociologist, professor of economics at the London School of Economics.
42. P. Samuelson and R. Solow, "The Problem of Achieving and Maintaining a Stable Price Level: Analytical Aspects of Anti-Inflation Policy," *American Economic Review*, May 1960, pp. 177–94.
43. 萨缪尔森和索洛在 1959 年美国经济学会会议上介绍了“菲利普斯曲线”。
44. Vivek Dehejia, "How Milton Friedman and Edmund Phelps Changed Macroeconomics."
45. J. Daniel Hammond, "Friedman and Samuelson on the Business Cycle." *Cato Journal*, vol. 31, no. 3, Fall 2011.
46. 一位记者带弗里德曼出去吃午餐，并且说道，“你最喜欢说的一句话就是‘天下没有免费的午餐’。好吧，今天我在这儿就要反驳您，因为我会为您付账”。弗里德曼回答说，“噢，不，不，马克，这不是免费的午餐。不得不听你讲了两个小时”。Mark Skousen, "The Rational, The Relentless," *Liberty Magazine*, September 2007.
47. Edmund Phelps, "Phillips Curves, Expectations of Inflation and Optimal Employment Over Time," *Economica*, vol. 34, no. 135, August 1967, pp. 254–81.
48. Letter from Samuelson to Friedman, May 15, 1973. Hoover Institution Friedman archive.
49. 对于弗里德曼根据自己编辑的有关货币的大数据得出结论的研究方法，萨缪尔森不以为然。他在 2003 年曾经说，“一位学者如果试图通过最简单的线性回归的方法检验竞争性的理论，但是没有应用复杂的格兰杰因果关系检验、协整检验、共线性检验、不良条件检验以及十来个其他防护性的计量经济学检验方法，他的结论特别容易被推翻”。

50. Friedman, *Capitalism and Freedom,* p. 135.
51. Friedman, "The Counter-Revolution in Monetary Theory," IEA Occasional Paper, Institute of Economic Affairs, London, 1970.
52. Perhaps the most famous was Friedman v. Walter Heller, Kennedy and Johnson's chairman of the Council of Economic Advisers, 1961–1964. See Milton Friedman and Walter W. Heller, *Monetary vs. Fiscal Policy: A Dialogue* (W. W. Norton, New York, 1969).
53. Richard Milhous Nixon (January 9, 1913–April 22, 1994), Eisenhower's vice president, 1953–1961, and thirty-seventh president of the United States, 1969–1974.

第八章　少安毋躁

1. 甚至"滞胀"这一术语也成为弗里德曼派和凯恩斯主义者之间激烈争论的对象。凯恩斯主义者、《纽约时报》的专栏作者保罗·克鲁格曼认为是萨缪尔森造出了这个词，弗里德曼的合作者安娜·施瓦茨断然反对这一点。"克鲁格曼错误地认为'通货膨胀'一词是由保罗·萨缪尔森在 1967 年之后造出来的，实际上它 1965 年源于英国"，2007 年 3 月 29 日她回应克鲁格曼《谁是米尔顿·弗里德曼》一文，该文发表于 2007 年 2 月 15 日的《纽约时报书评》。
2. John Cassidy interview with Samuelson, *The New Yorker,* December 14, 2009.
3. Ibid.
4. *Newsweek,* May 29, 1978.
5. *Newsweek,* February 15, 1971.
6. *Newsweek,* October 15, 1973.
7. Samuelson and Barnett, *Inside the Economist's Mind* (Blackwell, Oxford, 2007), p. 147.
8. Samuelson advice to President Kennedy, 1961, "Text of Report to the President-Elect on Prospects for the Nation's Economy in 1961," *New York Times,* January 6, 1961.
9. Samuelson, *Economics,* 1st ed. (1948), p. 282.
10. Bureau of Labor Statistics CPI-All Urban Consumers.
11. 根据《韦氏大词典》，第一次有记录的使用"恶性通货膨胀"一词是在 1880 年。最著名的例子是一战之后立即出现在奥地利和德国的通货膨胀，以及二战之后的匈牙利。
12. Samuelson, "Price Controls," *Newsweek,* December 1970.
13. Interview with Samuelson, *US News & World Report,* December 1960.
14. Samuelson, "Inflation Trauma (II)," *Newsweek,* May 21, 1973.
15. Samuelson, *The Samuelson Sampler* (*Newsweek,* November 1967), pp. 39–40.
16. Samuelson, *Economics,* 1st ed. (1948), p. 283.
17. Samuelson, *The Samuelson Sampler* (*Newsweek,* November 1967), p. 39.
18. Ibid., pp. 39–40.
19. Ibid.
20. Ibid., p. 41.
21. Ibid.

22. Ibid., p. 43.
23. Ibid.
24. Milton Friedman and Paul A. Samuelson, "How the Slump Looks to Three Experts," *Newsweek*, May 25, 1970, pp. 78–79.
25. Letter from Samuelson to Friedman, August 21, 1962. Duke Samuelson archive.
26. Samuelson, *Readings in Economics*.
27. Ibid., p. 144.
28. Ibid., p. 139.
29. Milton Friedman, *Inflation: Causes and Consequences* for the Council for Economic Education, Mumbai (Asia Publishing House, New York, 1963).
30. Ibid.
31. Samuelson, *Readings in Economics*, p. 142.
32. Ibid., p. 143.
33. Friedman, "The Relationship of Prices to Economic Stability and Growth," 85th Congress, 2nd Session, joint Economic Committee Print, Washington D.C., U.S. Government Printing Office, 1958.
34. Samuelson, *Readings in Economics*, p. 384.
35. Ibid., p. 385.
36. Ibid.
37. Ibid., p. 386.
38. Ibid., p. 385.
39. Ibid., p. 386.
40. Ibid.
41. Ibid., p. 387.
42. Ibid.
43. Ibid.
44. Ibid.
45. Ibid., p. 388.
46. 尽管在美国经济学会上的演讲中提到了各种适用条件，但是弗里德曼还是坚决主张自己提出的货币主义的核心要义，即大萧条是由于货币“失序”导致的，“在这个国家，任何其他严重的紧缩或者是由货币失序产生的，或者货币失序极大地加剧了这一收缩。每一次严重的通货膨胀都是由货币扩张引起的”。
47. Samuelson, *Readings in Economics*.
48. 萨缪尔森还把下面两人作为坚持后凯恩斯主义的同道，一是哈佛大学和耶鲁大学的詹姆斯·托宾，他于 1981 年获得了诺贝尔经济学奖，一是弗兰克·莫迪利亚尼，他任教于伊利诺斯大学香槟分校、匹斯堡的卡耐基梅隆大学和麻省理工学院，并于 1985 年获得了诺贝尔经济学奖。
49. Samuelson, *Readings in Economics*, p. 148.
50. Ibid., p. 145.

51. Howard Sylvester Ellis (July 2, 1898–April 15, 1992), American economist, professor of economics at the University of California, Berkeley, 1938–1965.
52. 萨缪尔森列举了一些参加过弗里德曼芝加哥货币理论研讨班的经济学家，比如匹兹堡卡耐基梅隆大学的艾伦·梅尔策、俄亥俄州立大学的卡尔·布伦纳（1916 年 2 月 16 日 – 1989 年 5 月 9 日）、任教于芝加哥大学和伦敦经济学院、任职于圣路易斯联邦储备银行的哈里·约翰逊（1923 年 5 月 26 日 – 1977 年 5 月 9 日），还有几位芝加哥的毕业生成为银行家，也曾经短暂的为国会联合经济委员会主席、来自威斯康星州的参议员威廉·普罗克斯迈尔（1915 年 11 月 11 日 – 2005 年 12 月 5 日）工作过。
53. Samuelson, *Readings in Economics,* p. 146.
54. Ibid., p. 145.
55. Ibid.
56. Ibid.
57. Ibid., pp. 145–46.
58. Ibid., 146n.
59. Ibid., p. 147n. 3.
60. Ibid., p. 147.
61. 这个过程通常被称为“印钞”，尽管实际上并没有钞票印制出来，后来它被称为“量化宽松”或者 QE。萨缪尔森在这里对比的是将政府债券出售给中央银行，后者在没有新的借款支持的情况下，发行银行票据。
62. Samuelson, *Readings in Economics*, p. 148.
63. Ibid.
64. Ibid.
65. Ibid.
66. 字体加粗来自于萨缪尔森。
67. Keynes, *Collected Writings*, vol. 4: Tract on Monetary Reform (1923), p. 65. 保守主义经济学家认为，通过政府支出来创造就业机会将会“在长期”引发通货膨胀，凯恩斯对这一观点感到沮丧。他以“在长期我们都死了”进行敏锐的还击。
68. Samuelson, *Readings in Economics*, p. 149.
69. Ibid., p. 150.

第九章　狡猾迪克

1. Friedman and Friedman. *Two Lucky People*, p. 368.
2. Ibid.
3. Leo Brent Bozell Jr. (January 15, 1926–April 15, 1997), American conservative activist and Roman Catholic writer, who married Patricia Lee Buckley, sister of the conservative thinker and television celebrity William F. Buckley.
4. *New York Times* magazine, October 11, 1964.
5. Friedman and Friedman, *Two Lucky People*, p. 114.

6. Milton Friedman, "A Proposal for Resolving the U.S. Balance of Payments Problem: Confidential Memorandum to President-elect Richard Nixon," dated October 15, 1968, submitted to Nixon in December 1968.
7. Friedman and Friedman, *Two Lucky People,* p. 376.
8. *Newsweek*, March 27, 1978.
9. Friedman and Friedman, *Two Lucky People,* p. 386.
10. Paul Winston McCracken (December 29, 1915–August 3, 2012), economist. Chairman of the Nixon's Council of Economic Advisers, 1969–1971.
11. 弗里德曼还感谢了其他人提供的帮助，包括阿芒·阿尔钦、加里·贝克、马丁·布朗芬布伦纳、菲利普·卡甘、大卫·弗里德曼、劳伦斯·哈里斯、哈里·约翰逊、霍默·琼斯、杰里·哈尔丹、大卫·迈泽尔曼、艾伦·梅策尔、西奥多·舒尔茨、安娜·施瓦茨、赫伯特·斯坦因、乔治·斯蒂格勒和詹姆斯·托宾。
12. Herbert Stein (August 27, 1916–September 8, 1999), American economist, was chairman of the Council of Economic Advisers under Richard Nixon and Gerald Ford, 1972–1974.
13. Herbert Stein, *Presidential Economics: The Making of Economic Policy from Roosevelt to Reagan and Beyond* (Simon & Schuster, New York, 1985), p. 154.
14. Ibid., p. 145.
15. 很多经济顾问委员会的成员也被弗里德曼一个经济能够达到的“自然就业率”这一理念说服。这使得他们赞同尼克松之后的“充分就业”预算，这一预算的余额被设定在能够使经济实现充分就业的水平。
16. Quoted in Denis Healey, *The Time of My Life* (Michael Joseph, London, 1989), p. 380.
17. Peter George Peterson (June 5, 1926–March 20, 2018), American investment banker, U.S. Secretary of Commerce from February 29, 1972 to February 1, 1973.
18. From taped conversation 546-2, July 26, 1971, White House Tapes, Nixon Presidential Materials Staff, National Archives at College Park, Md.
19. Stein, *Presidential Economics,* p. 138.
20. “一个充分就业预算”暗指为了确保充分就业，联邦政府刺激计划中的支出所需达到的数量。通过将支出调整为达到充分就业所需要的水平，尼克松希望促进经济繁荣，并创造就业机会。
21. 尼克松表达的是一个已经成为共识的简单的凯恩斯主义观点，即应当通过公共支出和预算赤字减少失业，直至实现充分就业，同时预算余额的设定应当避免经济过热或通货膨胀。尼克松似乎想双管齐下，即尽管已经实现了充分就业，仍然继续增加政府支出。
22. Interview with Friedman, *Playboy*, February 21, 1970.
23. From taped conversation 547–9, July 27, 1971, White House Tapes, Nixon Presidential Materials Staff, National Archives at College Park, Md.
24. Friedman and Friedman, *Two Lucky People,* pp. 386–87.

25. John Bowden Connally Jr. (February 27, 1917–June 15, 1993), governor of Texas and U.S. Secretary of the Treasury. He was seriously wounded when riding in the car with Kennedy when the president was assassinated in Dallas in November 1963.
26. From taped conversation 268–5, August 2, 1971, White House Tapes, Nixon Presidential Materials Staff, National Archives at College Park, Md.
27. 在二战结束时，美国拥有超过一半的全世界政府黄金储备，即 5.74 亿盎司。
28. 尼克松的白宫幕僚长霍尔德曼告诉总统说，"英国要求将 30 亿美元转换为黄金。如果我们同意，其他国家可能就会依例而行。如果我们不同意，他们可能就会怀疑我们没有足够的黄金来支撑美元。无论哪种情况，这都是一场严重的危机"。霍尔德曼,《霍尔德曼日记：尼克松白宫内幕》，纽约：普特南出版社，1994 年。在 8 月的前 12 天，有 36 亿美元的纸币转换为了黄金储备。
29. 合法冻结商品和工资价格的先驱是 1964 ～ 1970 年和 1974 ～ 1976 年的英国首相哈罗德 · 威尔逊，他是一位训练有素的经济学家，在 1965 年引入了价格和收入政策，允许政府调查工资协议，如果发现协议确定的工资或价格过高，就可以将其废除。
30. From taped conversation 455–3, February 22, 1971, White House Tapes, Nixon Presidential Materials Staff, National Archives at College Park, Md.
31. From taped conversation 452–4, February 19, 1971, White House Tapes, Nixon Presidential Materials Staff, National Archives at College Park, Md.
32. From taped conversation 541–2, July 21, 1971, White House Tapes, Nixon Presidential Materials Staff, National Archives at College Park, Md.
33. From taped conversation 268–5, August 2, 1971, White House Tapes, Nixon Presidential Materials Staff, National Archives at College Park, Md.
34. Friedman email to Burton A. Abrams and James L. Butkiewicz of the Department of Economics, University of Delaware, Newark, Del.
35. Interview with Friedman, August 25, 1971, for Instructional Dynamics Incorporated's *Economics Cassette Series,* a biweekly, subscription-based series, 1968–1978.
36. *Newsweek*, May 25, 1970.
37. Friedman and Friedman, *Two Lucky People,* pp. 383–84.
38. Friedman, "Why the Freeze is a Mistake," *Newsweek*, August 30, 1971.
39. Ibid.
40. Friedman and Friedman, *Two Lucky People*, p. 387.
41. Friedman, "Will the Kettle Explode?" *Newsweek*, October 18, 1971.
42. 萨缪尔森写道，"当我进入到尼克松的黑名单时，这在我自己的家庭内部和学术圈里提升了我的声誉"。MIT 150 Oral History.
43. "How the Slump Looks to Three Experts" *Newsweek*, May 25, 1970, pp. 78–79.
44. Samuelson, "Coping with Stagflation," *Newsweek*, August 19, 1974.

45. Hearings before the Joint Economic Committee, Congress of the United States, Ninety-second Congress, first session, Part 4, September 20, 21, 22, and 23, 1971, p. 735.
46. Ibid.
47. Ibid.
48. Ibid.
49. Samuelson, "Coping with Stagflation," *Newsweek*, August 19, 1974.
50. Ibid.
51. Ibid.
52. Stein, *Presidential Economics*, pp. 168–69.
53. Ibid., p. 207.
54. Friedman and Friedman, *Two Lucky People*, pp. 387–88.
55. *Newsweek*, September 8, 1980.

第十章　芝大小子

1. Salvador Guillermo Allende Gossens (June 26, 1908–September 11, 1973), democratic socialist president of Chile, 1970–1973.
2. Kristian C. Gustafson, "CIA Machinations in Chile in 1970: Reexamining the Record."
3. Nixon, quoted by Robert Dallek, in *Nixon and Kissinger: Partners in Power* (HarperCollins, New York, 2007), p. 234.
4. 中央情报局在政变中没有发挥直接作用，但是该机构慷慨地资助了阿连德的反对者，参见 Dallek, *Nixon and Kissinger*, pp. 509–15.
5. Augusto José Ramón Pinochet Ugarte (November 25, 1915–December 10, 2006), Chilean general, politician, and dictator of Chile from 1973 to 1990; commander in chief of the Chilean Army until 1998; president of the government junta of Chile from 1973 to 1981.
6. Arnold Carl Harberger (July 27, 1924–), at the time chairman of the Chicago economics department.
7. Friedman and Friedman, *Two Lucky People*, p. 398.
8. 弗里德曼没有建议在经济中逐渐引入自由主义措施，相反，他坚决主张所有的变革要立即实施。对于智利而言，这意味着同时大幅减少政府干预、取消进口关税、放松市场管制、从直接税转变为间接税、国有企业的去国有化。尽管弗里德曼否认自己创造了“休克疗法”这个词，经济学中第一个如此激进的行动案例就是当时的智利采取的政策。
9. Friedman and Friedman, *Two Lucky People*, p. 399.
10. See Appendix A of Friedman and Friedman, *Two Lucky People*, p. 591.
11. Friedman and Friedman, *Two Lucky People*, p. 400.
12. MIT 150 Oral History.
13. Nobel Prize Paul A. Samuelson Facts.

14. Quoted in Friedman and Friedman, *Two Lucky People*, pp. 444–45.
15. Letter from Samuelson to Friedman, November 5, 1970. Hoover Institution Friedman archive.
16. Letter from Friedman to Arthur R. Nayer, October 13, 1970. Hoover Institution Friedman archive.
17. 萨缪尔森提到了雅各布·维纳、弗兰克·奈特、保罗·道格拉斯、约瑟夫·熊彼特、瓦西里·列昂惕夫、戈特弗里德·哈伯勒、阿尔文·汉森、劳埃德·梅尔策、罗伯特·索洛、詹姆斯·托宾、劳伦斯·克莱因、罗伯特·蒙代尔、约瑟夫·斯蒂格利茨、伯蒂尔·俄林、贡纳·缪尔达尔、埃里克·伦德伯格、英格瓦·斯文尼尔松、古斯塔夫·卡塞尔、埃里克·林达尔和克努特·维克塞尔。
18. Thorstein Bunde Veblen, born Torsten Bunde Veblen in Norway (July 30, 1857–August 3, 1929), economist and sociologist best known for his idea of "conspicuous consumption": people engage in conspicuous consumption, along with "conspicuous leisure," to demonstrate their wealth or to mark social status.
19. Samuelson, "A few remembrances of Friedrich von Hayek (1899–1992)," *Journal of Economic Behavior & Organization*, vol. 69, no. 1, January 2009, pp. 1–4.
20. Friedman and Friedman, *Two Lucky People*, p. 445.
21. Larry Martz, "A Nobel for Friedman," *Newsweek*, October 25, 1974.
22. Friedman and Friedman, *Two Lucky People*, p. 442.
23. Ibid.
24. *Newsweek*, October 25, 1976.
25. Friedman letter to Samuelson, October 20, 1976. Duke Samuelson archive.
26. Steven Lawrence Rattner (July 5, 1952–), financier and former journalist who served as lead adviser to the Presidential Task Force on the Auto Industry in 2009 for the Obama administration.
27. Quoted in Friedman and Friedman, *Two Lucky People*, p. 442.
28. Brian Snowdon and Howard Vane interview with Friedman, in *Modern Macroeconomics: Its Origin, Development, and Current State* (Edward Elgar, Cheltenham, U.K., 2005).
29. Friedman and Friedman, *Two Lucky People*, p. 442.
30. Ibid., p. 443.
31. 弗里德曼是正确的。智利的通货膨胀率上升至每年750%这一令人震惊的水平。1981年5月至1982年期间，通货膨胀率降至3.6%。
32. Friedman and Friedman, *Two Lucky People*, Appendix A, pp. 599–600.
33. Friedman's Nobel Banquet speech revised by Friedman and with graphs for the University of Chicago.
34. Peter Jaworski interview with Friedman, *The Journal* (Queen's University, Canada), March 15, 2002, pp. 18–19.
35. Friedman's Nobel lecture, December 13, 1976.
36. Friedman, "The Counter-Revolution in Monetary Theory," IEA Occasional Paper, no. 33, (Institute of Economic Affairs, London, 1970).

37. Friedman and Friedman, *Two Lucky People*, p. 458.
38. George J. Stigler, *Memoirs of an Unregulated Economist* (Basic Books, New York, 1985), pp. 33–34.
39. *Newsweek*, January 12, 1970.
40. Samuelson, *Economics*, 3rd ed. (1955), p. 316.
41. Samuelson, *Economics*, 5th ed. (1961), pp. 314–15.
42. Samuelson, *Economics*, 9th ed. (1973), p. 329.
43. Samuelson, *Economics*, 12th ed. (1985), p. 828.
44. Samuelson, *Economics*, 15th ed. (1995).
45. Samuelson, *Economics*, 5th ed. (1961), p. 318.
46. Samuelson, *Economics*, 18th ed. (2004), p. 41.
47. Samuelson, *Economics*, 8th ed. (1970), p. 140.
48. Samuelson, *Economics*, 11th ed. (1980), p. 761.
49. Ibid., pp. 761–63.
50. Samuelson, *Economics*, 15th ed. (1995), p. 372.
51. Samuelson, *Economics*, 18th ed. (2004), p .40.
52. Ibid., p. 41.
53. Quoted by Independent Institute, obituary of Friedman, November 18, 2006.

第十一章 联储上位

1. 福特豁免尼克松而不是水门事件本身，成了关注的焦点。
2. *Newsweek*, May 29, 1978.
3. "Recession: Made in Washington," *Newsweek*, December 24, 1979.
4. George William Miller (March 9, 1925–March 17, 2006), U.S. secretary of the treasury under President Carter.
5. Paul Adolph Volcker Jr. (September 5, 1927–December 8, 2019). Chairman of the Federal Reserve under Presidents Carter and Reagan from August 1979 to August 1987. He is widely credited with ending the high inflation of the 1970s and early 1980s. Chairman of President Obama's Economic Recovery Advisory Board, February 2009–January 2011.
6. William L. Silber, *Volcker: The Triumph of Persistence* (Bloomsbury Press, New York, 2012), pp. 145–46.
7. *New York Times*, July 29, 1979, p. F1.
8. Silber, *Volcker*, p. 148.
9. Personal Letters from 1979, Papers of Paul Volcker. Federal Reserve Bank of New York Archives, Box 95714.
10. Ibid.
11. Oskar Morgenstern (January 24, 1902–July 26, 1977), Princeton economist, who with mathematician John von Neumann founded the mathematical field of game theory and its application to economics.

12. Friedrich August Lutz (December 29, 1901–October 4, 1975), German-born Princeton economist who developed the expectations hypothesis.
13. Paul Volcker, "The Problems of Federal Reserve Policy since World War II," Princeton, 1949.
14. Minutes of Federal Open Market Committee Meeting, August 14, 1979, p. 1.
15. Denis Winston Healey, Lord Healey (August 30, 1917–October 3, 2015), British Labour Party Secretary of State for Defence, 1964–1970; chancellor of the exchequer, 1974–1979; and deputy leader of the Labour Party, 1980–1983.
16. Healey, *The Time of My Life*, p. 432.
17. Ibid.
18. Presidential address to the American Economic Association and the American Finance Association, Atlantic City, N.J., September 16, 1976.
19. Ibid.
20. Paul Volcker, "The Role of Monetary Targets in an Age of Inflation," *Journal of Monetary Economics* 4, no. 2, April 1978.
21. Ibid., p. 331.
22. 特别是 1977 年春天和夏天这段时期，通货膨胀率从 5% 上升至 7%。
23. Paul Volcker and Toyoo Gyohten, *Changing Fortunes: The World's Money and the Threat to American Leadership* (Times Books, New York, 1992), pp. 164–65.
24. *New York Times*, September 19, 1979, p. 1.
25. Volcker and Gyohten, *Changing Fortunes*, p. 165.
26. Paul A. Samuelson and William A. Barnett (eds.), *Inside the Economist's Mind: The History of Modern Economic Thought, as Explained by Those Who Produced It* (Wiley-Blackwell, Hoboken, N.J., 2006), p. 180.
27. 大西洋彼岸出现了同样的情形，希利开始公布对货币的预期，这被解读为货币目标。希利写道，"为了满足市场，我开始公布对货币供给的预测，此前我们一直在私下里进行这些预测，然后就将其作为货币目标"。Healey, *The Time of My Life*, p. 432.
28. Transcript of press conference with Volcker, the Federal Reserve Building, Washington, D.C., October 6, 1979, p. 3.
29. Volcker and Gyohten, *Changing Fortunes*, p. 167.
30. Ibid.
31. Samuelson and Barnett, *Inside the Economist's Mind,* p. 178.
32. *Newsweek*, August 29, 1977.
33. Healey, *The Time of My Life*, p. 383.
34. Volcker and Gyohten, *Changing Fortunes,* p. 170.
35. Ibid., p. 166.
36. "Recession: Made in Washington," *Newsweek*, December 24, 1979.
37. Volcker and Gyohten, *Changing Fortunes*, p. 169.
38. Ibid., p. 170.

39. Ibid., p. 172.
40. *Newsweek*, May 12, 1969.
41. "Recession: Made in Washington," *Newsweek*, December 24, 1979.
42. "Living with Inflation," *Newsweek*, February 25, 1980.
43. "Monetary Instability," *Newsweek*, June 15, 1981, p. 80.
44. Quoted in Samuelson, *The Samuelson Sampler*, p. 16.
45. "Living with Inflation," *Newsweek*, February 25, 1980.
46. Alan Stuart Blinder (October 14, 1945–), Professor of Economics and Public Affairs, Princeton; member of Clinton's Council of Economic Advisers, 1993–1994; vice-chairman, Board of Governors of the Federal Reserve System, 1994–1996.
47. Alan S. Blinder, *Hard Heads, Soft Hearts: Tough-Minded Economics for a Just Society* (Addison-Wesley, Reading, Mass., 1987), p. 78.
48. *The Wall Street Journal*, June 3, 1980, p. 6.
49. Ibid.
50. *Newsweek*, September 3, 1973.
51. "Monetary Overkill," *Newsweek*, July 14, 1980, p. 62.
52. Milton Friedman and Paul A. Samuelson, "Productivity: Two Experts Cross Swords," *Newsweek*, September 8, 1980.
53. Allen Wallis, quoted in Friedman and Friedman, *Two Lucky People*, p. 474.
54. Milton Friedman and Rose Friedman, *Free to Choose*, p. 299.
55. Ibid., p. 316.
56. Ibid., p. 330.
57. Ibid., p. 332
58. Ibid., p. 300.

第十二章 结局不佳

1. Friedrich Hayek, *Choice in Currency: A Way to Stop Inflation* (Institute of Economic Affairs, London, 1976), p. 16.
2. Silber, William L. *Volcker: The Triumph of Persistence* (Bloomsbury Press, New York, 2012, p. 194.
3. M0 是对"狭义货币"的衡量，比如流通中纸币和硬币的数量，加上由美联储持有的清算银行的运营资金余额。对其他货币度量的定义，参见第八章，注释 18。
4. Samuelson interview with *The Atlantic*, June 17, 2009.
5. 萨缪尔森也反对联邦政府帮助经营失败的企业。"举证的责任在于政府，它要证明为何应当让无法盈利的商业活动继续下去，"他写道。*Newsweek*, December 8, 1980.
6. "Election Perspective," *Newsweek*, November 10, 1980, p. 94.
7. 其他成员包括亚瑟·伯恩斯、保罗·麦克拉肯、赫伯特·斯坦因、艾伦·格林斯潘、亚瑟·拉弗、詹姆斯·林恩、威廉·西蒙、托马斯·索厄尔和查尔斯·沃克。
8. Anderson, *Revolution*, pp. 267–68.

9. Friedman and Friedman, *Two Lucky People*, p. 394.
10. Ibid.
11. "The Wayward Money Supply," *Newsweek*, December 27, 1982, p. 58.
12. *Meet the Press* (NBC), March 21, 1982.
13. Leo Calvin Rosten (April 11, 1908–February 19, 1997). American humorist, expert in Yiddish lexicography, and political scientist.
14. "More Double Talk at the Fed," *Newsweek*, May 2, 1983, p. 72.
15. Milton Friedman, "Lessons from the 1979–82 Monetary Policy Experiment," *American Economic Review* 74, May 1984, pp. 397–400.
16. Brian Snowdon and Howard Vane interview with Friedman, in Snowdon and Vane, *Modern Macroeconomics*.
17. 供给经济学理论的先驱包括罗伯特·蒙代尔（1932 年 10 月 24 日—），哥伦比亚大学经济学教授，1999 年诺贝尔经济学奖获得者；亚瑟·拉弗，他提出的拉弗曲线认为存在某一甜点区，减税反而能够增加税收；裘德·万尼斯基（1936 年 6 月 17 日至 2005 年 8 月 29 日），经济学家，记者。
18. Quoted in obituary of Samuelson, *New York Times*, December 13, 2009.
19. 这一定律是由法国经济学家让·巴蒂斯特·萨伊（1767 年 1 月 5 日至 1832 年 11 月 15 日）提出的。
20. 正如凯文·科斯特纳所扮演的人物在 1989 年的电影《梦幻成真》所说的，"只要你修了它，他就会来"。
21. *Newsweek*, December 15, 1980.
22. *Newsweek*, January 10, 1977.
23. Arthur Betz Laffer (August 14, 1940–). Member of Reagan's Economic Policy Advisory Board, 1981–1989, dubbed "the Father of Supply-Side Economics."
24. 拉弗在纸巾上画图的故事 .
25. Stein, *Presidential Economics*, p. 239.
26. Ibid., p. 245.
27. Samuelson, *Economics*, 7th ed. (1967), p. 343.
28. Samuelson and Nordhaus, *Economics*, 14th ed. (1992), p. 332.
29. Joseph Aaron Pechman (April 2, 1918–August 19, 1989), economist and taxation expert.
30. Emile Despres (September 21, 1909–April 23, 1973), adviser on German economic affairs at the U.S. Department of State, 1944–1945, and professor of economics at Williams College and Stanford University.
31. Samuelson, "Arthur Laffer: Here's my account." Duke Samuelson archive.
32. 他最终于 1972 年从芝加哥大学获得了博士学位。
33. Quoted in Eric Alterman, *Sound and Fury: The Making of the Punditocracy* (Cornell, Ithaca, N.Y., 1999), p. 171.
34. Samuelson, "Arthur Laffer: Here's my account." Duke Samuelson archive.

35. 1981 年的《经济复苏税收法案》将个人所得税最高税率由 70% 降至 50%，最低税率从 14% 降至 11%，将资本利得税最高税率由 28% 降至 20%，1986 年《税收改革法案》进一步将个人所得税最高税率由 50% 降至 38.5%，进而在接下来的一年降至 28%，同时将资本利得税最高税率由 20% 提高至 28%。
36. "A Simple Tax Reform," *Newsweek*, August 18, 1980, p. 68.
37. *Newsweek*, September 24, 1973.
38. *Newsweek*, February 16, 1981.
39. "Deficits and Inflation," *Newsweek*, February 23, 1981, p. 70.
40. "Closet Keynesianism," *Newsweek*, July 27, 1981, p. 60.
41. Glenn Kesler, "Rand Paul's claim that Reagan's tax cuts produced 'more revenue' and 'tens of millions of jobs'," *Washington Post*, April 19, 2015.
42. "Deficits and Inflation," *Newsweek*, February 23, 1981, p. 70.
43. 实际上，导致赤字高涨恰恰是共和党总统，特别是里根、小布什和唐纳德·特朗普。
44. 这包括国会试图通过法律来强制实施预算平衡，比如 1985 年的《格拉 – 拉德曼 – 霍林斯预算平衡和紧急赤字控制法案》，这一法案寻求对行政部门实行支出限制。最高法院最终判定这一法案违反宪法权力分立的原则。
45. William Jefferson Clinton, born William Jefferson Blythe III (August 19, 1946–). Forty-second president of the United States, January 20, 1993–January 20, 2001; governor of Arkansas, 1979–1981 and 1983–1992.
46. "Deficits and Inflation," *Newsweek*, February 23, 1981, p. 70.
47. 从 1974 年至 1979 年，货币供给增长过快，通货膨胀严重，M1 每年增长 7%。从 1979 年至 1984 年，M1 每年增长 7.4%，但是这一时期货币出现了紧缩，通货膨胀率也下降了。
48. Quoted in William Greider, *Secrets of the Temple: How the Federal Reserve Runs the Country* (Simon & Schuster, New York, 1989), p. 540.
49. 货币度量 M1 至 M3 的定义，参见第七章，注释 18。
50. Interview with Friedman, July 19, 1984, quoted in Greider, *Secrets of the Temple*, p. 543.
51. William Poole (June 19, 1937–), chief executive of the Federal Reserve Bank of St. Louis.
52. Quoted in Greider, *Secrets of the Temple*, p 543.
53. Interview with Friedman, July 19, 1984, quoted in Greider, *Secrets of the Temple*, p. 684.
54. J. Charles Partee (October 21, 1927–February 15, 2007). Governor, Board of Governors, Federal Reserve, 1976–1986.
55. Quoted in Greider, *Secrets of the Temple*, p. 684.
56. James U. Blanchard III interview with Hayek, May 1, 1984.
57. Ibid.
58. "Monetarism and hyper-inflation," letter from Hayek to *The Times* (London), March 5, 1980, p.17.

第十三章　长路尽头

1. Samuelson, *Economics,* 5th ed. (1961), p. 819.
2. Friedman and Friedman, *Free to Choose*, p. 25.
3. Samuelson, *Economics,* 1st ed. (1948), p. 595.
4. Quoted in obituary of Samuelson, *New York Times*, November 17, 2006.
5. Winston S. Churchill, House of Commons, November 11, 1947.
6. 在其1962年的苏联之行中，弗里德曼索要苏联经济中货币数量的数据，他仅仅被告知，“中央银行不公布这类数字，这是国家秘密”。Friedman and Friedman, *Two Lucky People*, p. 285.
7. 在芝加哥大学出版社发行的哈耶克《通往奴役之路》五十周年特别版的引言中，他提出了这一批评：“尽管这次谈话是有关自由市场和私有产权的，现在捍卫近乎完全的自由放任也比几十年前更受尊重，但是，知识界中有很多人几乎是自然而然地更为偏爱政府权力的任何扩张，只要宣称这种方法是为了保护个人免受恶劣的大企业的侵害，缓解贫困，保护环境或者促进‘平等’”。
8. “An interview with Milton Friedman,” *Reason*, December 1974.
9. Samuelson, *Economics*, 5th ed. (1961), pp. 825–31.
10. Herbert Spencer (April 27, 1820–December 8, 1903). English philosopher, biologist, anthropologist, sociologist, and classical liberal political theorist. Best known for coining the expression “survival of the fittest,” after reading Charles Darwin’s *On the Origin of Species*.
11. All points made by Friedman extensively.
12. Letter from Samuelson to Elliott, October 21, 1974. Duke Samuelson archive.
13. Letter from Edward Kosner to Samuelson, October 29, 1974. Duke Samuelson archive.
14. William Dodson Broyles Jr. (October 8, 1944–), journalist and screenwriter, editor of *Newsweek* from 1982 to 1984.
15. Letter from Friedman to William Broyles Jr., December 23, 1983. Hoover Institution Friedman archive.
16. Milton Friedman, *Bright Promises, Dismal Performance: An Economist’s Protest*, ed. William R. Allen (Harcourt Brace Jovanovich, New York, 1983), preface, pp. ix–x.
17. Lester Carl Thurow (May 7, 1938–March 25, 2016), American political economist, dean of the MIT Sloan School of Management, 1987–1993.
18. Letter from Friedman to Richard Smith, January 26, 1984. Duke Samuelson archive.
19. 从1966年至1984年，弗里德曼为《新闻周刊》撰写了300篇专栏文章，此外，他还为《华尔街日报》撰写了122篇评论，为《纽约时报》撰写了22篇评论。

第十四章　小店之女

1. Healey, *The Time of My Life*, p. 377.

2. Ibid., p. 398.
3. Peter Jay (February 7, 1937–), British economist, broadcaster, and ambassador to the United States, 1977–1979.
4. "A General Hypothesis of Employment, Inflation and Politics," Occasional Paper, Institute of Economic Affairs, January 1976.
5. *The Times* (London), July 13, 1976.
6. Friedman and Friedman, *Two Lucky People*, p. 569.
7. Ian Gilmour, *Britain Can Work* (Martin Robertson, Oxford, 1983), p. 95.
8. Healey, *The Time of My Life*, p. 380.
9. *Meet the Press*, October 24, 1976.
10. *Sunday Telegraph*, October 31, 1976.
11. Gilmour, *Britain Can Work*, p. 95.
12. Keith Sinjohn Joseph, Baron Joseph (January 17, 1918–December 10, 1994), known as Sir Keith Joseph, 2nd Baronet, British barrister, and member of the Cabinet under four Conservative prime ministers.
13. Sir Alfred Sherman (November 10, 1919–August 26, 2006). Writer, journalist, political adviser to Margaret Thatcher. He sometimes failed to hide his unfashionable views. He told *Pravda*, in 1974, "As for the lumpen proletariat, colored people and the Irish, let's face it, the only way to hold them in check is to have enough well armed and properly trained police."
14. Sir Alan Arthur Walters (June 17, 1926–January 3, 2009), British economist, chief economic adviser to Prime Minister Margaret Thatcher, 1981–1983 and briefly in 1989.
15. Sir Keith Joseph, "Inflation is Caused by Governments."
16. 约瑟夫极为聪明，但是无法克制自己在贫困等议题上的反动观点。1974 年 10 月 19 日，在埃格卑斯顿的一次演讲中，他哀叹道，“孩子们中间有很大的比例，而且这一比例还在不断上升，他们的母亲极不适合生育孩子……有些智力低下，绝大部分只受过很少的教育。他们不可能带给孩子稳定的情感背景，也无法始终如一的给予他们爱和坚韧……他们生育了很多有问题的孩子……人类种群的延续正在受到威胁”。约瑟夫未能预料到，仅仅在击败纳粹 30 年后，谈论“人类种群”可能意味着多大的冒犯。纳粹就是因为相信有些人会威胁到“人类种群”，从而谋杀了数百万人。这一错误立即使人们意识到，约瑟夫不适合更高的职位。这篇演讲稿是由政策研究中心的阿尔弗雷德·谢尔曼撰写的。约瑟夫明白自己的缺点。“如果我成为党魁，对于本党、本国和本人，都将是一场灾难……我知道我自己的能力。对某些工作来讲是足够了，但是对其他工作来讲就不行了”，他说。援引自 Morrison Halcrow, *Keith Joseph: A Single Mind* (Macmillan, London, 1989), p. 75.
17. Sir Edward Dillon Lott du Cann (May 28, 1924–August 31, 2017). British member of Parliament, 1956–1987; chairman of the Conservative Party, 1965–1967; chairman of the party's 1922 Committee, which represents the views of Tory backbench MPs, 1972–1984.

18. William Stephen Ian Whitelaw, 1st Viscount Whitelaw (June 28, 1918–July 1, 1999), Conservative politician who served in a wide number of Cabinet positions, including home secretary and deputy prime minister.
19. Gilmour, *Britain Can Work*, pp. 94–95.
20. Edward Heath, *The Course of My Life* (Hodder & Stoughton, London, 1998), p. 576.
21. Margaret Thatcher, *The Path to Power* (HarperCollins, London, 1995), pp. 566–67.
22. John Enoch Powell (June 16, 1912–February 8, 1998), classical scholar, soldier, Conservative member of Parliament (1950–1974), Ulster Unionist Party MP (UUP) MP (1974–1987), and Minister of Health (1960–1963), who oversaw the mass immigration of West Indians to man the National Health Service.
23. George Edward Peter Thorneycroft, Lord Thorneycroft (July 26, 1909–June 4, 1994), British Conservative chancellor of the exchequer, 1957–1958.
24. Evelyn Nigel Chetwode Birch, Lord Rhyl (November 18, 1906–March 8, 1981), British Conservative Secretary of State for Air, 1955–1957.
25. Enoch Powell, *Freedom and Reality* (B. T. Batsford, London, 1969.)
26. Keith Joseph, "Monetarism Is Not Enough," Stockton Lecture, April 5, 1976.
27. Richard Edward Geoffrey Howe, Lord Howe of Aberavon (December 20, 1926–October 9, 2015), Thatcher's longest-serving Cabinet minister. Chancellor of the exchequer, foreign secretary, and leader of the House of Commons.
28. Heath, *The Course of My Life*, p. 585.
29. *Newsweek*, June 16, 1980.
30. 1980 年 2 月 27 日，撒切尔为弗里德曼夫妇举行了一个小型招待会，参加的人员包括杰弗里·豪、约翰·比芬、奈杰尔·劳森、基思·约瑟夫、伊恩·吉尔摩和帕特里克·詹金斯。
31. 尽管保守党落入一位受国立学校教育的首相之手，但它仍然保留了公办学校的风气，辱骂和欺凌是常有的事。撒切尔将她的内阁大臣们分为两类，一类是赞同她进行货币主义试验的，她称之为“勇敢派”；一类仍然是凯恩斯主义者，她称之为“胆小派”。
32. Memorandum to U.K. Treasury and Civil Service Select Committee on "Enquiry into Monetary Policy," June 11, 1980. Parliamentary Papers (Commons), Session 1979–1980, 720, part 1 (July 1980): 1–4, 55–61.
33. Ibid.
34. Joseph, "Monetarism Is Not Enough," Stockton Lecture, April 5, 1976.
35. Halcrow, *Keith Joseph*, p. 160.
36. Quoted in Blumenthal, *The Rise of the Counter-Establishment*, p. 121.
37. Heath, *The Course of My Life*, p. 575.
38. Ibid., p. 576.
39. Ibid., p. 578.

40. 于尔格·尼汉斯，1919 年 11 月 8 日出生于伯尔尼，2007 年 4 月 23 日逝世于加州帕洛阿尔托。
41. Peter Riddell, *The Thatcher Decade* (Blackwell, Cambridge, 1989), pp. 18–19.
42. Margaret Thatcher, *The Downing Street Years* (Collins, London, 1993), pp. 132–39.
43. *The Times* (London), March 30, 1981.
44. Halcrow, *Keith Joseph*, p. 165.
45. Riddell, *The Thatcher Decade*, p. 19.
46. Nigel Lawson, Baron Lawson of Blaby (March 11, 1932), British Conservative, chancellor of the exchequer, 1983–1989.
47. Riddell, *The Thatcher Decade*, p. 20.
48. Ibid., p. 21.
49. Ibid., pp. 21–22.
50. Brian Griffiths, Lord Griffiths of Fforestfach (December 27, 1941–), British Conservative politician. Dean of the City University Business School.
51. 尽管撒切尔声称受到了弗里德曼的启发，但是在她 900 页的回忆录《玛格丽特·撒切尔：唐宁街岁月》中只有两处正文和一个脚注顺便提到了他。
52. The Campaign Guide 1987 (Conservative Research Department, London, 1986).
53. The Campaign Guide 1989 (Conservative Research Department, London, 1989).
54. Ibid., pp. 13–14.

第十五章　货币反恐

1. Friedman and Friedman, *Two Lucky People*, p. 391.
2. Ibid., p. 392.
3. Quoted in Jon Meacham, *Destiny and Power: The American Odyssey of George Herbert Walker Bush* (Random House, New York, 2015).
4. Friedman, "Oodoov Economics," *New York Times*, February 2, 1992.
5. Friedman and Friedman, *Two Lucky People*, p. 396.
6. William Jefferson Clinton, State of the Union address, January 23, 1996.
7. John Hawkins interview with Milton Friedman, September 15, 2003.
8. Interview with Friedman, *Wall Street Journal*, July 22, 2006.
9. Tom DeLay with Stephen Mansfield, *No Retreat, No Surrender: One American's Fight* (Sentinel, New York, 2007), p. 112.
10. Ibid.
11. David Asman interview with Friedman, Fox News, May 15, 2004.
12. Ibid.
13. Letter from Samuelson to Friedman, December 8, 1995. Hoover Institution Friedman archive.
14. Letter from Friedman to Samuelson, December 28, 1995. Hoover Institution Friedman archive.

15. Alan Greenspan (born March 6, 1926), American economist who served five terms as chair of the U.S. Federal Reserve 1987–2006. Once a close associate of Ayn Rand and a member of her inner circle.
16. Alan Greenspan, *The Age of Turbulence: Adventures in a New World* (Penguin, New York, 2007), p. 226.
17. Quoted in Henri Lepage, "Interview with Milton Friedman: The Triumph of Liberalism," *Politique internationale*, no. 100, Summer 2003, pp. 7–34.
18. Greenspan, *The Age of Turbulence*, p. 228.
19. Ibid.
20. 这句话通常被认为出自凯恩斯，国会议员艾伦·戈尔兹伯勒曾在 1935 年说过这句话。当时众议院银行与通货委员会举行了一次会议，对美联储理事马里纳·埃尔克斯进行交叉质询。埃尔克斯说，"在目前情况下，即使能做点什么，能做的也非常少"。戈尔兹伯勒说，"你的意思是你无法用马缰绳来赶马"。埃尔克斯说，"这个比喻非常恰当"。
21. Owen Ullmann interview with Milton Friedman, "So, What's New? The 'New Economy' Looks Like the Same Old Economy to the Nobel Laureate, Milton Friedman," *International Economy*, March/April 2001, pp. 14–17.
22. Samuelson, *Economics*, 1st ed. (1948), p. 277.
23. Quoted on CBS *60 Minutes*.
24. Interview with Friedman, *Wall Street Journal*, July 22, 2006.
25. John Hawkins interview with Friedman, September 15, 2003.
26. Louis Rukeyser et al. interview with Friedman, "Nobel Laureate Milton Friedman Discusses His Personal Views of How to Deal with the Economy," *Louis Rukeyser's Wall Street*, CNBC (television broadcast), September 20, 2002.
27. Nathan Gardels interview with Samuelson, *New Perspectives Quarterly*, January 16, 2006.
28. Ibid.
29. Ibid.
30. Alan Greenspan, "Rules vs. discretionary monetary policy" at the 15th Anniversary Conference of the Center for Economic Policy Research at Stanford University, Stanford, California, September 5, 1997.
31. Louis Rukeyser et al. interview with Friedman, September 20, 2002.
32. Friedman, "He has set a standard," *Wall Street Journal*, January 31, 2006.
33. Ibid.
34. "Milton Friedman: Why the Euro is a Big Mistake," *Scotland on Sunday*, August 18, 2002.
35. Conor Clarke, "An Interview with Paul Samuelson," *The Atlantic*, June 17, 2009.
36. Letter from Samuelson to Benjamin M. Friedman, March 10, 2008. Duke Samuelson archive.

第十六章　顺风顺水

1. Ben Bernanke (December 13, 1953–), American economist, chair of the Federal Reserve, 2006–2014.
2. Ben Bernanke, at conference honoring Friedman, University of Chicago, November 8, 2002.
3. 它说的是伯南克认为一家中央银行可以直接增加“总需求”。在凯恩斯对应当如何使经济走出衰退进行革命性分析时，这是一个关键词汇。
4. Ben Bernanke, “Deflation: Making sure it doesn't happen here,” remarks before the National Economists Club, Washington, D.C., November 21, 2002.
5. Conor Clarke, “An interview with Paul Samuelson,” *The Atlantic*, June 17, 2009.
6. Interview with Samuelson, *Wall Street Journal*, March 2009.
7. Interview with Samuelson by William A. Barnett, University of Kansas, December 23, 2003.
8. Letter from Friedman to Samuelson, October 25, 2001. Duke Samuelson archive.
9. Edward Teller (January 15, 1908–September 9, 2003), Hungarian-American theoretical physicist known, with Oppenheimer, as one of the two “fathers of the hydrogen bomb.”
10. Julius Robert Oppenheimer (April 22, 1904–February 18, 1967), theoretical physicist and professor of physics at the University of California, Berkeley. Head of the Los Alamos Laboratory, along with Teller, considered one of the two “fathers of the atomic bomb” for his role in the Manhattan Project.
11. Letter from Samuelson to Rose Friedman, November 16, 2006. Duke Samuelson archive.
12. David Asman interview with Friedman, Fox news, May 15, 2004.
13. “Milton Friedman: Why the Euro is a Big Mistake,” *Scotland on Sunday*, August 18, 2002.
14. Russell Roberts interview with Friedman.
15. Holcomb B. Noble, “Milton Friedman, Free Markets Theorist, Dies at 94,” *New York Times*, November 16, 2006.
16. Samuel Brittan, “Iconoclastic economist who put freedom first,” obituary of Friedman, *Financial Times*, November 17, 2006.
17. 当萨默斯由于没有考虑政治正确就进行批评从而立即辞去哈佛大学校长一职时，萨缪尔森写信安慰他，“我为你感到难过，因为一次大有希望的远征受到了阻碍，而且由于受到人类脆弱性的限制，我也为哈佛大学感到难过，因而也为全球各地大学的演进感到难过……大学校园和其他地方一样，也会有暴徒心理。有时甚至难以避免流血牺牲”。他建议萨默斯不要因为少数导致他辞职的人而怨恨哈佛大学。
18. Lawrence Summers, “A Fond Farewell,” *Time*, December 25, 2006.
19. Lawrence Summers, “The Great Liberator,” *New York Times*, November 19, 2006.
20. Robert Joseph Barro (September 28, 1944–) economist. Paul M. Warburg Professor of Economics at Harvard University. One of the founders of new classical macroeconomics.

21. Martin Stuart "Marty" Feldstein (November 25, 1939–), economist. George F. Baker Professor of Economics at Harvard University, president emeritus of the National Bureau of Economic Research (NBER). President and chief executive officer of the NBER, 1978–2008 (except 1982–1984, when he was chairman of the Council of Economic Advisers and chief economic adviser to President Reagan).
22. Letter from Samuelson to Summers, November 20, 2006. Samuelson archive Duke University, Box 71. The italics are Samuelson's.
23. Greg Ip and Mark Whitehouse, "How Milton Friedman Changed Economics, Policy and Markets," *Wall Street Journal,* November 17, 2006.
24. Noble, "Milton Friedman, Free Markets Theorist, Dies at 94."
25. Letter from Samuelson to David Friedman and Janet Martel, August 20, 2009. Duke Samuelson archive.
26. Letter from David Friedman to Samuelson, September 8, 2009, Duke Samuelson archive.

第十七章　最后对决

1. Ben Bernanke, "Deflation: Making sure it doesn't happen here," remarks before the National Economists Club, Washington, D.C., November 21, 2002.
2. Court statement as part of lawsuit linked to 2008 bailout of AIG, quoted in *Forbes*, August 27, 2014.
3. Ibid.
4. Ben Bernanke, at conference honoring Friedman, University of Chicago, November 8, 2002.
5. Bernanke speech, "Four Questions about the Financial Crisis," Morehouse College, Atlanta, Ga., April 14, 2009.
6. Ibid.
7. BNP Paribas press release, August 7, 2007.
8. BBC Radio 4, "The Bailout," October 6, 2018.
9. Henry Merritt "Hank" Paulson Jr. (March 28, 1946–), Secretary of the Treasury, 2006–2009. Chairman and chief CEO of Goldman Sachs, 1998–2006.
10. Letter from Samuelson to Summers, July 29, 2008. Duke Samuelson archive, Box 71.
11. Letter from Summers to Samuelson, August 20, 2008. Duke Samuelson archive, Box 71.
12. Letter from Samuelson to Summers, August 20, 2008. Duke Samuelson archive, Box 71. The italics are Samuelson's.
13. Paulson press conference on federal government takeover of Fannie May and Freddie Mac, September 7, 2008.
14. Bernanke, "Four Questions about the Financial Crisis," speech at Morehouse College, Atlanta, Ga., April 14, 2009.
15. Ibid.
16. Nathan Gardels interview with Samuelson, *New Perspectives Quarterly*, January 16, 2006.
17. *Newsweek*, October 28, 1974.

18. An honorable exception was John B. Taylor of Stanford.
19. Gardels interview with Samuelson, *New Perspectives Quarterly*, January 16, 2006.
20. Ibid.
21. Ibid.
22. Letter from Samuelson to Bernanke, March 3, 2009. Duke Samuelson archive.
23. Friedman, *Wall Street Journal*, December 17, 1997.
24. Samuelson, "Farewell to Friedman-Hayek libertarian capitalism," Tribune Media Services, October 15, 2008.
25. J. Daniel Hammond, "Friedman and Samuelson on the Business Cycle," *Cato Journal*, vol. 31, no. 3, Fall 2011.
26. Samuelson, "Economic Policy is an Art," *New York Times*, October 30, 1970.
27. Conor Clarke, "An Interview with Paul Samuelson," *The Atlantic*, June 17, 2009.
28. Letter from Samuelson to Robin McElheny, associate director of the Harvard University Archives, November 9, 2006. Duke Samuelson archive.
29. Letter from Sidney Verba, director of the Harvard University Library, to Samuelson, November 14, 2006. Duke Samuelson archive.
30. Axel Leijonhufvud (1933–), Swedish economist. Professor emeritus at the University of California Los Angeles (UCLA) and professor at the University of Trento, Italy.
31. Don Patinkin (January 8, 1922–August 7, 1995), Israeli-American monetary economist and the president of the Hebrew University of Jerusalem. His monograph *Money, Interest, and Prices* (1956) was for many years one of the most widely used advanced references on monetary economics.
32. Letter from Byrd to Samuelson, September 15, 1992. Duke Samuelson archive.
33. Letter from Byrd to Samuelson, April 18, 2005. Duke Samuelson archive.
34. Letter from Byrd to Samuelson, November 8, 2005. Duke Samuelson archive.
35. Letter from Samuelson to Robert L. Byrd, December 14, 2005. Duke Samuelson archive.
36. Michael M. Weinstein, Samuelson obituary, *New York Times*, December 13, 2009.
37. Paul Krugman, "Paul Samuelson, RIP," *New York Times*, December 13, 2009.
38. *The Economist*, December 17, 2009.
39. Obituary, *Daily Telegraph*, December 14, 2009.
40. Steven Terner Mnuchin (December 21, 1962–), American investment banker. U.S. Treasury Secretary 2017–2021.
41. 2021 年 1 月，美国报告的总失业人数达到 7480 万人。
42. Franklin Delano Roosevelt (January 30, 1882–April 12, 1945). Thirty-second president of the United States.
43. See Amity Shlaes, *The Forgotten Man: A New History of the Great Depression*, HarperCollins, 2007.
44. "The Impact of Covid-19 on U.S. Economy and Financial Markets," *Forbes*.
45. Tunku Varadarajan, "The Romance of Economics: The Weekend Interview with Milton (and Rose) Friedman," *Wall Street Journal*, July 22–23, 2006.

46. David Director Friedman (February 12, 1945–); like Keynes, David Friedman did not achieve a degree in economics.
47. Robert Solow, "Why Is There No Milton Friedman Today?" *Econ Journal Watch*, vol. 10, no. 2, May 2013, pp. 214–16.
48. Donald John Trump (June 14, 1946–), real estate developer, television personality, and forty-fifth president of the United States.
49. First given before the Swedish-American Chamber of Commerce, New York City, May 10, 1972.
50. 这是特朗普具有毒害性的一个明显标志，他对自由贸易的严厉批评导致公众反对自由贸易的意见显著上升。在奥巴马总统任期快结束时，拥护自由贸易的美国人所占的比例由 51% 降至 41%，至 2019 年 8 月，赞同自由贸易的美国人由 64% 降至 27%。
51. *Newsweek*, June 10, 1968.
52. Robert Summers (June 22, 1922–April 17, 2012), economist and professor at the University of Pennsylvania from 1960.
53. Anita Arrow Summers (September 9, 1925–). Professor Emerita at the University of Pennsylvania, and authority on urban economic development, finance, and educational efficiency.
54. Kenneth Joseph Arrow (August 23, 1921–February 21, 2017), economist, mathematician, author, and political theorist. Joint winner with John Hicks of the Nobel Prize in Economic Sciences, 1972.
55. Quoted in obituary, *MIT News*, December 13, 2009.
56. Letter from Samuelson to Benjamin M. Friedman, May 7, 2008. Duke Samuelson archive.
57. Samuelson, "Hail to a Sage!" written for *Die Zeit*, June 1992. Duke Samuelson archive.
58. Ibid.
59. Horn, *Roads to Wisdom, Conversations with Ten Nobel Laureates in Economics*, p. 49.